本书出版得到河南省重点学科郑州航空工业管理学院一级重点学科（工商管理）支持，并为河南省哲学社会科学规划项目"河南省食品行业企业伦理建设研究"（2016CSH020）和河南省软科学研究计划项目"新常态下河南省传统零售产业转型升级的路径及政策研究"（172400410350）最终研究成果

中国企业伦理建设研究
——理论与实践

陈奕奕 著

中国社会科学出版社

图书在版编目（CIP）数据

中国企业伦理建设研究：理论与实践/陈奕奕著.—北京：中国社会科学出版社，2019.3
ISBN 978-7-5203-4215-5

Ⅰ.①中… Ⅱ.①陈… Ⅲ.①企业伦理—研究—中国 Ⅳ.①F270-05

中国版本图书馆 CIP 数据核字（2019）第 053401 号

出 版 人	赵剑英
责任编辑	刘晓红
责任校对	周晓东
责任印制	戴　宽
出　　版	中国社会科学出版社
社　　址	北京鼓楼西大街甲 158 号
邮　　编	100720
网　　址	http://www.csspw.cn
发 行 部	010-84083685
门 市 部	010-84029450
经　　销	新华书店及其他书店
印　　刷	北京明恒达印务有限公司
装　　订	廊坊市广阳区广增装订厂
版　　次	2019 年 3 月第 1 版
印　　次	2019 年 3 月第 1 次印刷
开　　本	710×1000　1/16
印　　张	15.5
插　　页	2
字　　数	239 千字
定　　价	69.00 元

凡购买中国社会科学出版社图书，如有质量问题请与本社营销中心联系调换
电话：010-84083683
版权所有　侵权必究

前　　言

有关商业伦理的研究较早是在西方发达国家中获得发展的。一般情况下企业在其经济发展到一定水平后才逐渐关注企业伦理水平，因而中国企业伦理发展虽然起步较晚，但由于近些年经济快速发展，加之一些企业伦理事故的频繁曝光，中国各界开始对企业伦理问题越发关注。虽然伦理道德在商业领域并不是一个新兴的概念或现象，但由于近期无论是国外还是国内频繁发生的关乎伦理的企业危机又使人们开始重视与系统地讨论组织内部的伦理问题。

本书遵循的主要思路即是从"是什么""为什么""怎么做"三大问题，构建本书的内容体系，并将理论与实践相结合，根据中国企业的基本现状，围绕三个伦理方面的议题展开讨论。这三个方面的议题把全书分为上篇、中篇与下篇。本书的上篇部分即有关企业伦理的基础理论部分，包括第一章"企业伦理概述"，第二章"企业伦理概念解读"，第三章"伦理决策过程"，共三章内容，主要阐述伦理发展背景、现状以及对有关概念的深入剖析。本书的中篇部分引入企业实际数据，在道德认知发展理论与态度理论的逻辑基础上，利用质化与量化的研究，提出具有针对性意义的理论框架与假设，检验员工感知到不同层面的企业伦理对员工报告行为的作用机制。中篇部分主要包括六章内容，即第四章"企业伦理影响机制研究之背景分析"，第五章"企业伦理影响机制研究之理论基础"，第六章"企业伦理影响机制研究之假设构建"，第七章"企业伦理影响机制研究之研究方法"，第八章"企业伦理影响机制研究之结果分析"，第九章"企业伦理影响机制研究之研究结论"。本书下篇部分主要包括企业伦理建设的有关内容，即第十章"伦理领导力建设"，第十一章"伦理风险控制"，第十二章"企业伦理文化建设"，共三章内容，主要针对企业如何进行伦理方面的建设展开讨论。

结合理论与实践的发展，新时代的企业应积极地担当社会责任，规范内部伦理制度与氛围以及认可员工的道德水平并鼓励他们多做道德行为，当员工感知到企业的这些行为或环境时便会在工作中产生心理安全感知，在规范自己行为的同时一旦目睹他人的不道德行为，会采取积极的报告行为而不会放任不道德行为的滋生而给企业利益带来损失。虽然企业如何做出伦理行为与营造企业的伦理环境并没有统一的标准，但是有一点可以肯定，企业伦理势必会在企业经济发展达到一定程度时将为企业长远发展奠定基础并在未来同时实现经济建设与精神建设的飞跃。

陈奕奕

2018 年 4 月 17 日于郑州航空工业管理学院

目　　录

上篇　理论篇

第一章　企业伦理概述 ……………………………………………… 3
第一节　企业中伦理的重要性 …………………………………… 3
第二节　企业伦理的发展历程 …………………………………… 5
第三节　企业伦理的社会作用 …………………………………… 11

第二章　企业伦理概念解读 …………………………………………… 16
第一节　伦理的定义 ……………………………………………… 16
第二节　道德与伦理的区别 ……………………………………… 17
第三节　企业道德与企业伦理的区别 …………………………… 20

第三章　伦理决策过程 ………………………………………………… 29
第一节　伦理决策概述 …………………………………………… 29
第二节　伦理决策的个体影响因素 ……………………………… 39
第三节　伦理决策的组织影响因素 ……………………………… 50

中篇　实践篇

第四章　企业伦理影响机制研究之背景分析 ……………………… 59
第一节　研究背景与现状 ………………………………………… 59

第二节　研究问题 ……………………………………… 63
　　第三节　研究意义与目的 ………………………………… 64
　　第四节　研究流程与基本架构 …………………………… 66

第五章　企业伦理影响机制研究之理论基础　68

　　第一节　理论背景 ………………………………………… 68
　　第二节　企业伦理的理论发展 …………………………… 73
　　第三节　员工报告行为的理论发展 ……………………… 87
　　第四节　心理安全的理论发展 …………………………… 96
　　第五节　道德推托的理论发展 …………………………… 99

第六章　企业伦理影响机制研究之假设构建　103

　　第一节　企业伦理与员工报告行为 ……………………… 103
　　第二节　企业伦理与心理安全的关系 …………………… 108
　　第三节　心理安全在企业伦理与员工报告行为之间的
　　　　　　中介效应 ……………………………………… 110
　　第四节　道德推托在心理安全与员工报告行为之间的
　　　　　　调节效应 ……………………………………… 115
　　第五节　基本模型假设总结 ……………………………… 116

第七章　企业伦理影响机制研究之研究方法　119

　　第一节　研究设计 ………………………………………… 119
　　第二节　研究流程 ………………………………………… 120
　　第三节　样本与数据描述 ………………………………… 123
　　第四节　测量 ……………………………………………… 127
　　第五节　数据分析方法 …………………………………… 132

第八章　企业伦理影响机制研究之结果分析　134

　　第一节　质化研究结果分析 ……………………………… 134
　　第二节　验证性因素分析 ………………………………… 147
　　第三节　描述性统计与相关性分析 ……………………… 150

第四节　结构方程模型 152
　　第五节　多元回归分析 155
　　第六节　假设结论验证总结 159

第九章　企业伦理影响机制研究之研究结论 161
　　第一节　研究结论 161
　　第二节　研究创新 166
　　第三节　研究贡献 168
　　第四节　研究限制与展望 171

下篇　建设篇

第十章　伦理领导力建设 177
　　第一节　合格的管理者 177
　　第二节　构建伦理领导力的价值 180
　　第三节　构建企业伦理战略 183

第十一章　伦理风险控制 186
　　第一节　伦理风险的外部控制 186
　　第二节　伦理风险的内部控制 189
　　第三节　伦理风险控制手段 192

第十二章　企业伦理文化建设 198
　　第一节　企业伦理价值观建设 198
　　第二节　企业伦理文化建设 202

附　录 209

参考文献 215

上篇　理论篇

第一章 企业伦理概述

第一节 企业中伦理的重要性

如何识别与处理复杂的商业道德问题已成为 21 世纪企业发展中需要考量的一项重要事项。近年来,许多广为报道的商业丑闻导致公众对企业的欺骗与欺诈行为感到异常愤怒,企业的伦理意识和社会责任意识有待提高。在被曝光社会伦理问题的企业中不乏许多知名企业,这些企业在法律和道德上都存在明显的道德缺失,而道德问题的曝光凸显了企业将道德与责任整合到商业决策中的必要性。例如,全球性的金融危机对金融服务类的企业消费者的信任造成了严重损害,美国光速研究机构对 650 名美国金融企业的消费者进行的调查显示,66% 的受访者认为金融服务企业不会帮助他们重新获得经济衰退期间失去的财富,同时,他们用一些负面的词语来描述与形容金融行业,如贪婪、客观、机会主义和疏远,表 1-1 展现出了顾客与金融企业不信任因素的分布比例。

表 1-1　　金融行业顾客不信任因素评价

信任因素	百分比(%)	不信任因素	百分比(%)
值得信赖	13	贪婪无度	32
诚实可信	10	不具人情	32
伦理道德	5	投机取巧	26
公开透明	3	与己无关	22
和谐共生	3	—	—

经济危机的出现使社会各界人士开始认真审视相关的企业机构，社会伦理的重要性日益凸显，企业的商业决策和活动开始受到消费者、投资者、员工、政府监管机构以及特殊利益集团在内等相关个体或群体的严格监督与审查。此外，各级政府机构制定的鼓励企业提高道德标准的新法规和规章也已公布，但是商业道德领域涉及的最为重要的问题是在企业道德实践中，法律如何判断和审视道德相关的行为。例如，在向客户进行销售报告时，销售人员是否应该忽略产品不良安全记录的事实。会计师是否应该报告其在对客户审计过程中发现的不准确之处，如果报告，审计公司可能会因此而被解雇。汽车轮胎制造商是否应该隐瞒安全隐患，以避免一次大规模的、昂贵的轮胎被召回？不管他们的合法性如何，其他人肯定会对这种情况下的行为做出判断，不管是对的还是错的，道德的还是不道德的，就其本质而言，商业道德领域是有争议的，而且没有普遍接受的方法来解决实际问题。

一项针对青少年道德的相关调查显示，71%的青少年认为在工作场所应该做出相应的道德决策与行为，但是高达38%的被调查者认为特定情况下的撒谎、欺骗、偷窃或从事暴力活动是必要的。25%的青少年认为考试作弊是一种可以接受的行为，而且大多数人认为对成功的渴望将引导其行为的产生。我们可以向未来展望，如果现阶段调查中的青少年在未来成为企业或国家的领导者，那么现在的道德意识将决定未来的道德行为，因此青少年的道德教育引导将决定未来企业伦理的高度，必须为降低未来道德问题产生的风险防患于未然。但是，调查中有一个问题是，"具有良好商业道德的领导是否比不具有商业道德的领导更成功"，69%的被调查者对这一观点表示认同，这说明具有道德的企业和领导还是能够获得大众的普遍认可的。

在我们开始之前，重要的是阐明我们对这本书的看法。第一，我们不会在特定的情况下告诉你什么是对或错。第二，尽管我们提供了小组和个体决策过程的概述，但我们并没有将任何一种哲学或过程作为最好的或最符合伦理的。第三，这本书本身不会让你更有道德感，也不会告诉你如何判断他人的道德行为。相反，它的目标是帮助你理解和使用当前的价值观和信念，在做出商业决定时，会考虑这些决定对商业和社会的影响。另外，这本书将帮助你了解企业正在做什么来改善他们的道德行为。为此，我们的目标是帮助你学会识别和解决业务组织中的伦理问题。作为管理者，你要对你的决定和你所监督的员工的道德行为负责。因此，我们在这本书中的框架着重于组织伦理决策是如何制定的，以及公司如何改进其道德行为。

在这一章中，我们首先讨论了企业中伦理的重要性，并讨论它为什么成为商业教育中的一个重要话题。我们还讨论了为什么学习商业伦理是有益的。接下来，我们将分别研究西方与中国商业伦理的演变发展过程。然后，我们探讨企业伦理的社会作用以及相关的发展状况。

第二节 企业伦理的发展历程

一 西方企业伦理的发展历程

西方对于企业伦理的研究可以追溯到 20 世纪 60 年代，从 20 世纪 60 年代开始至今可以划分为六个发展阶段，即 20 世纪 60 年代之前、20 世纪 60 年代、20 世纪 70 年代、20 世纪 80 年代、20 世纪 90 年代以及 21 世纪的新发展（见表 1-2）。

表 1-2　　　　　　　　美国商业伦理的发展历程

发展阶段	特征
20 世纪 60 年代之前	关注公民生活水平；提倡重视公民权益和社会责任；宗教中商业道德问题的兴起
20 世纪 60 年代	开始关注利益相关者的利益；对企业的消费者进行法律保护
20 世纪 70 年代	将商业伦理视为重要的研究领域，各科专业开始关注企业伦理的研究内容与方向
20 世纪 80 年代	企业伦理道德自我监管时期，缺乏国家制度的统一约束
20 世纪 90 年代	进一步出台伦理相关的政府政策，帮助企业建立内部监管体系
21 世纪之后	政府伦理监管进一步加剧，政府与企业对伦理制度的要求更加紧迫

（一）20 世纪 60 年代之前

20 世纪 60 年代之前，美国经历了几个痛苦的阶段去开展各种各样的组织运动来质疑资本主义的制度。大约在20世纪20年代，进步运动试图为公民提供"生活工资"，即收入用于教育、娱乐、健康和退休，要求企业检查和控制自身毫无根据的价格上涨问题以及其他可能损害家庭"生活工资"的做法。在20世纪30年代，美国出台一系列新政策要求企业与政府合作以提高公民的家庭"生活工资"水平，并将经济困境的责任归咎于企业。直至20世纪50年代，杜鲁门总统在其新政中将公民权利和环境责任等问题归类为企业必须要重视解决的伦理问题。之后，有关商业的道德问题经常在神学或哲学领域内讨论，与商业相关的个人道德问题得到了教堂、犹太教堂和清真寺的关注，包括对商业道德、工人权利、生活工资、生活条件等的关注，一些天主教学院和神学院开始开设社会伦理课程，讨论有关商业道德和伦理的问题。宗教上关于伦理道德的发展为未来商业伦理提供了神学基础，促使道德观应用于商业等社会各个方面。

（二）20世纪60年代，商业社会问题研究的兴起

20世纪60年代，许多批评人士开始攻击控制经济和政治层面的既得利益集团时，要求保护消费者的权益，更加关注生态与环境问题的发展。1962年，美国总统约翰·肯尼迪发表了一份"保护消费者利益的特别信息"，概述了国家和企业要保护消费者的四项基本权益，即安全权、知情权、选择权和被倾听的权利，这些被称为消费者权利法案。美国政府的责任是为公民提供经济稳定、公平公正、社会平等的环境，那些可能破坏经济稳定或歧视任何阶层的活动将被认为是不道德的甚至是非法的。

（三）20世纪70年代，商业伦理逐步成为研究领域

商业伦理在20世纪70年代开始作为一个研究领域发展起来。利用以往神学家与哲学家的伦理观念，商学院的研究学者开始关注及调查企业社会责任建设如何最大化地提升对利益相关者的积极影响并最小化其负面影响，哲学家也积极增加商业伦理问题的探讨，运用相关道德理论和哲学框架分析与构建商业伦理的学科。企业开始越来越关注自身的公众形象，随着社会需求的增长，许多企业意识到他们必须更直接地解决道德问题。尼克松政府的"水门事件"使公众对政府道德的重要性产生了兴趣，不同学科的学者聚集在一起召开会议讨论企业的社会责任和

伦理问题并建立了处理商业道德问题的中心。

到20世纪70年代末，企业对于公众的不道德行为日益显现，例如贿赂行为、欺骗性广告、价格合谋、产品安全以及环境问题。各界学者开始研究企业行为，试图找出伦理问题的所在，并希望能够描述出企业是如何在特定情况下进行道德抉择的。然而，伦理决策过程的研究只是影响伦理问题的其中一部分，还有众多因素的存在可能会影响到企业的道德行为，有待进一步研究。

(四) 20世纪80年代，商业伦理的巩固发展阶段

20世纪80年代，研究商业伦理的学者以及企业的相关人员开始承认商业伦理研究领域的广泛性，不同利益相关者可能会具有不同的道德立场，学者与企业对利益相关者的关注进一步延伸了商业伦理的研究。社会各界开始越来越重视商业伦理的探讨，基于商业伦理形成的组织不断发展壮大，美国各大高校开始增设商业伦理课程，并受到企业与学校的广泛重视，许多企业开始设立道德委员会以解决企业可能遇到的实际道德问题。在这一阶段，许多行业的部分企业开始联合起草有关行业涉及商业道德行为指导的准则，以此营造对社会有益的行业伦理环境。由此可见，这一时期的道德规则的制定并不属于政府行为，而是个体企业或行业组织自发形成的，属于自我监管。正是由于没有政府的统一监管，社会上存在的相关伦理准则并不具有稳定性，而是呈现出惊人的改变速度，企业的商业行为在这一时期中缺乏一定的适用性。

(五) 20世纪90年代，商业伦理逐步走向制度化

20世纪90年代，克林顿政府继续支持自我监管和自由贸易。然而，政府也采取了前所未有的行动来处理与健康相关的社会问题，如青少年吸烟。政府开始限制香烟广告，禁止自动售货机售卖香烟以及终止与体育赛事相关的香烟标识。1991年11月，美国国会通过了联邦量刑指南(FSGO)，这些指导原则将道德激励机制写入法律，鼓励组织采取行动防止不道德行为，如制定有效的内部法律和道德法规，该指南意在使企业努力根除不道德行为并建立高道德及法律标准。如果一家企业内部缺乏合理有效的道德规范，一旦企业员工违反了法律，企业将由此招致严厉的处罚。因此，指南的重点是关注企业是否采取道德行动并与政府合作防范和制止相关的商业违规行为。企业必须在国家政策的指导

下发展与建立企业伦理价值观,执行自己的道德规范,预防与制止企业不道德行为的产生。

(六) 21世纪,商业伦理的新发展

尽管商业伦理在20世纪90年代似乎变得更加制度化,但在21世纪初,仍有许多企业被曝光出伦理道德问题,它们没有切实贯彻伦理政策的制定。在此之后,政府开始更加关注商业伦理的制度化,于2002年通过了萨班斯—奥克斯利法,最深远的变化是在组织控制和会计规则中控制伦理问题,主要基于这一时期企业审计的伦理问题层出不穷。新法律将许多不道德行为定义为刑事犯罪,例如证券欺诈将归入刑事犯罪,并要求企业针对财务问题制定相关的道德准则,同时要求企业财务公开透明化。政府对商业伦理的制度化建设表明控制伦理道德风险的必要性。企业的高层管理人员和董事会负责及时发现与道德行为相关的风险,而一些特定行业如能源和化学品、医疗保健、保险和零售等还必须发现与其行动相关联的独特的道德风险,并积极制定道德规范以杜绝不道德行为的发生。大多数企业开始建设正式或非正式的伦理机制,以便在与不道德行为风险相关的问题上能够进行透明公正的互动交流。根除一个企业的所有不道德行为是不可能的,但是企业领导者应该认识到最大的危险并不是发现组织中的某个地方存在严重的不道德行为或非法活动,而是这种不道德行为或非法活动是否能够被及时发现并制止。

二 中国企业伦理的发展历程

中国企业伦理的发展最早可以追溯到原始社会,物物交换成为最早的商业形式,随着商业的发展,商业伦理问题也应运而生。回顾中国发展历史,中国有关伦理学的发展源远流长,从儒家思想开始就涉及一系列的伦理问题,但是企业伦理的发展是跟随商业发展的脚步进行的,主要可以总结为以下五个阶段(见表1-3)。

表1-3　　　　　　　　中国商业伦理的发展历程

发展阶段	特征
早期商业伦理发展	早期受儒家文化的影响,主张在商业行为中重道义轻利益,提供公平买卖,商人要讲究仁义

续表

发展阶段	特征
封建时期商业伦理发展	重农抑商,清朝末期西方入侵后开始重商,观念与时代产生冲击
民国时期商业伦理发展	政局不稳定,民营企业家兴起同时具有很强的民族精神与企业家精神
计划经济时期商业伦理发展	整顿商业,打压私营企业,发展公私合营企业,抑制企业家精神
改革开放后商业伦理发展	重视商业,鼓励创业与引进外资,企业内部改制讲究诚信,宣扬企业家精神

(一) 早期商业伦理发展

中国早期商业伦理的发展随着朝代变更,政策不同,呈现出不同的伦理主张。早期中国受儒家文化的影响,主张在进行商业行为时要看重道义而不是利益,提供公平买卖,商人要讲究仁义,可见儒家思想促进了商业伦理思想的形成,但随着秦始皇"焚书坑儒"以及封建专制的形成,使君主更加注重农业发展而抑制商业发展。

(二) 封建时期商业伦理发展

在封建统治时期,各朝代君主重视农业的程度远远大于对商业发展的重视,随着"重农抑商"政策的提出,国家从政治上抑制商业的发展,将大部分商品垄断并严惩私自进行买卖的商人,同时在文化建设上奉行农业为主,将商业定义为重利轻义的形象。封建统治者不仅在国内限制商业行为,同时禁止与外界沟通进行海外贸易。由于我国得天独厚的资源,整个封建时期基本上均是自给自足,不需要通过商业进行自身发展。这种状态一直维持到清朝末期,直至鸦片战争爆发,中国封建文化受到西方思想的严重冲击,清朝政府认为一味地"重农抑商"已不能抵制西方资本主义入侵,为在夹缝中寻求发展,政府随即开展著名的"洋务运动",由开始鼓励商业的发展进入到"重商"的局面,鼓励民众争夺利益,商业的地位由此大大提升。政府开始提倡开办工厂。在这一时期,兵工厂、南洋水师、轮船招商局等商业部门的成立都是重商的产物,但是企业的管理模式已由政府完全垄断转为"官督商办",政府起到监督作用，真正的管理权已下放给民间商人，在这一阶段"义"和"利"的冲突发展中所秉持的商业伦理观还是将"义"放在重要的位置。

（三）民国时期商业伦理发展

辛亥革命的爆发标志着清政府统治的终结，代表中国走向了新纪元。但在1912—1949年这一阶段中，中国政局不太稳定，国内局势的动荡使统治者无暇顾及国有企业的发展，这就给个体的民营企业充分的发展机会，商业伦理在这一时期也呈现出时代的特征。由于这一时期中国正处于内忧外患中，特别是1937年抗日战争爆发，更激起了中国人爱国主义热情和民族精神，许多个体企业家纷纷参与抗日救国，并积极地抵制外国企业，与其展开商战。在这一时期还涌现出大量的民族企业家，这些企业家敢于创新与冒险，具有企业家精神，积极开办企业并靠一己之力获得商业的发展，在盈利的同时亦肩负起振兴中华民族的社会责任，这些企业致力于帮助政府建设公共设施，例如医院的建设、教育的投资等。

（四）计划经济时期商业伦理发展

1951年国家开展的"三反五反"运动，主要是对资本主义工商业者进行了反行贿、反偷税漏税、反盗窃国家财产、反偷工减料、反盗窃国家经济情报的调查。之前发展起来的私营企业受到严厉打击，国家全民所有制制度的确定意味着私营企业必须走向公私合营之路。新中国成立初期，国家的商业政策与商业格局发生了巨大的变化，商业伦理也呈现出不同的特点。"三反五反"运动中将企业家划分为资本家并在政治上打压，中国刚刚萌芽出的企业家精神被扼杀，许多对中国经济发展做出巨大贡献的企业家遭受批斗，杜绝为自身谋取经济利益。"文化大革命"的爆发，开始宣扬集体主义，中国国营企业受到政府扶持，私人企业家受到严重打击。

（五）改革开放后商业伦理发展

计划经济体制带来的经济限制逐渐凸显，改革开放之后，国家出台一系列政策促进商业的发展，企业家精神再次被提倡。改革开放让曾经被压抑的企业家看到了新的曙光，国家开始鼓励"下海"创业并提倡积极引进外资，通过吸取国外资金与先进技术寻求中国发展之路。同时，企业家自我物权意识的出现，他们不甘于将自己苦心经营的企业挂上国有的名号并积极争取自身合理利益；企业家通过改革企业内部的管理体制，开始为各方相关者提供优质的产品和服务，在整个经营过程中讲究诚信，为各利益相关者负责。随着社会主义核心价值观的提出，国家越来越重视德的发展，在新时期的中国企业拥有良好的成长环境，企业家精神得以彰显，商业伦理的发展已成为企业必备的基本素质之一。

第三节　企业伦理的社会作用

随着越来越多的企业认识到伦理道德与社会责任建设的益处以及商业道德与财务业绩之间的联系，商业伦理研究与实践领域也在迅速地发生着变化。许多学者在研究商业伦理领域时都证明了企业在员工、客户和普通大众之间建立的道德声誉终将会得到回报，图1-1表明了商业伦理道德和组织绩效之间的关系。尽管我们相信道德会给企业带来许多实际的好处，但更多的企业领导者之所以做出道德决定，是因为他们相信伦理道德的行动过程是作为一个负责任的社会成员应该做到的正确的事情。理光集团的主席致力于企业的伦理建设并且是商业伦理领域最具影响力的知名人士之一。他认为，对环境的基础性承诺才能够创造经济上的优势。至此理光集团转型成为一个灵活的以细胞为基础的生产系统，提高生产力的同时减少二氧化碳排放，实施额外的减排和减少废弃

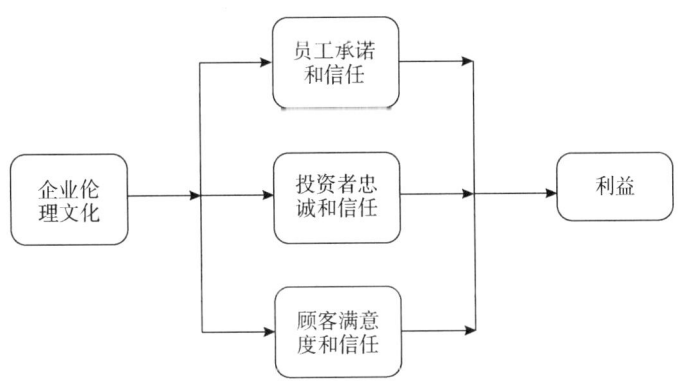

图1-1　企业伦理与组织绩效的关系

物计划,并选择性地在生产线上放置清洁的通风点。这些活动以及其他一些活动,成功地将二氧化碳排放量减少了85%,并将生产成本削减了一半。在企业中,对企业道德和社会负责的回报就是提高日常运营的效率,增加员工的投入,增加投资者委托资金的意愿,提高客户的信任和满意度以及更好的财务表现。企业的声誉对其与员工、投资者、客户和许多其他各方的关系产生重大的影响。

一　企业伦理与员工承诺和信任

员工的承诺来自员工个体,他们相信自己的未来与企业的未来紧密相连,并愿意为企业牺牲个人利益。一家企业越是致力于照顾员工,员工就越有可能照顾其所属的企业。全国商业调查的结果显示,79%的员工认为在继续为企业工作时道德是很重要的。同样有趣的是,大约有20%的员工并不关心他们组织的道德环境,而这一群体的员工非常自满,在没有相关道德指导的情况下,更有可能出现不道德行为。促进员工道德文化发展的问题可能包括安全的工作环境、有竞争力的薪水、个人发展的需求以及对员工的合同义务。企业有关伦理道德的准则和法规以及遵循程序的制定均可以支持企业的道德价值观,从而促使企业及员工做出道德行为。企业可以改善伦理文化的社会项目包括工作与家庭计划和股份所有权计划甚至到社区服务的计划。例如,家得宝公司在飓风和龙卷风过后,通过重建屋顶、修复水污染、植树以及清理社区道路等方式,参与救灾工作。由于员工在工作中花费了相当多的时间,公司对员工的善意和对员工的尊重通常会增加员工对公司的忠诚度和对公司目标的支持。在多年来对环境破坏和对工人的恶劣待遇的负面宣传之后,沃尔玛似乎已经意识到企业社会责任对公司的底线的重要性。超过92%的沃尔玛员工现在都有医疗保险,沃尔玛也在努力改善员工的多样性。仅在2008年,沃尔玛就获得了37项不同的奖项。该公司也在朝着更加可持续的方向发展——从引进低排放车辆到它的运输车队,以及在商店的屋顶安装太阳能电池板,沃尔玛甚至提出了"零浪费"的目标。

员工如果认为企业是具有道德文化的,那么将可能会促进企业内部的绩效提升。为了生产力和团队合作,企业内部和部门之间的员工都有一个共同的信任愿景,在部门或工作小组中,更高层次的信任的影响最大，但信任也是部门之间关系的一个重要因素。因此，创造一个值得信赖的工作环境会让个人更愿意依赖企业和为企业发展行动起来，对同事的决定和行动采取行动。在这样的工作环境中，员工可以合理地期望得到同事和上司的充分尊重和考虑。高层管理人员和经理之间的信任关系有助于提高决策效率。一项调查发现，当员工在工作场合看到诚实、尊重和信任等价值观时，他们会感到更少的压力去妥协道德标准，观察较少的不端行为，总体上对自己的组织更满意，并且觉得自己更有价值。

企业的道德文化似乎对员工很重要。根据一份关于员工忠诚度和工作实践的报告可发现，被员工视为高度道德的企业留住员工的可能性是一般企业的6倍。另外，那些认为自己的企业有强大的社区参与意向的员工对他们的组织更忠诚，并对自己也有更加积极的感觉。

二 企业伦理与投资者忠诚和信任

道德行为会促进投资者的忠诚度，并有助于投资者获得成功，从而对社会事业持续关注与支持。前沃尔玛首席执行官斯科特曾表示："作为企业，我们对社会负有责任，同时我们也有着非凡的机会。可以明确一点，企业在为股东创造价值与帮助解决社会问题之间没有冲突。事实上，这两者可以在开发、准备和执行的时候相互构建。"

如今，投资者越来越关心其投资企业的伦理道德、社会责任以及社会声誉，各种社会责任共同基金和资产管理公司可以帮助投资者购买具有道德的企业的股票。投资者一方面认识到道德文化为运营效率、生产率和利润提供了基础；另一方面，投资者也清楚负面的宣传、诉讼和罚款会降低股价，降低客户忠诚度，并威胁到企业的长期生存能力。许多被控不道德行为的企业在担心投资者抛售股票和债券时会导致其股票价值大幅下跌。沃伦·巴菲特和他的公司伯克希尔哈萨维从投资者那里获得了极大的尊重，这得益于他们过往的财务回报记录和公司组织的完整性。

投资者关注利润的底线或者股票价格或股息的增长潜力，但他们也在寻找公司业绩、行为和财务报告方面的潜在缺陷。因此，获得投资者的信任和信心对于维持公司的金融稳定至关重要。

三 企业伦理与客户满意度和信任

人们普遍认为，客户满意度是成功商业战略的最重要因素之一。尽管一家企业必须继续开发、修改和调整产品以跟上客户不断变化的欲望和偏好，但它也必须寻求与客户和利益相关者建立长期的关系。对于大多数企业来说，客户的重复购买行为和与客户的相互尊重与合作的持久关系对企业成功至关重要。通过专注于客户满意度研究，公司不断加深客户对企业的依赖性，不断促进客户对企业信心的增长，以便企业对如何服务客户有更好的理解，从而使客户关系得以延续。成功的企业会积极地为客户提供反馈，使客户能够参与到合作解决问题之中。正如人们经常指出的那样，一个快乐的、满意的顾客将会回来，但是一个不满的顾客将会告诉别人他或她对企业的不满，并劝阻其朋友不要相信并远离这家企业。

公众的信任对于维持企业和客户之间良好的长期关系至关重要。这项由 23 个国家的 25000 名公民参与的调查中发现，近六成的人在形成对企业印象的时候，会把重点放在企业社会责任上，而不是品牌声誉或金融因素等上面。随着社会责任对企业越来越重要，有研究表明，人们认为企业社会责任是管理良好的标志，同时可能也表明了企业良好的财务绩效。然而，另一项研究表明的情况可能正好相反，那些拥有良好财务绩效的企业才能够在社会责任方面投入更多资金。例如，谷歌公司就是这样的一家企业，谷歌在位于加州山景城的谷歌总部对其员工表现出极度的关怀，利用其经济获利构建员工的工作环境以提高员工的满意度。

当一个组织有很强的道德环境时，通常关注的是把客户利益放在首位的核心价值。然而，把客户放在第一位并不意味着应该忽视员工、投资者或是当地社区的利益，而是在注重客户的道德文化时将所有员工、供应商和其他利益相关方的利益纳入道德决策和行动之中，在道德环境下工作的员工支持和理解企业的行为与责任并积极为客户的需求做出贡献。因此，企业对客户的道德行为为企业建立了一个强有力的竞争地位，这已被证明对业务绩效和产品创新有积极的影响。

四 企业伦理与公司利益

企业在利润上的增长以及财务上的收益可以帮助企业培育和发展一种道德文化。拥有更多资源的企业都有能力在为客户服务、重视员工以及与公众建立信任等方面积极履行其应该承担的社会责任。许多客户或组织选择购买企业产品的原因是欣赏企业对于社会做出的贡献和承担的责任。充分的证据表明，有道德的员工也会具有更好的表现。同时，被员工视为高度诚实和正直的企业，其平均总回报要比那些不被认为诚实和正直的公司要高得多。最近的一项研究表明，即使运用多种衡量方法测量利润，积极承担企业社会责任的企业的税前收入也比其他一般企业高，而这仅仅只是财务上的表现。因此，企业获取利益本身与道德并没有冲突。这些研究结果提供了强有力的证据，表明企业对道德行为的关注正在成为获取更高盈利能力的战略计划的一部分。伦理道德问题正逐渐成为一种管理问题，这不仅仅是一个合规项目，更是为了获得竞争优势的核心资源。

第二章　企业伦理概念解读

第一节　伦理的定义

伦理这个术语有很多细微之处。"伦"通常指"人伦",主要用于研究人与人之间的关系,具体可以分为"五伦",即君臣、父母、兄弟、夫妻、朋友五种关系,并指向这五种关系间的是否对错。伦理是对道德的进一步探究,是对道德行为的整体判断与延伸。最早美国词典将伦理定义为:伦理哲学、基于道德的一般性研究、组织成员的道德行为规范等。这些伦理的定义表明其与道德最大的区别是企业肩负社会责任的使命,使伦理决策与伦理规则的制定与普通的道德行为不同,而伦理另一个不同之处是伦理决策者对自己伦理价值观和企业内部伦理接受的实践重视程度。因此,当我们做出伦理决策时,自身的价值观和判断是至关重要的。

基于以上伦理的定义,将基础的伦理定义延伸成为企业伦理或是商业伦理的概念。如果企业或个人具有较高的伦理道德标准,企业或个人将会积极遵守相应的道德准则,而这些道德标准应用于商业活动时,有些特殊因素必须注意:首先,企业的首要目标是获得利润,收益是企业赖以生存的基本条件。但是,企业在获取利益的同时是否会做出不道德行为,当企业单纯为了盈利而做出不道德行为时,企业虽获得短期利益,但将大大削减企业未来长期发展价值。其次,企业要在自身利润和社会利益之间寻找平衡,若要获得社会的认同以及社会收益,企业通常需要权衡利弊与为社会做出贡献。实际上,针对社会与企业之间的商业关系，国家及政府部门已制定了伦理道德的相关法律或是已形成隐含的伦理规则，以引导企业以不损害个人或整个社会的方式获取利润。

有关企业伦理的大部分定义都是在特定情况下给予正确或错误的规则、标准，这些定义均与道德原则相关。商业伦理之所以获得大众的广泛关注，究其原因是商业道德包括了指导企业或个体在商业活动中的原则、价值和标准。原则一般是规则的基础，对社会普遍的现象和行为制定相应的边界，要求大众在边界范围内控制自身行为，例如制定公平公正的权力等。价值观在原则基础上用来建立强制性的社会规范，例如组织与个体诚信、责任、公正的品质即是价值观的体现。正直、责任和信任是价值观的典范。准则是用来衡量企业投资者、组织员工、社区、顾客以及相关利益团体的行为道德与否的标准，帮助社会判断行为的是非对错。这些利益相关者的决策与行为没有绝对的对错之分，但是由于道德原则、价值观及其准则的影响，使利益相关者的判断影响整体社会对企业是否认同，以及是否接受企业的行为活动。

第二节 道德与伦理的区别

企业伦理的研究是企业伦理道德现象的探索，若想深入剖析企业的伦理道德问题必须先了解两个基础概念，即道德与伦理的概念。

一 道德的概念诠释

道德从字面意义上看，道之路也，道路的意思，而实际上在"道德"这一词组中，"道"更多使用的是延伸的规范与准则的意义，是从个体外部衡量个体。与之相反，"道德"之中的"德"则从个体的内在出发，主要指在"道"的规范与准则的影响下，个体内心具有的品质或信念，这种内心情感将支持个体贯彻"道"的实施。老子曾言："道者，人之所共由；德者，认知所自得。"《四书》里写道："德者，得其道于心而不失之谓也。"东汉《说文解字》中记载："德，外得于人，内得于己也。"也就是说，"外得于人"就是"以善德施之他人，使众人得其益"。"内得于己。"即"以善念存诸心中，使身心互得其益"。总而言之，"道"具体可以指规范；而"德"则是对"道"形成规范的认知并且以此形成的情感、意志以及稳定的行为。

"道"是"德"的前提，没有"人所共由"的规范，就不能发自内心地对规范有所感悟；同样，"德"是"道"的最终形式与体现，规范最后将由内心的认可得到充分的发挥，只有明了"道"的意义，于内明了于心，于外施与他人，这样的人才能称得上有"德"之人。但是，若要把外在规范转变成为个体自发的行动，使其自觉地做出"道德"行为，需要从多个方面长期共同努力培养，例如社会舆论的引导、自身修养的提升、基本道德的教育以及自我内心信念的建设等。由此可见，道德主要包含三个层次的内容：①道所涉及的基本规范；②德所表现出的由道引发的个体认知、情感、习惯等；③如何建立道德，即将"道"转为"德"的途径，通过引导、评价、教育等来树立道德观念。

二 伦理的概念诠释

伦理旨在规范人的行为，调节社会关系。而管理是"人为、为人"的活动，毫无疑问，在组织的管理活动中存在大量伦理问题。在 21 世纪，企业及其管理者将不可避免地会越来越多地遇到伦理问题。

伦理一个关乎是非、对错、善恶、好坏等的价值判断与伦理认知的概念，它让我们知道，我们的行为是道德的还是不道德的。伦理原则是道德行为的指南，全世界的人们都是基于伦理原则来判断其行为是正确的还是错误的，是道德的还是不道德的，是被人认可的还是不被认可的。伦理，就这个方面而言，是人类的一个普遍特性，所有社会、所有组织和所有个人都会有伦理观念。但是，伦理原则由不同的历史时期、不同的社会传统、特定时期的独特环境以及个人观念所规定，因而伦理的含义与时间、地点、环境以及个人相关，不存在全球人类能够普遍遵守的通用的伦理标准。这样一来，如何理解伦理的含义，每个人可能就有不同的理解。

本章的第一节已经从学术角度探讨了不同学者对于伦理的不同理解与界定，这里从中国汉语文化角度诠释伦理的基本意义。"伦，从人而仑。"这里的"仑"代表辈分的意思。故"伦"在这里具体指人与人之间的相互关系。由此引申，"伦"除了涉及人与人之间的关系之外，还可以延伸至人与自然的关系，人与其所在组织之间的关系，人与社会之间的关系,这些都是与人相关的微观层面之"伦"。同时,宏观之"伦"将组织看做一个整体,研究组织与其所处外部环境之间的关系,例如组织与企业利益相关者之间的关系等。而伦理中的"理"可以代表道理与原则。加之刚才所阐述的"伦"的概念,合起来理解伦理即是处理人、组织、社会、自然四者相互之间利益关系的基本原则与规范。

三 道德与伦理的联系与区别

(一) 道德与伦理的联系

道德的概念与伦理的概念具有紧密的联系性,在一般情况下可以通用,特别是涉及规范方面的概念时,这两个概念表达同样的意义。例如,道德规范所表达的意思就与伦理规范相同的。

学者 Velasquez (1988) 在其著作中总结出道德规范具有五大显著特征:

(1) 道德规范用来判断哪些是道德的、好的行为,哪些是不道德的,具有伤害性的行为;

(2) 道德规范本身具有其合理性,由价值观所决定而不是由组织或政府强制约束;

(3) 道德规范要求个体平衡个体利益与道德规范之间的利益,这里需要注意追求个体利益并没有错,而是说个体的行为不能超越伦理的限制;

(4) 道德规范具有普适性,看重的是公平公正,考虑的是每一个人的利益,在进行个体行为道德审判时必须持有公正的态度,不能由于个体偏见带来道德衡量上的偏颇;

(5) 道德规范会通过感情来表现,如果个体或组织做出不道德行为,而这些行为与普遍的道德规范相违背,个体会具有懊悔、羞耻等负面情绪,而将这种行为认定为不道德行为。

从规范的意义而言,道德与伦理这两个概念是相通的,是完全可以互换的。

(二) 道德与伦理的区别

虽然,道德与伦理展现出共同的意义,但是无论从字面意思理解还是从其历史用法上追溯，这两个概念又略有区别。当个体做出了有益于他人或是有益于社会的行为时，我们评价这个个体是"有道德的"，而不会说这个人是"有伦理的"。另外，在道德与伦理相关学科的建设上，我们将其称为"伦理学"而不是"道德学"。由此可见，"道德"会涉及更为具体的人的行为，带有明显的个人色彩，具有主观意义；而"伦理"通常用于描述道德的科学，更具有普适性、客观性，涉及的对象则是比个体层面更高一层的团体层面。

第三节 企业道德与企业伦理的区别

与道德与伦理的概念不同，在这一节探讨的企业道德与企业伦理的概念将研究的范围具体化到了企业，企业将成为道德与伦理的主体，那么企业行为是否道德将会影响到谁？将与谁有直接利益关系？

一 企业作为道德行为的主体

企业从事商业活动时其个体需要从事伦理道德行为，在这一点上没有任何争议。但是，企业作为一个整体，是否具有道德性，是否也应该承担相应的道德责任，在这一问题上，不同学者持有不同观点。有学者认为企业是道德行为的主体（French，1984）；与此相反，有学者认为企业中的个体才应该是道德行为的主体（Manual，1998）。

这两种观点出发点不同，从企业不应作为道德行为主体的观点看，企业并不是具有主观性的个体，不具备行为的能力，而企业中的员工则具有主观行为能力，因而个体做出的不道德行为是其主观意愿而不是企业所操控的，个体应对其所做行为负责而不应该将其道德/不道德行为归因于企业。此外，如果企业负有一定的道德责任，那么就意味着企业中的每一个员工都应该为企业的所作所为负责，而实际上，很多员工并不了解企业做出的行为，在不知情的情况下让个体因企业而受到谴责是不公平的。因此，若将企业视为道德行为主体，很容易集中谴责企业的过失，而忽视真正危害企业的不道德个体，同时也会牵连一些无辜的个体。从上述方面理解，企业的确不应该作为道德行为的主体。

但是，在企业整个经营活动中，大部分情况下是以整体形象进行交流与沟通的。企业的整体运作中，参与的个体和部分很多，很难将其界定为个体行为。企业从事的行为一定程度上反映了其宗旨、文化或者说是价值观，在某种意义上并不能代表个体的意愿。而个体在从事其经营行为时，并不能随心所欲地行事，很大程度上受到企业整体宗旨的导向。由此可见，无论是企业行为还是个体行为，内在均具有紧密的联系，究竟企业是不是道德行为的主体，本质在于责任是否能够清晰界定。例如，在某些事件上，个体应对其自身行为承担全部责任，与企业无关；在某些事件上，企业应对所有行为承担全部责任，与个体无关；又或者在某些事件上，企业或是个体需承担部分责任。

（一）企业作为道德行为主体的意义

企业既然可以作为组织的个体与法人，承担相应的法律责任，也应该承担相应的道德责任。伦理道德即要求个体在其行为过程中遵守道德规范，那么企业作为独立存在的整体，完全有能力做出相应的道德行为，与个体不同，企业制度、战略选择、组织结构等企业层面的决策将决定企业在道德行为方面的主体地位，同时通过组织层面道德的约束，使企业中的个体做出相应的道德行为。

首先，对于道德方面的评价，不仅可以针对个体层面还可以针对群体，企业作为群体组织，企业的行为即是个体成员所有行为的集中体现，因此，企业也应具有道德评判。

其次，企业在生产经营过程中，涉及生产、研发、物流、营销、运营、财务、人事、行政等方方面面的工作内容，虽然由不同的个体员工前去交涉，但实际上代表的是整个企业，也就是说在这些情况下，企业是以整体形象进行相应行为的。

最后，企业虽然与个体不同，不具备思想与感情，无法进行道德决策，但是道德处罚是对整个企业的制裁，势必会引起大众对企业的谴责，而直接后果就是企业绩效下滑，企业品牌与企业形象受到破坏，更严重的会导致企业走向破产灭亡之路。即使不道德的行为是个体做出的，但是企业比个体更具有能力解决问题与承担责任。由此可见，企业应该作为道德行为的主体承担相应的责任。

（二）企业作为道德行为主体的危害

虽然企业作为道德行为主体具有一系列的意义和作用，但是由此带来的危害也是不容忽视的，只有正视其背后潜在的问题，才能够真正发挥出企业作为道德主体的作用。企业作为道德行为主体的危害主要体现在以下两个方面：

第一，企业在作为道德行为主体承担相应的法律与道德责任时，个体的道德责任可能会因企业承担责任而受到忽视，如果在不道德面前单纯地谴责企业，可能会让做出不道德行为的个体认为自己的行为并非那么严重，这就导致恶性循环，使个体道德意识逐渐薄弱，从而可能会影响到整体的道德形象。

第二，把企业作为能够做出道德行为的主体，将其视为能够决策与行动的整体，既然企业承担了道德责任，从另一方面而言，企业的目的与利益也将成为其整体考虑的内容。这样一来，企业的个体就会受到忽视，企业的利益与目标将完全凌驾于个体利益与目标之上，而不是相应的和谐共生。

总而言之，从企业作为道德行为主体的两面性来看，既有好处又有危害，关键问题在于企业要寻找到解决之道，对相关的道德责任进行清晰的界定，既要明确企业的道德责任，同时又要关注个体的道德责任，从而促使企业道德与个体道德共同发展。

二 利益相关者与企业伦理的关系

从利益相关者概念角度出发将与企业利益相关的群体划分为两种类型，一种是与企业具有直接利益关系的相关者，即主要利益相关者；另一种是与企业具有间接利益关系的相关者，即次要利益相关者。主要的利益相关者是指那些与企业具有持续的联系并对企业的生存是绝对必要的，其中包括员工、客户、投资者和股东，以及提供必要基础设施的政府和社区。一些企业在采取行动时可能会损害与主要利益相关者的关系。图2-1表明，企业周边内环中的因素属于主要利益相关者。

次要利益相关者通常不会与企业进行交易，因此对公司的生存来说并不是至关重要的，但同样对企业的发展具有重要的影响。其中包括媒体、行业协会和特殊利益集团等。退休人员协会就属于一个特殊利益团体，企业应致力于保障退休人员的基本权利，例如医疗福利等。企业应该关注次要的利益相关者普遍接受的道德价值观和伦理标准，这些标准决定了什么企业行为是可接受的或不可接受的。重要的是企业管理者要认识到，虽然次要利益相关者可能会出现更多的日常问题，但在伦理决策过程中，次要群体不能被忽视或被给予较少的考虑。图2-1表明，企业最外环的因素属于次要利益相关者。在这个企业与利益相关者的交互模型中，许多利益相关者之间存在双向作用的关系。除了投资者、员工和供应商的基本投入之外，这种方法还能识别其他利益相关者，并明确承认企业内部和外部环境之间存在的基本情况。

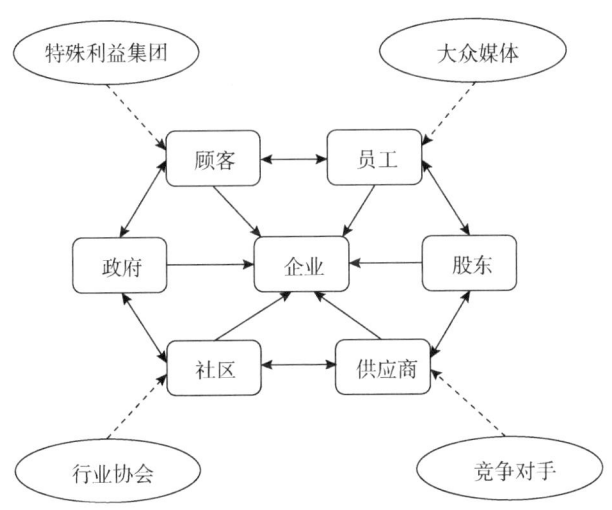

图2-1　利益相关者与企业的相互关系

在商业环境中，客户、投资者和股东、员工、供应商、政府机构、社区，以及许多在公司产品、运营、市场、行业和效益中持有"股份"或声称拥有"股份"的人，都被称为利益相关者。这些群体受到商业的影响，但他们也有影响企业的能力，因此，企业和他们的利益相关者之间的关系是双向的。

有时，由特殊利益集团产生的活动和负面新闻会迫使一家企业改变其做法。例如，善待动物组织发起了一场运动，试图迫使麦当劳停止在其鸡蛋供应中对鸡进行不人道的对待。麦当劳确实改变了他们的政策，尽管他们否认其行为与善待动物组织有任何直接的关系。最近，善待动物组织又一次盯上了麦当劳，而这次的重点是鸡在公司肉类供应商的饲养和屠宰方式。一方面，汉堡王在2008年因为改善动物福利而获得了善待动物组织的奖励。但是，许多企业仍可能与主要利益相关者发生冲突，并因此在金融危机期间损害了他们的声誉和股东的信心。尽管许多对声誉的威胁源于无法控制的事件和环境，但道德上的不当行为要比糟糕的财务表现更难克服。那些最直接受到负面事件影响的利益相关者将会相应地改变他们对公司声誉的看法。另一方面，那些因不当行为而受到负面宣传的金融机构，会破坏信任，损害他们的声誉，这将使他们更难留住现有的客户或吸引新的客户。

道德上的不当行为或损害利益相关者的决策通常会影响公司的声誉，无论是在投资者信心还是消费者信心方面。随着投资者的看法和决定开始产生影响，股东价值将会下降，使公司受到消费者的审视，从而增加损失。声誉是消费者对产品属性和企业形象特征的感知，消费者愿意以有利可图的价格购买商品和服务。一些丑闻可能导致抵制和积极的运动，以抑制销售和盈利。耐克在使用海外转包商生产鞋子和服装方面遭遇了强烈的抵制。当耐克公司声称对分包商的恶劣工作条件和极低的工资没有任何责任时，一些消费者通过参加抵制、写信、宣传活动和公共服务通告要求其承担更大的责任。耐克最终通过改变其做法，成立管理离岸业务的模范公司来应对日益严重的负面宣传。

旨在提高企业问责制和透明度的新改革也表明，其他利益相关者，包括银行、律师和会计师事务所，能够在促进负责任的决策过程中发挥重要的作用。利益相关者将他们的价值观和标准运用到许多不同的问题上，如工作条件的改善、消费者权益、环境保护、产品安全的提升以及适当的信息披露。这些都可能或不会直接影响到个人利益相关者的福利。我们可以评估社会等级组织通过审查其对涉众的影响来承担责任。

利益相关者提供的资源对公司的长期成功来说或多或少是至关重要的。这些资源可能是有形的和无形的。例如，股东提供资金；供应商提供物质资源或无形知识；员工和经理们给予专业技能、领导能力和承诺；客户产生收入，提供忠诚和积极的口碑推广；当地社区提供基础设施；媒体传播正面的企业形象。当个人利益相关者对理想的商业行为有相似的期望时，他们可能会选择建立或加入正式的社区，这些团体致力于更好地定义和倡导这些价值观和期望。利益相关者收回或威胁撤资的能力，使他们能够掌控企业。

三 企业道德

与道德和伦理的基本概念相似，企业道德将道德研究的重点放在企业层面，如果从规范角度而言，企业道德与以后讨论的企业伦理含义相通。这里主要从"德，外得于人，内得于己"这一角度理解企业道德的含义。

由于企业具体是由个体构成的，企业道德很大比例的组成部分是员工个体的道德；与此同时，企业作为一个组织，是具有共同目标的群体，这就将企业与个体紧密联系起来。当然，企业整体表现出来的道德并不是每个个体道德简单的组合或平均值，而主要通过企业道德文化展现。下面就从个体道德与企业整体道德展开讨论（见图2-2）。

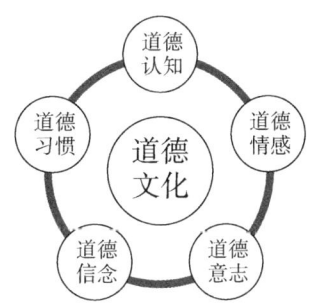

图2-2 企业个体道德与整体道德

（一）企业个体道德

企业个体道德从微观个体层面上来说主要体现在五个方面，与员工个体所具备的认知、情感、习惯等因素相关。

（1）道德认知。企业个体的道德认知与其道德判断、道德决策密切相关，并且道德发展到一定阶段时，当员工在遇到道德问题或深陷道德困境时，能够清楚地判断是非对错，从而做出正确的道德选择，可以说个体已具备相应的道德认知。

（2）道德情感。即使个体在道德认知上明确了一定的道德责任，但这种认知并不是真正推动其做出道德行为的主要因素，只有道德在认知与情感上引起共鸣，个体才会真正地愿意做其情感上接受并赞赏的道德行为。

（3）道德意志。当个体具有一定的道德认知，并在情感上倾向于做出道德行为时，可能会受到很多方面的阻挠与影响，例如，来自领导的命令、舆论的阻碍以及亲朋好友的不支持等。如果要坚定地做出道德行为，需要具有坚强的意志，否则很有可能半途而废，放弃做出道德的行为。

（4）道德信念。信念是促使个体做出道德行为的核心，是道德认知、道德情感以及道德意志三者共同作用的结果，具有道德信念的个体也就具有强大的内在动力，会促使个体遵从内心的选择而做出道德行为。

（5）道德习惯。当个体具有道德信念时，信念会推动员工积极地做出道德行为，久而久之，做出道德行为依然成为个体的行为习惯，而无须通过规范或是法律进行约束。

（二）企业道德文化

根据沙因的组织文化理论，可将企业文化划分为三个层面，即表象层、制度层以及核心层。企业个体的行为，甚至是企业的规章制度都是由企业的核心价值观主导的。

企业道德文化中涉及核心价值观的内容主要涉及企业与利益相关者的关系，在进行利益分配时企业究竟需要更加关注哪些利益群体的利益，企业对于利益的关注点实际上代表了企业的价值观与行为，例如，当利益发生冲突时，企业究竟如何选择，是优先关注自身利益，还是员工利益，还是社会利益等，企业应该如何分配这些利益？企业考虑的方方面面以及行为方式势必影响个体的道德行为，而企业处理这些问题的方法理应是企业每个员工以及利益相关者达成的共识，由此形成展现企业核心价值观的独特文化。

四　企业伦理

除去上面阐述的对于企业道德的理解，基于原则与规范层面，企业道德等同于企业伦理，在这一层面上企业道德与企业伦理展现出共同的特征：

(1) 企业伦理涉及组织的相关规范，组织的个体是否遵照组织伦理规范行事。这里所阐述的企业伦理包括两个层面，其中一个层面是个体伦理层面，个体是构成组织的核心，个体行为决策是否道德对组织至关重要；另一个层面则是组织伦理层面，虽然组织是由个体组成，但是，组织伦理道德并不是企业所有个体的加总，也就是说组织中每一个个体均具有道德行为并不能代表企业整体就具有伦理行为，组织层面的伦理还表现为组织目标、企业战略以及承担的社会责任等。因而，在讨论企业伦理概念时，既要将企业整体视为伦理道德的主体，从组织层面上制定相应的道德规范，建立统一的伦理道德准则，帮助约束与指导企业个体员工的行为。

(2) 企业伦理是从规范层面给出企业行为对错与否、道德与否的衡量标准。企业遵循其所处环境来制定相关道德规范去指导其个体从事道德行为，但是行为善恶是否与标准具有很大联系，一般情况下，我们普遍认为损害他人利益的行为是不道德的，并认为行为应该符合自身、组织以及社会的利益，这些伦理标准与社会具有很强的相关性，值得继续研究探讨。

(3) 企业伦理基于规范角度判断企业与利益相关者之间的利益分配，帮助企业决策如何处理其与利益相关者之间的关系。在利益与伦理道德发生冲突时，企业应该以伦理道德为基础，在不违背道德规范的前提下追求自身利益最大化。企业在从事商业活动中，并不能独自创造利润及商业价值，而是需要和一些利益相关者进行合作从而获得收益。在刚才利益相关者与伦理关系的部分我们已经重点阐述了利益相关者的概念，在利益相关者关系的处理上同样需要关注两个层面的关系：一是组织与主要利益相关者之间的关系，企业要对与其直接相关的股东、员工等负责，肩负其相应的伦理责任；二是组织与次要利益相关者之间的关系，企业要对与其间接相关的政府、社区、媒体等负责，从事社会认同的伦理行为，不能够违背社会伦理规范。

(4) 企业伦理制度的规范与伦理行为约束受社会规范的影响，例如企业所处的舆论环境、民俗习俗、社会价值观及其信念等均会影响企业伦理建设。这些内容指标和法律与企业的规章制度不同，法律或规章制度具有强制性，从外部强制个体做出伦理道德行为，而个体本身是否愿意从事伦理行为不得而知。而这里所说的舆论环境、价值观以及信念是从个体内心角度出发约束伦理道德行为，个体基于内心做出的伦理道德行为更具意义。企业在进行企业伦理建设时应从企业内心角度出发，同时辅以规范手段进一步强化个体或组织的伦理行为。

第三章 伦理决策过程

第一节 伦理决策概述

促进企业做出伦理决策，首先必须了解个体如何在其组织环境中做出伦理决策。社会普遍认为个体在企业中做出的伦理道德决定或方式与其在企业之外的家庭或生活中做出伦理决策的方式相同。但是，与企业外部环境做出伦理决策不同，个体在企业团队工作的环境中，很少能够自由地随心处理伦理问题，大部分伦理决策均迫于企业压力。

在这一章中我们主要总结有关伦理决策的相关理论内容，对企业中的个体伦理决策以及组织伦理决策提供相应的理论依据。尽管不可能准确地描述任何一个人或企业究竟是如何做出伦理决策的，但通过对以往理论的研究，可以形成对组织内普遍伦理决策模式的认知。在这些伦理决策理论的基础上，结合哲学、心理学、社会学以及组织行为学等领域相关知识，共同研究企业伦理决策的发展趋势。

一 企业伦理决策的基本框架

首先将决策理论与企业伦理相结合，提出商业活动中企业或个体做出伦理决策的基本框架（见图 3-1）。商业中伦理决策过程的模型主要包括伦理问题的强度、个体的影响因素、组织的影响因素、伦理决策的机会，这四个因素会影响伦理行为的意图并促使最终相关伦理行为的产生。这个模型的意义在于帮助企业或员工理解伦理决策的相关因素以及形成过程。

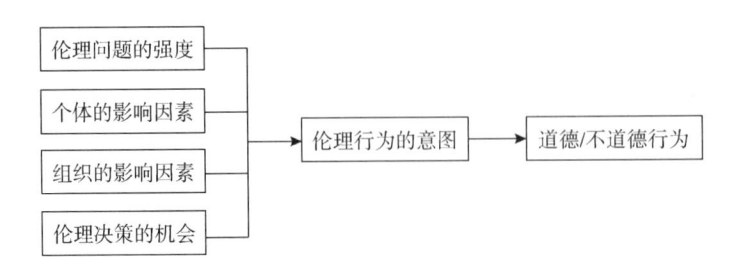

图 3-1　企业伦理决策的基本框架

(一) 伦理问题的强度

伦理决策的第一步是认识到伦理问题需要个体或团队在几个行动中做出选择，而企业内部或外部的利益相关者最终将评估企业行为对错与否或是否道德。同时，伦理问题是否严重与其对决策者的重要性显著相关，因而伦理问题的强度可以被定义为在个体、团队或组织中伦理问题的相关性或重要性。高层管理者或具有行政权力的人对伦理问题的强度具有更大的贡献，因为这些管理者通常需要制定或树立企业在道德问题上的立场。事实上，法律也已明确规定企业管理者在某些方面要对其下属的不道德和违法行为负责。

伦理问题的强度还反映了面对伦理决策过程的个体或组织的道德敏感性。有研究表明，当个体面对道德选择困境时，会受到六个方面的影响，即工作环境、家庭环境、法律体系、社区、职业以及宗教，其中每一个影响的重要性程度取决于决策者对这个问题的看法的重要性。此外，个体对情境道德强度的感知将增加个体对道德问题的感知能力，这反过来又降低了其做出不道德行为的意图。道德强度与个体对社会压力的感知以及决定对他人的伤害有关。除非组织中的个体对道德问题有共同的担忧，否则就会出现道德冲突。管理层对员工的奖励和惩罚、公司政策和公司价值观的使用，可能会影响人们对道德问题强度的感知。换句话说，管理者可以通过正面或负面的激励影响员工对道德问题的重要性。

对于一些员工来说，如果管理者不能识别和教育员工关于特定问题领域的知识，道德问题可能无法达到关键的意识水平。企业需要就特定道德问题的方式对具有不同价值观和背景的员工进行培训，确定员工可能遇到的道德问题和风险，这是企业伦理决策发展的重要一步。企业必须评估道德和法律风险的领域，而这些领域实际上是道德问题。那些被认为具有较高道德重要性的问题可能会引发员工道德问题的加剧，道德问题的重要性已经对员工的道德判断和行为意图产生了强烈的影响。换句话说，如果个体越是认为道德问题是重要的，他们就越不可能从事不道德的行为。因此，伦理问题的强度应被视为伦理决策过程中的一个关键因素。

（二）伦理决策个体的影响因素

当个体需要在日常生活中解决道德问题时，他们往往会根据自己的价值观和正确或错误的原则来做出决定，个体通常通过与家庭成员、社会团体的社会化过程来学习这些价值观和原则宗教。在工作场所，个体道德问题通常包括诚实、利益冲突、歧视、裙带关系和组织资源的盗窃。例如，组织中许多员工每天使用企业的计算机系统工作几个小时，大多数员工会把工作时间限制在个体使用上，而大多数企业判断标准与个体不同。当一些员工在个人互联网通信上使用的时间超过 30 分钟，企业很可能会认为这是由于个体原因导致的过度使用企业时间。这说明在企业工作环境中可能是可接受的或不可接受的之间的细微差别，同时还反映了个体在工作环境中承担责任的程度。一般来说，这个决定将取决于公司的政策和公司的环境。个体的道德决策很大程度会受到以下个体因素的影响：

（1）职业因素。公众看待个体道德的方式通常根据其涉及的职业而有所不同。例如，公众会普遍认为电话销售人员、汽车销售人员、广告从业人员、股票经纪人和房地产经纪人等职业不具有较高的道德。

（2）性别因素。很多研究对性别与伦理决策之间的联系进行了广泛的研究。研究结果表明，在许多方面男女之间没有差别，但当发现差异时，女性通常比男性更具有道德感。而这里的更具有道德感是指女性似乎对自己更敏感道德的场景和对不道德行为的容忍程度较低。在一项关于性别和虚假财务报告意图的研究中，女性报告的意愿高于男性参与者。

（3）教育因素。个体的受教育年限也是伦理决策过程中的一个重要因素。关于教育，要记住的重要一点是它并不能反映经验。工作经验被定义为特定工作、职业和/或行业内的年数。一般来说，个体的受教育年限或工作经验越多说明其在道德决策方面可能就越好，而教育的类型对伦理几乎没有影响。

（4）年龄因素。年龄是在商业伦理中研究的另一个关键因素。早在几十年以前就有研究认为年龄与伦理决策具有正向关系。换言之，年级越长的人就越具有道德感，然而，最近由研究表明，伦理决策与年龄之间可能存在更为复杂的关系。但是，我们可以确信经验丰富的老员工有更大的知识来处理复杂的行业特定的道德问题。

（5）控制点因素。个体的控制点存在一定的差异性，这些差异性与个体信念有关。换句话说，这个概念与人们对权力的看法有关。相信外部控制的人认为自己是随波逐流的，工作生活中的事件是由无法控制的力量造成的，如果想要达到的目标取决于他们企业的运气、机会和有权势的人，能够通过自己的行动和努力来控制自己的生活的可能性很低。相反地，相信内部控制的个体相信通过自己的努力和技巧可以控制自己工作生活中的事件，他们把自己看成是自己命运的主人，相信自己有能力影响自己的环境。一项研究发现，那些认为自己的命运掌握在别人手中的人，比那些认为自己的命运掌握在自己手中的人更具有道德感。

（三）伦理决策组织的影响因素

企业中组织的价值观往往比个体的价值观更具有影响力，商业中的道德选择和伦理决策通常是在团队工作或在与同事的谈话和讨论中做出的。员工不仅从他们自己的背景中学习，而且，用从组织中其他人那里学到的东西来处理道德问题，这个学习过程的结果取决于每个人的个体价值的力量、道德行为以及对不道德行为的举报等。

企业文化可以定义为一组价值观、规范和工具，包括解决组织成员共享问题的方法。随着时间的推移，利益相关者开始将公司或组织视为一个有生命的有机体并具有自己的思想和意志。企业或组织文化的一个重要组成部分是公司的道德文化，企业文化涉及的价值观和规范为组织成员提供了广泛的行为，而伦理文化则反映了企业是否也有道德良知。伦理文化是许多因素作用的结果，例如，企业道德准则、高层管理人员对道德问题的领导、同事的影响，以及不道德行为的机会。在整个组织中，个体或团队具有自己的道德选择，但最终受到公司整体道德文化力量的影响。

员工对组织文化的认知越强，就越不可能做出不道德的决定。组织中企业伦理文化氛围越强，组织成员越倾向于做出帮助他人的伦理决策。组织文化中所体现的伦理价值观与员工对企业的承诺以及他们对企业的情感均具有积极的关系。公司应该发展和提升道德价值，以提高员工在工作场所的伦理道德经验。

个体所处的群体，包括同事、领导与下属，都被称为重要的人。他们每天会帮助他人处理不熟悉的任务，并以正式和非正式的方式提供建议和信息。例如，同事们可以在午餐讨论或老板不在的时候提供帮助。同样，管理者也可以提供关于员工在工作中执行的某些类型的活动的指示。员工的主管可以在帮助员工在工作中发展和适应社会的过程中发挥核心作用。多年来进行的大量研究证实，组织内的其他重要人员每天对工人的决定的影响可能比任何其他因素都要大。

对权威的服从有助于解释为什么许多员工仅仅遵循上级的指示来解决商业道德问题。例如，在强调尊重上级的组织中，员工可能会觉得他们被要求执行上级的命令，即使这些命令与员工的道德标准相违背。如果最终员工的行为被认为是错误的或是不道德的，他或她可能会说，"我只是在执行命令"或者"我的老板让我这么做的"。此外，还有研究发现组织规模与伦理决策具有联系，公司越大，不道德行为的可能性就越大。

（四）伦理决策的机会

伦理决策的机会是描述限制或允许道德或不道德行为的组织条件。机会的结果是，要么提供奖励，要么是内部的，要么是外部的，要么没有建立起针对不道德行为的障碍。内部奖励的例子包括通过表现出利他行为获取个体价值，而外部奖励指的是个体在社会环境中期望从他人那里得到的东西。奖励对个体来说是外在的，能给他们带来社会认可、地位以及尊重。

一个没有对不道德行为设置障碍条件的例子是，企业政策不会惩罚那些接受客户大额礼物的员工。惩罚的缺失本质上为不道德行为提供了机会，因为它允许个体从事这样的行为而不用担心后果。对不道德行为的奖励可能也会为有问题的决定创造机会。例如，如果一个销售人员得到了公众的认可，但是通过不道德的策略获得了一笔有价值的销售，那么他或她就会有很大的奖金，即使这样的行为违背了销售人员的个体价值体系，他们也可能会在未来使用这种策略。

机会涉及个体的直接工作环境，包括工作的地方，和他们一起工作的人以及工作的性质。直接的工作环境包括上司用来影响员工行为动机的"胡萝卜加大棒"政策，加薪、奖金和公众认可都是"胡萝卜"，而降级、解雇、罚款等则是一种"大棒"，即负面强化。员工在组织中不道德行为的机会可以通过正式的政策和规则来消除，这些规则是由管理层制定执行的。伦理决策或行为的机会也来自知识，工作场所员工的不道德行为包括对员工、客户、供应商或公众撒谎，或隐瞒他们所需的信息。一个拥有信息基础、专业知识或关于竞争信息的人有机会利用这些知识。个体可以成为信息的来源，因为其对这个组织很熟悉。多年来受雇于一个组织的个体成为其文化的"看门人"，并且经常有机会做出与不成文的传统和规则相关的决策。这些员工帮助新员工更快地社会化，熟悉企业内外部经营方式的规则与规范，进一步消除员工跨越不道德底线的机会。

（五）伦理行为的意图

伦理困境涉及解决问题的情况，在这种情况下，决策规则通常是模糊的或冲突的。伦理决策的结果往往是不确定的，没有人能告诉我们是否做出了正确的决定，也没有什么神奇的公式与计算机软件可以将伦理困境插入解决方案中，即使本意是好的，大多数企业也会犯道德错误。

个体的意图和其将采取什么行动的最终决定是道德决策过程的最后一步。当个体的意图和行为与其道德判断不一致时，个体可能会感到内疚。例如，当一个广告客户的主管被她的客户要求创建一个她认为具有误导性的广告时，她有两种选择：要么遵守，要么拒绝。如果她拒绝了，她就会从那个客户那里失去生意，甚至可能失去她的工作。其他因素，比如来自客户的压力、需要保住工作、偿还债务和生活费，这些可能会影响她解决这一道德困境的决心。但是，这些其他因素，她可能会决定采取不道德行为，尽管她认为这是不正确的。因为她的行为与其道德判断不一致，她可能会对其决定感到内疚。

内疚或不安是不道德决策发生的第一个迹象，下一步是改变个体的行为来减少这种感觉。这种变化可以反映个体的价值观，在下一次类似的情况发生时转变为符合决策的人或改变决策的人。对于那些开始价值转变的人来说，通常具有以下理由，这些理由将会减少并最终消除罪恶感：

（1）我需要薪水，不能马上辞职。

（2）我周围的人都在这么做，为什么我不应该这样做呢？他们认为这是好的。

（3）如果我不这样做，当我离开的时候，我可能无法从我的老板或公司那里得到一个好的推荐。

（4）考虑到潜在的好处，这并不是什么大不了的事。

（5）商业是一套不同的规则。

（6）如果不是我，其他人就会去做并得到奖励。

二 积极促进伦理决策

在本章第一节中提出的伦理决策框架并不能说明企业的决策是道德的还是不道德的。值得重申的是，这个框架正试图让企业做出明智的道德决定，尽管没有清晰阐述特定情况下应该做什么，但它确实提供了一个典型的决策过程和影响伦理决策的因素的概述。该框架并不是做出决策的指南，而是旨在提供组织中普遍存在的伦理决策过程的相关理论。

因为不可能就道德的规范性达成一致，商业伦理学者研究理论模型的重点是了解决策制定中的规律和在动态环境中相互作用的各种现象，以产生可预测的行为模式。此外，一个组织的道德问题不太可能通过对道德决策的深入了解而得到严格的解决，从本质上讲，商业道德涉及价值判断和集体协商可接受的行为模式。

了解商业组织中典型的伦理决策，可以促使企业改进其伦理行为与方式。当企业拥有更多关于决策过程如何形成的知识时，将能够更好地分析关键的伦理困境并提供伦理领导，而不考虑其在组织中的角色。从框架中应该得出的一个重要结论是组织内的伦理决策并不完全依赖于个体价值观和道德观，伦理哲学或原则性的知识必须与商业知识和对需要决策的困境的复杂性的理解相平衡。例如，一个诚实、公平和公正的管理者必须了解与复杂的金融工具相关的各种风险。

三 伦理决策中的领导作用

高层管理人员为公司的企业文化提供了蓝图。如果这些领导者未能表达出想要的行为和目标，企业文化将会自行发展，但仍将反映企业的价值观和规范。领导具有能力或权威引导他人实现目标，对道德决策产生重大影响，因为领导者需要激励他人，执行组织的规范和政策以及他们自己的观点，是影响一个组织的企业文化和道德姿态的关键。从长远来看，如果利益相关者对企业的领导者不满意，他或她就不会保持领导地位。领导者不仅要有其追随者的尊重，还要为他们提供道德规范的标准。

（一）领导风格对伦理决策的影响

领导风格影响组织行为的许多方面，包括员工接受和遵守组织规范和价值观等。专注于在员工中建立强大的组织价值的领导风格有助于实现共同的行为标准，同时领导风格还影响着组织对价值观和道德规范的传递和监督。简言之，一个组织的领导风格影响着员工的行为。尽管我们经常认为首席执行官或其他高层管理人员是组织中最重要的领导者，但企业的董事会也是一个重要的领导和监督的组成部分。伦理领导力的概念不仅适用于首席执行官、董事会和管理人员，还可以涉及同事。首席执行官的伦理领导需要了解公司的愿景和价值观以及责任的挑战和实现组织目标的风险，即使在那些具有强烈道德品质的人身上，伦理领导的缺失的情况也时有发生，特别是如果他们认为组织的道德文化不属于家庭、生活、社区的决策领域。

伦理领导同样需要知识和经验来做决定。强大的伦理领导必须有正确的道德操守，必须是透明的。换句话说，就是在私下里做，就好像它总是公开的一样。如果企业规章制度使其无法做出正确的选择，他们必须积极主动，随时准备离开该组织。伦理领导者必须在今天和将来都选择一种平衡，这样的人必须关心股东和收入最低的员工。丹尼尔戈尔曼提出的以情商为基础的六种领导风格能够有效地管理自己的人际关系：

（1）强制型领导。其要求瞬间服从，专注于成就、主动性和自我控制。这种风格在企业危机或变革过程中是卓有成效的。

（2）权威型领导。其被认为是最有效的风格之一。该领导者激励员工遵循愿景，促进变革，创造一个强烈的、积极的表现氛围。

（3）联合型领导。其看重人、员工情感和员工需求，依靠友谊和信任来促进灵活性、创新和冒险。

（4）民主型领导。其依靠参与和团队合作来达成合作决策。这种风格专注于交流，为取得成果创造积极的氛围。

（5）高标准型领导。由于他或她所设定的高标准，高标准的领导者可能会造成一种消极的氛围。这种风格最适合从那些重视成就和主动的高度积极的人那里获得快速的结果。

（6）教导型领导。教导型领导者建立了一种积极的氛围，培养员工长期成功的技能，下放权力与责任并巧妙地发布了具有挑战性的任务。

最成功的领导者不依赖于一种风格，而是根据形势的特点改变领导风格。不同的风格可以有效地发展成为一种道德文化，这取决于领导者对风险的评估和对组织绩效的积极氛围的渴望。

另一种考虑领导风格的方法是将领导者分类为交易型或转换型。交易型领导者试图通过谈判或物物交换来创造员工的满意度，以达到预期的行为或表现水平。转换型领导者努力提高员工的承诺水平，培养信任和激励。转换型和交易型领导者都能积极地影响企业文化。

变革型领导传达一种使命感，激发新的思维方式，并增强新的学习体验。他们将员工的需求和愿望与组织需求结合起来，建立了对价值观的承诺和尊重，这些价值观为如何处理道德问题提供了一致的意见。

因此，转换型领导通过共同的愿景和共同的学习经验，努力促进活动和行为。因此，他们对同事对道德决策的支持和建立伦理文化的影响力要比交易型领导者更大。转换型伦理领导者最适合那些在员工中有更高层次的道德承诺的组织以及利益相关者对伦理文化的强烈支持。相比之下，交易型领导者则专注于确保实施所需的行为和程序，为了达到预期的结果而进行的谈判，反应、冲突和危机对关系的影响超过了道德问题。

(二) 优秀的伦理领导者习惯

阿奇·卡罗尔，乔治亚大学的商业教授提出了伦理领导者的 7 个习惯。伦理领导者是建立在整体思维基础上的，包含了企业每天面临的复杂和具有挑战性的问题；伦理领导者需要知识和经验才能做出正确的决定；强大的伦理领导者既有勇气，也有最完整的信息来做出决定。从长远来看，优秀的伦理领导者必须坚持自己的原则，如果公司治理体系存在缺陷，就不可能做出正确的选择，必要时就准备离开公司。优秀的伦理领导者习惯如下：

1. 伦理领导者的个体特质

如果没有一个强有力的个体品格，伦理领导者是极不可能实现的，现实问题是如何在企业环境中培养一个道德高尚的人。在企业文化中解决复杂的伦理困境的能力需要智力技能，同时教导那些想要对公司价值观和道德规范做正确事情的人并为他们提供解决道德问题复杂性的知识技能，是正确的方法。

2. 伦理领导者具有做出正确行为的激情

做出正确行为的激情是将道德观念凝聚在一起的黏合剂。许多领导者在人生的早期就养成了这种特质，而另一些领导者则是通过经验、理性或精神成长来发展的。他们经常引用熟悉的论点来做正确的事，例如防止社会分裂，减轻人类的痛苦，促进人类的繁荣，公平地和逻辑地解决利益冲突，赞扬好人，惩罚罪犯，或者仅仅因为某事"是正确的事情"。做对事情的激情表明了一种个体特征，即不仅认识到道德行为的重要性，而且还表现出愿意面对挑战和做出艰难抉择的意愿，勇敢的领导需要做出和捍卫正确的决定。

3. 伦理领导者是主动的行为

伦理领导者不会坐等道德问题出现，他们预见、计划并积极行动，以避免潜在的道德危机。积极主动的方法是在制定有效的项目中发挥领导作用，为员工提供指导和支持，即使面对相当大的压力也让他们做出更多的道德选择。伦理领导者会积极主动地了解社会需求，发现伦理问题是企业开展伦理活动的最实践者。

4. 伦理领导者充分考虑利益相关者的利益

伦理领导者会充分考虑所有利益相关者的利益和影响，而不仅仅考虑那些对公司有经济影响的利益相关者。伦理领导者有责任平衡利益相关者的利益，以确保组织最大化其作为负责任的企业公民的角色。

5. 伦理领导者是组织价值观的榜样

如果领导者不积极地充当组织核心价值观的榜样，那么这些价值观就变成了口头上的服务。行为科学家布伦特·史密斯认为，作为榜样，领导者对个体道德行为产生主要影响。一方面，不具有伦理的领导者向员工发出了一个信号，即企业的伦理价值观是微不足道或无关紧要的。另一方面，当领导者在每一个转折点上塑造公司的核心价值时，结果可能是强有力的。

6. 伦理领导者适度透明化

领导者的适度透明化可以促进开放，表达想法的自由以及质疑行为的能力，它鼓励利益相关者了解和评论一家企业在做什么。但是，过度透明的领导者将不会有效，除非他们亲自参与那些有道德影响的关键决策。转换型领导者是合作的，这将为通过人际交流打开了透明度的大门。在今天的商业环境中，伦理领导者应该掌握好透明的程度，同时需要强有力的价值观文化做支撑。

7. 伦理领导者是有能力的管理者，对企业伦理文化具有整体看法

伦理领导者可以看到组织的整体特点并将伦理视为决策与战略组成部分，如同市场营销、信息系统、生产等职能部门一样重要。

第二节　伦理决策的个体影响因素

在这一部分中，我们对个体的背景和观念如何影响他们的决定提供了详细的描述和分析。重要的是要确定一个行为何时是正确的，什么时候被认为是错误的，而个体的伦理哲学经常被用来证明决定或解释行动的正确性。要理解人们如何做出伦理决策，掌握主要的伦理哲学理论是很有必要的。

一　伦理的哲学定义

当人们谈论哲学时，他们通常指的是他们所生活的价值观的一般体系。另外，伦理哲学尤其指的是人们用来决定什么是对或错的具体原则或规则。理解伦理哲学和商业伦理之间的区别是很重要的。伦理哲学是个体的原则和价值观，定义什么是道德或不道德。伦理哲学是特定于人

的，而商业伦理则是基于群体的决定，或者是在执行任务以满足商业目标时所做的决定。在商业环境中，伦理指的是集团、公司或战略业务部门（SBU）定义的与业务运营相关的正确或错误的行为，以及利润的目标、每股收益，或该集团定义的其他一些成功的财务衡量标准。例如，一个生产经理可能会被一种管理的一般哲学指导，强调鼓励员工尽可能多地了解他们所生产的产品。然而，当经理必须做出决定，比如是否在即将到来的裁员之前通知员工时，他的伦理哲学就开始发挥作用了。尽管工人们更喜欢提前警告，但这可能会对生产的质量和数量产生不利影响。这样的决定需要个体根据自己的原则和价值观来评估"正确"或"道德"的选择。

伦理哲学提出了"确定人类利益冲突如何解决，并优化群体中共同利益的原则"的指导方针，指导商人制定商业战略并解决特定的伦理问题。然而，并没有个体只接受单一的伦理哲学。例如，一些管理者将利润视为企业的最终目标，因此可能并不关心公司的决策对社会的影响。正如我们所看到的，经济学家米尔顿·弗里德曼支持这一观点，认为市场将奖励或惩罚企业的不道德行为，而不需要政府监管。这种弗里德曼式资本主义的出现，是世界上主导和最广泛接受的经济体系，它创造了世界各地以市场为导向的社会。在过去的60年里，美国一直在发动一场关于资本主义意识形态的战争，首先是苏联，其次是20世纪80年代的拉丁美洲，最后是中国。就连中国的共产主义政府也已经调整了资本主义和自由企业，以帮助它成为一个领先的经济强国。美国一直在积极地输出这样一种观点，即自由市场资本主义的无形之手可以解决人类的问题，并带来更大的幸福和繁荣。这样的幸福来自产品和服务的增加。市场营销帮助消费者理解、比较和获得这些产品和服务，从而提高交易的效率和有效性。然而，自由市场可能不是万灵药——例如，实证研究和对历史的研究表明，过度消费会产生负面影响，可能在心理上、精神上和身体上都不健康。换句话说，更多不一定是最好的。

亚当·斯密被认为是自由市场资本主义之父。他是一名逻辑学和伦理哲学教授，写了开创性的"道德情操论"和对国家财富的性质和原因探究的书（1776）。斯密认为，商业是应该由好男人的道德引导的。但在18世纪，斯密无法想象现代市场的复杂性或跨国公司的规模，他也无法理解四到五家公司可以控制巨大的市场的概念。他的想法没有考虑到民主的全部力量，也没有考虑到一些公司在国家内部拥有的巨大财富和权力。

经济体系不仅在一个社会中分配资源和产品，而且还会影响个体和整个社会。因此，一个经济体系的成功既取决于它的哲学框架，也取决于系统内的个体，他们保持着伦理哲学，将人们聚集在一个合作、高效的市场中。回到亚里士多德，西方有一个长期的传统，即质疑市场经济和个体道德行为是否相容。在现实中，当今社会的个体存在于社会、政治和经济体制的框架内。

面对道德问题的人往往以自己的价值观和正确或错误的原则为基础，其中大部分是通过家庭成员、社会团体、宗教和正规教育的帮助来学习的。影响决策的个体因素包括个体伦理哲学。在解决问题的情况下，决策制定的规则往往是模糊的或冲突的，这就产生了伦理困境。在现实生活中，没有什么可以代替个体的批判性思维和能力来承担他或她的决定的责任。

伦理哲学是一种理想的道德观念，它为个体提供了指导其社会存在的抽象原则。例如，个体关于回收废物或购买或出售可循环利用或可回收产品的决定受到伦理哲学和对回收态度的影响。因此，在一个商业组织的复杂环境中，实现个体的伦理哲学通常是困难的。另外，我们的经济体系的运作依赖于个体聚集在一起，分享哲学，创造道德价值、信任和期望，让系统发挥作用。在一个商业组织中，大多数员工在面对道德问题时，不会考虑他们所使用的特定的伦理哲学。个体通过他们的文化和社会发展来学习决策方法或哲学。

许多与伦理哲学相关的理论都是指价值取向，诸如经济学、唯心主义和相对主义。经济价值取向的概念与可以通过货币手段量化的价值相联系。因此，根据这个理论，如果一个行为比它的努力产生更多的价值，那么它就应该被认为是合乎道德的。另外，理想主义是一种伦理哲学，它将思想和理想的特殊价值作为思想的产物，与世界的观点相比较。这个术语指的是在自然和经验中考虑所有对象的努力，并赋予这种表示更高的存在顺序。研究发现，理想主义思维与伦理决策之间存在正相关关系。现实主义是一个外部世界独立于我们对它的认知的观点。现实主义者的工作是基于这样一种假设,即人类本质上不是善良和仁慈的,而是天生以自我为中心,具有竞争力的。根据现实主义者的说法,每个个体最终都是由自己的自身利益所引导的。研究表明,现实思维与伦理决策之间存在负相关关系。因此,认为所有的行为最终都是自我激励的信念导致了一种消极的道德决策的倾向。

二 伦理哲学的相关理论

由于对所有伦理哲学的详细研究已超出了本书研究范围,我们将讨论限制在最适用于商业伦理研究的领域,我们使用的方法是关注最基本的概念帮助理解商业中的道德决策过程。这里没有规定任何特定的伦理哲学的使用,因为在商业中并没有唯一正确的方法来解决伦理问题。

在现实中,决策者在做出选择时可能会考虑很多因素,因此也可能会做出不同的决定。基于环境的多样化,这里主要引入五种伦理哲学理论并将其与伦理决策相联系,这五种理论主要包括目的论、道义伦、相对论、公平伦以及美德伦理(见表3-1)。

表3-1　　　　　　　商业决策中使用的哲学比较

目的论	规定行为在道德上是正确的,或者是可以接受的,如果它们产生了一些想要的结果,比如实现自身利益或效用
道义论	专注于保护个体权利和与特定行为相关的意图,而不是其后果
相对论	以个体和团体经验为基础,主观地评价道德性
公平伦	在公平的基础上评估道德性:分配、程序和交互性
美德伦理	假设在一个特定的情况下,什么是道德,不仅是传统道德所要求的,也是一个有"好"道德品质的成熟的人会认为合适的

实际上要理解伦理哲学,首先要理解"善"存在的不同观点。一方面,以亚里士多德为代表的哲学家认为"善"是自然的,是普遍的,没有相对之说;另一方面,与之相反哲学家伊曼努尔·康德则强调了"善"是一种手段和动机,他认为善意广泛应用于获取成就。这就引发了与"善"相关的两个理论,一个是一元主义论,认为只有一件事本质上是好的;另一个是多元主义论,多元主义者认为两件或更多的事情

都可能本质上是好的。一元论者经常以享乐主义为例,快乐是最终的内在善,或者是道德的终结,或善,是快乐与痛苦之间最大的平衡,所有的一元论者并不一定是享乐主义者,个体可以相信一种内在的善,而不是快乐。而多元主义者,通常被称为"非享乐主义者",持相反的观点,认为没有一件事本质上是好的。例如,一个多元化的人可能会把其他的终极商品看成是美丽、审美体验、知识和个体情感。接下来我们就具体了解五种伦理哲学是如何影响道德决策的。

(一)目的论与伦理决策

在目的论这种哲学中,行为被认为是道德上的正确或可接受的,如果它产生了一些期望的结果,如快乐、知识、职业发展、自我利益的实现、效用、财富,甚至名誉。换句话说,目的论哲学通过观察其后果来评估行为的道德价值,因此,今天的伦理哲学家经常把这些理论称为结果主义,通常指导个体商业决策制定的两种观点是利己主义和功利主义。

利己主义定义了正确或可接受的行为它对个体的影响。利己主义者认为他们应该做出有利于自身利益最大限度的决策,每个人都有不同的定义个体。由于主体不同,利己主义可能被理解为身体健康,权力,快乐,名声,令人满意的职业,良好的家庭生活,财富,或者别的东西。在道德决策的情况下,一个利己主义者可能会选择对他或她的自身利益做出最大贡献的选择。利己的信条通常可以被表述为"为自己提升最大利益的行为"。但是,许多人认为以自我为中心的人或企业本质上是不道德的,是具有短期导向的并且善于利用任何机会。但是,也存在有开明的利己主义。开明的利己主义者从长远的角度出发,会考虑到其他人的利益,尽管他们自身的利益仍然是最重要的。

如利己主义一样,功利主义与结果有关,但功利主义是为大多数人寻求最大的利益。功利主义者认为他们应该做出能够产生最大效用的决策,从而为所有受决策影响的人带来最大的利益。功利主义决策依赖于对所有受影响的各方的成本和收益进行系统的比较。使用这样的成本效益分析,一个实用的决策者计算所有可能的替代方案的结果的效用,然后选择一个能带来最大收益的结果。功利主义者使用各种标准来判断一个行为的道德性。一些功利主义哲学家认为,应该遵循一般规则来决定哪种行为是最好的。这些规则功利主义者根据原则或规则来决定行为，这些原则旨在促进最大的效用，而不是对每一种情况的检查。其中一条规则可能是"贿赂是错误的"。如果人们在任何有用的时候都可以自由地行贿，世界就会变得混乱，因此，禁止行贿的规则将增加效用。一个功利主义者即使是为了保住工作也不会贿赂官员，他们会严格遵守规则，然而，这种规则功利主义者不会自动接受传统的道德规则。因此，如果他们确定一个替代规则将促进更大的效用，他们将主张改变它。其他功利主义哲学家认为必须对每个个体行为的正确性进行评估，以确定它是否为大多数人提供了最大的效用。这些行为功利主义者审视一个特定的行动本身，而不是管理它的一般规则，来评估它是否会产生最大的效用。像"贿赂是错误的"这样的规则只适用于行为功利主义者的一般准则。他们可能会同意贿赂通常是错误的，不是因为贿赂本身有什么问题，而是因为当个体的利益被置于社会之上时，效用的总量就会减少。然而，在另一个特定的案例中，功利主义者可能会争辩说贿赂是可以接受的。

（二）道义论与伦理决策

在道义论哲学中，关注的是个体的权利以及与特定行为相关的意图，而不是其后果，道义论理论的基础是必须给予所有人平等的尊重。与功利主义者不同的是，道义论者认为有些事情是我们不应该做的，即便是为了最大化效用。例如，道义论者会认为杀死一个无辜的人或者对个体犯下严重的不公正是错误的，不管这样做会带来多大的社会效用，因为这样的行为会侵犯个体的权利。然而，功利主义者可能会认为，如果这种行为产生了更大的利益即使导致个体死亡也在所不惜。道义论哲学认为某些行为是固有的权利，而这种正确的决定关注的是个体行为者，而不是社会。因此，这些观点有时被称为非结果主义，是一种基于对人的尊重的伦理。

道义论者认为，道德原则的本质是永久和稳定的，他们相信遵守这些原则定义了道德性。自然道义论者还认为，个体拥有某些绝对的权利，这些权利是不容侵犯的，例如信仰自由、言论自由、程序公正等。为了判断一种行为是否合乎道德，道义论者会积极寻找符合道德行为的原则。

就像功利主义者一样，道义论者也可能会被划分为那些关注道德规则的人以及那些关注行为本质的人。规则道义论者认为遵循一般的道德原则决定了道德性。道义论哲学用理性和逻辑来制定行为规则。规则道义论是由个体的基本权利和一套管理行为的规则之间的关系决定的。

相反，行为道义论者认为行为是判断道德的正确依据。行为道义论要求个体在制定和执行决策时应公平、公正。对于行为道义论者，或是对于行为功利主义者来说，规则只作为指导方针，过去的经验比决策过程的规则更重要。实际上，行为道义论者认为人们只知道某些行为是对的或错的，不管其后果或对道义论的要求。此外，行为道义论者认为特定的行为或时刻是优先于任何规则的。

正如我们所看到的，伦理问题可以从许多不同的角度来评估。这里讨论的每一种哲学都有一个明确的基础来决定一个特定的行为是对还是错。不同的个体伦理哲学的追随者可能不同意他们对某一特定行为的评价，然而所有人的行为都是按照他们自己的标准行事的。所有人都会同意，没有一种"正确"的方式来实现伦理除了他们自己的决定，没有最好的伦理哲学。相对主义的观点可能有助于理解人们在实践中如何做出这样的决定。

（三）相对论与伦理决策

从相对主义的角度来看，伦理行为的定义是主观地从个体和群体的经验中衍生出来的。相对主义者利用他们自己或周围的人作为他们定义道德标准的基础，而各种形式的相对主义包括描述性的、元伦理的或规范的。

描述性相对主义与观察文化有关，我们可以观察到不同的文化表现出不同的规范、习俗和价值观，并在这样做的过程中，对一种文化进行了真实的描述。然而，这些观察并没有提及道德正当性的更高问题。在这一点上，元伦理相对主义开始发挥作用。

元伦理相对主义者明白人们自然会从他们自己的角度看待问题，并认为没有客观的方法来解决价值体系和个体之间的伦理争端。简言之，一种文化的伦理哲学在逻辑上是不可取的，因为没有任何有意义的比较基础。因为伦理规则是相对于特定文化的，在一种文化中，人们的价值观和行为不需要影响另一种文化中的人的行为。在个体的推理层面上，有规范相对主义。规范相对主义者认为个体的观点和另一个体的观点一样好。

基本的相对主义承认,我们生活在这样一个社会里,人们有许多不同的观点和基础来证明自己的决定是对的还是错的。相对主义者关注相互作用的群体,并试图根据群体共识确定可能的解决方案。在制定商业战略和计划时,例如,相对主义者会试图预测组织成员、供应商、客户和整个社区所持有的不同哲学之间可能出现的冲突。

相对主义者观察一个相关群体的成员的行为,并试图确定该群体对某一行为的共识。例如,一个积极的共识将意味着该组织认为该行动将是正确的或道德的。然而,这样的判断可能不会永远有效。随着环境的发展或群体组成发生变化,一个以前被接受的行为可能会被认为是错误的或不道德的,反之亦然。

(四)公平论与伦理决策

在商业道德中应用的公平论包括对公平的评估,或者是处理他人所认为的不公正的待遇。公平是公正的待遇,是符合道德或法律标准的正当报酬。在企业中,这意味着个体用来决定某一情况的公正的决策规则可以基于个体的感知权利以及参与给定业务交互人的意图。出于这个原因,公平更有可能是基于道义论的伦理哲学,而不是目的论或功利主义哲学。换句话说,公平更多地涉及个体认为自己应得的权利和工作场所的表现。三种类型的司法公平为评估不同情况的公平性提供了一个框架。

(1)分配公平,这是基于对业务关系的结果或结果的评估。如果一些员工觉得他们的薪水比他们的同事低,那么他们就会担心分配公平。当一个商业交易所的成员打算利用这段关系时,分配公平是很难发展的。一个老板强迫他的员工做更多的工作,这样他就可以多休息一段时间,这被认为是不公平的,因为他利用自己的职位重新分配了他手下的工人,这样的情况导致了分配的不平衡。

(2)程序公平,这是基于产生结果或结果的过程和活动,对不一致发展和应用的绩效评估会导致程序公平问题。例如,员工对不公平薪酬的担忧与他们认为企业的公平或公正的过程不一致的看法有关。强调程序公平的氛围,将会对员工的态度和行为产生积极的影响。管理者的可见性和团队小组对自身凝聚力的看法是一种程序公平气氛的产物。当员工对决策、决策人员、组织和结果有强烈的支持时，程序公平对个体来说就不那么重要了。相反，当员工对决策、决策者、组织或结果的支持不是很强烈时，程序正义就变得更重要了。

（3）交互公平，这是建立在评估商业关系中使用的沟通过程的基础上的。由于交互公平与沟通的公平性有关，它通常涉及个体与商业组织的关系，通过组织提供的信息的准确性，同时员工也可能在相互影响的纠纷中承担不道德罪名。

三种类型的公平都可以用来评估单一的业务情况和所涉及的组织的公平性。一般来说，司法评估的结果是寻求赔偿，建立关系，以及评估商业关系中是否存在公平。

（五）美德伦理与伦理决策

美德被认为是个体性格的一部分。当个体在社会上发展时，他或她可能会倾向于以同样的方式（在理由、感觉和欲望方面）表现出其认可的道德行为。一个具有诚实性格特征的人会倾向于说出真相，因为这种行为被认为是正确和舒适的，个体总是试图说出真相，因为这在人类交流中很重要。一种美德是值得称赞的，因为它是个体通过实践和承诺发展而来的成就。

这种哲学被称为美德伦理学，它假定在特定的情况下，道德准则不仅是传统的道德或道德规则（当前社会定义）所要求的，而且是具有良好道德品质的成熟人认为合适的。

美德伦理学的支持者经常讨论基本的美德的清单，而这些都被认为是积极和有用的心理习惯或培养的性格特征。哲学家亚里士多德将忠诚、勇气、智慧、社区和判断等标准命名为社会所要求的卓越美德。虽然列出重要的美德是一项很受欢迎的理论任务，但哲学家杜威警告说，美德不应该被单独看待，而美德的多元化给了个体一个积极的性格，并构成了人格完整的最佳概念。美德伦理可以总结如下：

（1）良好的企业道德计划鼓励个体的美德。

（2）通过员工在组织中的角色与适当行为美德构成了一个好人。

（3）美德伦理的最终目的是服务于社会的需求和公共利益，并在事业中得到回报。

（4）由于社会意识和个体的公共精神，社会的利益与个体的卓越结合在一起。

道义论、目的论和美德伦理的区别在于，前两种是演绎道德问题的，而美德伦理学则是归纳伦理问题的。道德伦理认为，当前的社会道德规则所要求的可能确实是道德最低限度是从美德开始的，而政治、社会和经济体系的可行性取决于公民的某些美德的存在，而这些美德对市场经济的正常运转至关重要。

事实上，美德理论可以被认为是一种关于如何开展商业活动的动态理论。美德伦理学家认为要想拥有一个成功的市场经济，社会必须能够开辟出家庭、学校、社区等庇护所，在那里可以培养美德。这些美德，包括真理、信任、宽容和克制，可以在个体主义的契约经济的运作中发挥作用，并创造出使社会合作成为可能的义务。以美德为基础的市场经济的运作提供了一个传统的存在，即经济体系中的个体有强大的诱因来遵循现行的行为标准。一些哲学家认为，美德可能被市场的运作所削弱，但美德伦理学家认为，制度和社会必须保持平衡，不断地增加他们的美德。

对商业活动很重要的美德的要素被定义为信任、自我控制、公平和真诚。与美德形成对比的要素包括撒谎、欺骗、欺诈和腐败等。在最广泛的意义上，这些概念似乎在所有文化中都被接受。道德伦理的问题在于它在文化内部和文化之间的实现，因为那些实践美德伦理的人超越了社会规范。

三　伦理哲学在伦理决策中的应用

有证据表明个体使用不同的伦理哲学取决于他们是在工作环境之外做出个体决定，还是在工作中做出与工作有关的决定。有两个可能的原因可以解释这一点：

首先，在商业领域，成功的目标和压力与工作之外的人的生活目标和压力不同。因此，员工可能会从事在业务部门中认为特定的行为是"好的"行为，但在非工作环境中是"不可接受的"行为。在某种程度上，管理者的道德应不同于他人，在这一点上具有一定的合理性，因为商业活动中存在一个核心变量，即利润。在构成个体伦理哲学的各种因素的权重会因商业利润的存在发生变化，利润提醒企业员工这些行为不是个体的，而是商业的。因而，当他们的个体价值观与功利主义或以利益为导向的决定不一致时，冲突将会出现。但是现实情况是如果企业不盈利，企业就会失败。这些矛盾的存在正受到利益相关者的质疑。

选择不同的伦理哲学的第二个原因可能是由于不同的企业文化。例如，当一个新员工进入企业，规则、个性和历史等因素会对员工施加压力，使其符合新企业的文化。当这种情况发生时，个体的伦理哲学观可能会发生改变，以适应新的工作环境。当个体进入企业具有不同的伦理哲学时，员工可能会改变其伦理哲学中的一些或全部价值观。有许多人，他们在家里或在他们的社区里做着道德的行为却在工作场所做出不道德的决策。

显然，伦理哲学的概念并不能单一地解释伦理决策，伦理哲学必须在一个连续体而不是静态实体上进行评估。简单地说，在审视伦理哲学时，我们必须记住每一种哲学都有一个理想的视角，而大多数人似乎在他们对伦理困境的个体解释和经历中转向了其他的伦理哲学。换句话说，从个体的角度来运用伦理哲学并不是一门精确的科学，它要求个体将他们自己接受的价值系统应用到现实世界中。个体对他们所认为的对或错的行为做出判断，但在他们的商业生活中，他们做出的决定不仅基于被认为是对的或错的，而且是基于最少的伤害产生最大的利益。这些决定应该尊重基本的道德权利，以及对公平、正义和共同利益的看法，但这些问题在现实世界中变得复杂起来。

正如前面所讨论的，对商业道德的美德方法假定，每个个体都应该为实现社会的最大福利和幸福而努力奋斗，这些理想和价值观是通过个体的特定伦理哲学来表达的。在工作场所的每一天，员工都必须决定什么是对的，什么是错的，然后采取相应的行动。与此同时，作为一个组织的成员，员工不能简单地执行自己的个体观点，特别是如果其狭隘地坚持单一的伦理哲学的话。因为个体不能在工作环境中控制大部分的决策，尽管他们总是对自己的行为负责，但很少有权力（特别是在初级和中级管理职位上）能够把自己的道德观点强加于人。事实上，一名新员工可以自由地在各种各样的工作职责上做出独立决定的想法是不现实的。

第三节　伦理决策的组织影响因素

在我们工作环境中，组织不仅仅只代表一种组织结构。虽然企业不是活着的，不具有生命，但我们把人类的特征赋予了它们。当形势好的时候，我们可以说企业是"好"的；当企业遇到危机时，我们可以尝试"拯救"企业。可以理解的是，个体对这个给他们带来收入、福利、挑战、满足、自尊和终生友谊的地方通常具有深厚的感情。因此，研究这些组织的特征，例如文化和结构，如何影响企业内部的伦理决策是至关重要的。在本章第一节中所描述的伦理决策框架中，我们引入了组织因素和人际关系影响伦理决策过程的概念。在这一部分中，我们将更深入地了解企业文化，以及公司的价值观和传统如何影响员工的伦理决策与道德行为的。

一　企业文化与伦理决策

"文化"是人们普遍使用的一个词，指的是国籍、语言、人们说话的方式、吃什么以及风俗习惯等。许多人将文化定义为国籍或公民身份，而价值观、规范、手工艺品和仪式都在文化中起着重要的作用。企业文化则被定义为一组价值观、规范和工具，包括解决组织成员所共享的问题的方法。企业文化也被认为是企业的高层管理者制定的如何管理自己和其他员工以及如何经营自己的企业等。有学者认为，企业文化是组织的个性，是决定其员工行为和解决商业问题的共同信念。有部分企业高管认为，企业文化为公司的工作和目标提供了基础，企业应建立其核心价值观。核心价值观构成了企业文化的基础，这将有助于组织实现其愿景并实现其目标，赋予组织成员意义以及行为的内部规则。企业文化的作用与成功和失败有关，有些文化很强大，以至于外人用来代表整个组织的特性。企业文化还经常以非正式的方式表达，例如，通过直接和间接的评论，传达管理层的意愿。

（一）伦理是企业文化的重要组成部分

正如本章第一节框架中所指出的，伦理文化是企业文化的伦理组成部分，是伦理决策的一个重要因素。如果一个企业的文化鼓励或奖励不道德的行为，其员工很可能会表现得不道德。如果文化决定聘用那些有特定的、相似价值观的人，而这些价值观被社会认为是不道德的，那么社会就会认为这个组织和其成员是不道德的。这种模式经常出现在某些营销领域。例如，销售人员可能被认为是不道德的，因为他们有时会使用激进的销售策略来吸引顾客购买他们不需要或不想要的东西。如果一家企业的主要目标是尽可能多地赚取利润，无论如何，它的文化都可以培养与利益相关者的道德价值观相冲突的行为。另外，如果组织重视道德行为，并奖励道德行为，企业员工会更倾向于做出道德行为，以一致和平衡的方式处理对道德行为的认可和奖励是很重要的。所有的员工都应该有资格获得认可，他们应该注意自身的道德行为，希望得到认可，表扬或奖励。一个组织未能监控或管理其文化可能会助长不道德行为的产生。

管理层对公司文化的认识可能与实际指导公司员工的价值观和道德信念有很大的不同。伦理问题可能会出现，因为管理层认为的文化价值观与组织中实际工作的价值观之间存在冲突。例如，管理者可能认为，这种文化鼓励是对同事和下属的尊重。然而，在与各种行为相关的奖励或处罚的基础上，企业的员工可能会认为该公司鼓励组织成员之间的竞争，竞争方向可能会导致企业文化不那么道德化。另外，员工们喜欢在这样的环境中工作，这种环境的目的是通过超越利润最大化的目标来提高工作场所的体验。因此，对于高层管理者来说，确定组织的文化是什么，并监督其价值观、传统和信仰，以确保他们代表所期望的文化是非常重要的。然而，一个组织所施加的奖励和惩罚需要与实际的企业文化保持一致。

（二）遵从性的伦理文化

从20世纪开始，文化类型之间开始存在显著差异，传统的基于道德的文化主要围绕遵从性。会计领域的相关规则模型创造了一种遵从的文化，这种遵从文化主要基于法规，利用法律部门制定相应政策来约束伦理行为。实际上，遵从文化使员工无法自行进行伦理决策而必须按照企业要求行事，这种文化实际上助长了伦理风险产生的可能性。企业在制定遵从性规则时的主要问题是度量其目的，这些规则并不是围绕道德存在的，而主要是围绕风险管理。这种合规的方法在短期内具有很好的效果，可以清晰地向管理层、利益相关者和法律机构展示企业自身遵守法律、规则和遵从性的意图，但这种合规方法存在的一个重要问题是缺乏对内在伦理价值和诚信的长期关注。

（三）价值观导向的伦理文化

在伦理发展的近十年中，企业伦理文化已逐步开始从遵从文化转向以价值观为基础的伦理文化转变。以价值观为基础的伦理文化对企业文化的理解依赖于明确的使命宣言，企业伦理价值观明确定义了企业、客户、员工以及利益相关者应该被如何对待。据此董事会和高层管理人员通过战略业务单元、产品、地域或职能在企业的管理结构中运作，增加了相关价值的描述，并在某些领域制定出与价值描述相符的规则，帮助企业理解价值观与规范之间的关系。企业伦理文化建设的重点在于树立企业伦理价值观，而不再过分强制约束员工做出"正确的行为"。

二 组织结构与伦理决策

组织的结构对于研究商业伦理很重要，因为构成这种结构的各种角色和职位可能会为不道德的行为创造机会。从不同角度出发，组织的结构可以分为多种类型。在这里，我们集中讨论了两大类代表性组织结构的伦理特点，这两大类组织结构即集权式组织结构与分权式组织结构。需要注意的是，这两类组织结构并不是互相排斥的，在现实世界中，这两类组织结构存在于一个连续体中。

在集权式的组织结构中，决策权威集中在高层管理人员的手中，很少有权威被下放到较低的管理层次，企业内部和外部的责任均都由高层管理人员负责。这种结构特别适合那些做出高风险决策的组织，而级别较低的管理者在决策过程中并不是很熟练，同时这类组织也适用于那些生产过程是常规的，而效率是最重要的组织。这些组织通常都具有很强的官僚性，劳动分工通常很明确。每个员工都知道其工作内容和具体期望，并且每个个体都清楚地知道如何执行分配的任务。集权式的组织强调正式的规则、策略和过程，并使用复杂的管理控制系统，他们的道德规范可以指定用于决策的技术。由于其自上而下的方法和员工与决策者之间的距离，集权式组织结构可能导致不道德的行为。如果集权式组织非常官僚，一些员工可能会按照法律条文而不是道德精神行事。

在一个分权式的组织结构中，决策权威常被委派到尽可能远的指挥链中。这些组织的正式规则相对较少，协调和控制通常是非正式的或个体的；相反，分权式的组织更专注于增加信息的流动。因此，分权式组织的主要优势之一是它们的适应性以及对外部环境变化的早期识别，有了更大的灵活性，管理者就可以对其道德环境的变化做出快速反应。而分权式组织的弱点是内部具有权力的部门可能会根据实际需要迅速改变高层管理人员制定的政策和程序，此外，分权式组织内的独立利润中心可能会偏离组织目标，而分权式组织的子公司很可能只会考虑当地社区的道德标准而忽视集团的道德标准。

由于集权式组织的道德政策和程序的规范化和执行力，他们在实践中往往比分权式组织更具道德。集权式组织也可能对他们的员工施加更大的影响，因为他们只有一个核心的政策和道德行为准则。分权式组织给予员工广泛的决策自主权，因为管理层会赋予员工权力。然而，分权式的组织也可以根据特定社区的具体情况、法律和价值观来调整自己的决定，从而避免道德困境。如果在分权式组织中有广泛的共享价值，那么就不需要过度地遵从性程序，但是企业的不同部门可能会发展出不同的价值体系和道德决策的方法。

当特定的企业文化允许或鼓励员工偏离公认的标准或忽视企业的规范和道德责任时，在集权式或分权式的结构中，不道德的行为是很有可能发生的。集权式的组织可能比分权式的组织更难以根除不道德行为，因为后者具有快速流动性，在这种情况下，前者的变化只会影响到公司的一小部分群体。通常，当一个集权式的组织揭露不道德的行为时它似乎是无处不在，只有领导层被移走，这样旧的不道德的文化就可以被连根拔起，取而代之的是更加道德的文化。现如今一些集权式的组织正在寻求重组以变得更加分权、灵活，并适应员工和客户的需求。

三　群体规范与伦理决策

在讨论企业文化时，我们倾向于把重点放在整个组织。但是，公司的价值观、信念、模式和规则通常是通过组织内的小群体来表达的。此外，组织内的个别群体经常采用他们自己的规则和价值观。

群体规范针对群体中个体的行为标准衡量，是对群体中个体行为的期望。如同企业文化能够为组织成员建立行为准则一样，群体规范有助于定义一个群体内可接受和不可接受的行为，特别是群体规范定义了对偏离群体期望的限制。例如，大多数群体组织都制定了规范，以管理内部的生产和与管理层的沟通，并在群体内部规定是对或错的行为，规范一般的道德或不道德的行为。但其他群体成员可能会惩罚向主管报告的员工，该群体的其他成员可能会对告密者怒视，因为他违反了一项集体规范，他们将拒绝与告密者接触或沟通。

在某些时候群体规范与组织文化规定的价值观和规则相冲突。例如，该组织可能在工作时间内对个体使用计算机有政策，并可能使用奖励和惩罚来鼓励这种文化。然而，在一个特定的群体中，规范可能会鼓励在工作时间使用电脑为个体服务并避免管理层的注意。在这种情况下，如果其他群体认为他们受到不公正的强制执行或没有执行的政策，就会出现各种问题。这些其他员工可能会向管理层或违规的群体投诉，如果他们认为管理层没有采取纠正措施，他们也可能会使用电脑为个体服务，从而损害整个组织的生产力。出于这个原因，管理层不仅要仔细监控企业文化，还要监控组织内所有不同群体的规范。适当的制裁可能是必要的，以使一个其规范偏离整体文化的群体回归正常伦理轨道。

四　组织层面因素对个体伦理决策行为的影响

尽管企业被要求需要对其商业行为承担责任，但大量的研究表明，企业在价值观和伦理哲学上存在显著差异，这些价值观和哲学影响企业个体如何做出伦理决策。换句话说，因为在企业文化上具有多样的不同的价值观，因而个体对情况的理解不同，在道德问题上的道德决定也会有所不同。

这种变化对个体行为道德的影响很简单：员工在做出道德决策时将使用不同的方法。因为有很大比例的工作团队会利用这种情况，或者至少与工作团队一起工作，所以企业提供沟通和控制机制来维持一种道德文化是至关重要的。那些没有监控活动和执行道德政策的企业为那些倾向于利用这些情况来完成任务的员工提供了一个低风险的环境。

良好的商业实践和对法律的关注要求组织认识到员工对道德的渴望的变化，组织应该特别关注那些监督企业内部员工日常运营的管理者，还应该提供培训和沟通渠道，以员工个体确保业务在道德上运作，不成为欺诈或盗窃的受害者，同时，员工、客户和其他利益相关者不会因他人的不道德行为而受到伤害。

组织内部的伦理决策通常是由委员会、正式和非正式团体做出的，而不是由个体做出的，而与财务报告、广告、产品设计、销售实践和污染控制问题相关的决策的后果往往会超出了个体的影响。此外，这些决策通常基于业务目标而不是个体目标。在高度官僚主义的组织中，大多数新员工几乎没有对基本操作规则和完成工作的程序投入热情，除了学习销售策略和会计程序之外，员工还可能被教导忽视产品的设计缺陷，而这种缺陷可能对用户造成危险。尽管许多个体道德问题看起来很简单，很容易解决，但是进入企业的个体通常需要在一个特定的行业里有几年的经验来理解如何解决道德上的问题。诚实和公开地讨论伦理问题对于成功的伦理决策是很重要的，相信大多数企业都试图做出合乎道德的决定。然而，由于个体之间有如此多的差异，伦理冲突是不可避免的。企业的管理者或个体有必要维护道德政策，制止或报告不道德行为的发生，这意味着伦理不仅仅是个体的问题，更是组织的责任。

无论个体或组织如何看待某一特定活动的可接受性，如果社会认为它是错误的或不道德的，那么社会层面的观点会直接影响到组织实现其目标的能力。并不是所有被社会认为不道德的活动都是非法的，但如果公众舆论谴责或消费者抗议某一特定活动，其结果可能是限制或禁止某一特定商业行为的开展。如果个体认为其个体道德与组织的道德有严重冲突时，那么个体唯一的选择就是离开这个组织。但是，在 21 世纪竞争激烈的就业市场中，由于道德冲突而辞职需要勇气，可能还需要没有工作就能生存的能力。显然，解决组织和个体之间的伦理冲突并没有简单的答案，这一章讨论的并不是企业或员工究竟应该做什么，而是使我们更加深入地了解组织内部的道德决策，在企业中运用相应的理论与判断，积极地影响伦理决策，有效地解决伦理冲突。

中篇　实践篇

第四章 企业伦理影响机制研究之背景分析

第一节 研究背景与现状

近些年来,全面迅速爆发的国际经济与金融危机导致原有经济秩序失衡,国内外越来越多知名企业的商业与管理丑闻被媒体曝光并展露在社会公众面前,国外的案例有安然公司(Enron)、泰科公司(Tyco)与世界通讯公司(Mayer、Kuenzi & Greenbaum,2009),而中国如三鹿、圣元以及双汇等企业也存在同样的道德问题。经济危机的出现以及一系列不道德事件的频繁发生引起了企业与各界对企业伦理问题的高度重视与关注,伦理观念开始深入每一个社会成员的思想与意识中,而媒体对于企业丑闻的曝光更加凸显企业伦理行为在社会的重要性(Treviño、Weaver & Reynolds,2006)。中国作为发展中国家一直关注经济的发展而在一定程度上忽视了商业伦理的规范,虽然近阶段社会及许多组织也意识到企业伦理的重要性,例如,加强企业社会责任就属于企业构建伦理文化的一部分。但是,随着商业环境下利益格局迅速变化,在缺乏统一的伦理规范下,不道德现象的频发在一定程度上严重影响与妨碍了社会及国家经济积累甚至长远发展。不具有企业伦理的组织绝大部分可能表现在企业生产经营上,由于缺乏道德的束缚,为了追求经济利益,企业及其成员的行为可能表现为自私自利,欺诈蒙骗,缺失诚信,危害公众等,这些行为严重侵害了社会利益。

在这种企业及成员不道德行为屡禁不止的社会背景下,急需构建企业伦理。组织具有社会责任以及道德上的义务来及时制止与预防不道德行为的发生（Van Tulder & Van der Zwart, 2006）。有一点令人费解与疑惑的是，那些知名企业从不道德行为的发生直至媒体的最终曝光需要一个长时间的过程，但是目睹企业或个体最初发生不道德行为时的企业成员大部分并没有向组织或外部机构举报以制止不道德行为的发生，直到产品投入社会并对公众身心利益产生严重损害时企业所隐藏的不道德行为才得以曝光。事实上，企业员工是组织减少不道德行为最有效的力量（Miceli & Near, 2005），企业大部分员工可能一开始就会目睹与了解企业或其他员工不道德行为的发生，如果他们能够及时地报告并有效制止这种不道德行为的发生，不道德行为所带来的伤害不会持续扩大进而最终导致严重的后果。然而，员工即使拥有相当程度的正义感与道德意识，但是作为企业的个体，企业文化环境，规范标准，人际关系等各方面外在因素都会影响员工的道德决策与行为（Keenan, 2000；Rothwell & Baldwin, 2006），从而使其陷入道德困境，很大程度上由于担心未来的风险及自身面临的严重不良后果，而选择容忍，不将不道德行为向上报告并公布于众（Casal & Bogui, 2008；Rothschlid & Miethe, 1999）。90%的报告者都会提早结束他们的职业生涯，或被列入"黑名单"，被视作疯子，失去诉讼的权利，婚姻，甚至生命（Greene & Latting, 2004）。报告者在美国一般还被称为"卑鄙小人"（Miethe, 1999），而在亚洲，人们对于报告者的态度更加恶劣。例如在中国，由于根深蒂固的民族历史文化的影响，员工将举报行为称为"打小报告"，将其视为一种背叛。有报告指出企业中近1/3员工目睹同事做过不道德行为，但是他们当中只有一半会向权威举报（Hudson Employment Index, 2005）。由于对报告产生后果的担忧与惧怕，这些大量目睹不道德行为但是没有任何作为的员工在现代组织中将助长犯罪的发生。

目睹不道德行为发生时，员工是否能够形成有利于组织与社会以及期望制止不道德行为的意识从而做出报告的行为，与组织环境和个体因素有很大的联系。一方面，如果员工感到自身所处的企业环境不安全（Greenberger、Miceli & Cohen, 1987）或是企业伦理环境不具备自己所能做出报告行为的条件时（Vardi, 2001；Wimbush & Shepard, 1994；Wimbush、Shepard & Markham, 1997b），员工便不会积极地做出报告行为；另一方面，员工报告行为与其心理因素具有很大程度的联系，如果个体觉得组织是值得信任的（Gundlach、Douglas & Martinko, 2003; Henik, 2008; Mayer、Davis & Schoorman, 1995; Schoorman Mayer & Davis, 2007）并对其工作以及组织的满意程度很高（Brewer & Selden, 1998; Mesmer-Magnus & Viswesvaran, 2005; Vakola & Bouradas, 2005; Viswesvaran、Deshpande & Joseph, 1998），或是个体本身具有较高的道德勇气，不惧怕报告可能产生的威胁与不良后果（Sekerka & Bagozzi, 2007），这些都会促使个体做出积极的报告行为。由此可见，在急需商业伦理的大环境下，企业若要制止与防范不道德的行为的发生并鼓励员工一旦发现不道德行为能够及时向组织回馈与沟通，需要综合考虑各方面因素的影响，不仅要从组织伦理构建方面考虑，更要从员工身心利益的角度考虑。

然而，员工个体认知对其是否做出报告行为也具有十分重要的影响。根据道德认知发展理论（Kohlberg, 1969, 1973, 1976, 1984），个体道德意识究竟发展到什么阶段与其做出相应的道德行为具有一定的联系，这一理论将在本书第五章详细论述。道德勇气也是个体认知发展到高水平的必然产物，这些都是偏于积极方面的道德认知。而在中国社会中，根深蒂固的从众心理文化又使个体在道德判断上可能会产生一种"随大溜"的意识，企业的员工大部分也会具有这种法不责众的心理，而研究所进行的企业主管与员工的访谈中发现绝大多数目睹不道德行为而不进行报告的员工都具有这种心理意识。例如，他们目睹其他员工通过不道德行为获得利益后并没有受到惩罚，自己也会趋向于做出此种行为，他们认为反正大家都这么做而自己又能获得利益，何乐而不为呢？针对报告行为，员工会认为看见不道德行为的又不止自己一个，大家都不说自己为什么多此一举，不如视而不见与大家一起静观其变。企业员工的这种道德推托思想不仅进一步扩大了不道德行为的涉及人群及范围，而且不报告行为更进一步加剧了不道德行为的严重后果。反观对社会公众利益造成严重损害的知名企业，其员工可能就是由于严重的道德推托思想最终导致严重后果的出现。当然，这也只是其中一个方面，企业整体伦理机制还受到很多方面因素的影响。然而不管企业如何小心谨慎应对不道德行为持续上升这个挑战，而盲目相信企业不道德行为完全可以避免是不切实际的（Treviño & Nelson，1999）。即使采取最好的预防措施，不道德行为依然会发生，企业所能做的是构建合理的伦理机制，在不道德行为出现时能够有效地制止并减少不道德行为的再次发生。

虽然目前商业伦理已经再次引起各界的广泛重视，但是理论研究层面上商业伦理的可见程度还是相对较低，我国学者对于商业伦理的相关内容研究甚少，而大部分研究成果来源于国外。虽然，企业伦理是一个迅速发展的研究领域，但是国外的研究仍然只是集中在与商业伦理相关的期刊上发表（例如：*Journal of Business Ethics*；*Business Ethics Quarterly*, et al.），而在主流期刊上很少有涉及。但是与企业伦理环境相比，与企业有关的公平环境（Roberson & Williamson，2012）、集体环境（Patterson & Payne，1996）、安全环境（Chowdhuty & Endres，2010）以及服务环境（Mayer et al.，2009）等相关研究均出现于主流管理期刊上（例如：*Academy of Management Journal*）。这说明有关企业伦理研究的深度与广度还具有一定的局限性，虽然企业对于伦理的需要已经引发了广泛重视，但是关于企业伦理的研究并没有成为学术界普遍接受的论题，而学术上的限制不能为企业实践发展提供足够的理论基础，从而束缚企业伦理的发展，因此，有关企业伦理的理论研究还有待进行更加深入的研究，如果伦理相关研究能够逐渐步入主流期刊与研究机构，会大大提高企业伦理的理论可见性，有利于研究的更进一步开展，同时为企业发展提供理论基础并指明方向，从而更有利于企业伦理环境的建设。

根据上述现实与理论背景的分析可以看出，商业伦理对企业发展的重要性以及在制止与防止不道德行为中员工报告的重要性（Miceli & Near，2005）。大部分企业虽然也开始逐渐意识到伦理道德发展对企业长远发展的意义，但是对于如何构建企业伦理环境以及促进员工报告行为并没有清晰的理解与认识。很多企业高呼伦理建设的口号，一旦企业经济利益与企业伦理发生冲突时依然会果断地优先选择经济利益。还有很多企业看似鼓励员工报告，而实际上在员工报告以后并没有及时处理不道德行为，也没有考虑保护报告人利益，从而没有使报告行为产生应有的效果甚至给报告者带来了不良的后果。由此可见，企业目前还没有发现合理的途径来真正地防止不道德行为并鼓励报告行为，因此本书基于中国背景对企业伦理与员工报告行为之间的关系以及内在机制进行深入的理论与实证探究,旨在为中国企业长远发展奠定理论与实践的基础。

第二节 研究问题

根据上述社会与企业的现实背景以及相关的理论背景,结合本书关注的重点与拟构建的理论,为了弥补企业伦理现实发展与相关理论研究的不足,促进实践与理论的进一步发展,在提出研究目的之前思考如下研究问题:

首先,由于众学者关注角度与观点不同,企业伦理划分类型也不尽相同,究竟企业伦理应该怎样划分?在中国背景下何种类型的企业伦理能够影响员工的报告行为?以往研究着重关注于不同企业伦理类型对各种不道德行为的影响(Treviño, 1986; Vardi, 2001; Wimbush & Shepard, 1994; Wimbush et al., 1997b),积极的伦理环境会促使道德行为的发生而消极的伦理环境会导致不道德行为的发生。本书关注的重点是员工的报告行为,基于中国文化背景,大部分个体信奉"沉默是金"的原则而不愿发表自己的看法,但是当目睹不道德行为后个体是否报告的决策将上升为道德层面,个体不报告行为将有可能损害组织利益而影响企业的发展。如果员工感知到企业所努力营造的积极的伦理环境,是否会在面临道德困境时趋向于道德选择而做出报告行为?究竟哪些方面的伦理环境可以促使有利于组织的员工报告行为的发生?这些问题是本书关注的重点。

其次,员工最终道德行为的产生受其伦理意识、伦理判断的影响(Rest, 1994),因而员工个体的心理因素与心理认知与报告行为的发生具有一定的联系。企业在构建伦理环境时是否要考虑到员工感知的企业伦理如何影响员工心理状态的?企业理论是否能使员工在进行道德决策时具有心理安全感?是否使员工在面临道德困境时对组织伦理环境充分信任而不惧怕未来不良后果而进行报告行为?以往研究虽然关注企业伦理与道德/不道德行为之间的关系,但是很少研究去探求环境与行为之间的心理机制。实际上企业伦理作为组织层面上的变量会对个人的心理产生一定的影响,这种影响与员工所感知到的伦理环境相一致。因此,这两个问题虽然很少有学者关注，但对于企业伦理环境建设具有重要意义，这也是本书关注的重点。

最后，员工心理因素与其报告行为的关系是否受到道德推托变量的控制？道德推托如何影响心理安全感与报告行为之间的关系？从道德认知发展理论来看，如果员工对于其目睹的不道德行为没有清晰的定位，他/她把自身的不道德行为或不报告行为需要承担的道德责任进行开脱并转移到组织或他人身上，缺乏自我责备且不会对自身不道德行为感到内疚。由于道德推托心理与现象在社会与组织中十分常见，因而员工这种道德推托认知的程度是否能够瓦解心理安全促成的员工报告行为也是本书关注的重点问题。

第三节　研究意义与目的

基于上一节研究问题的提出，在中国背景下，关于企业伦理研究的意义与目的更加明确与清晰。就目前中国企业发展的现状而言，商业组织最为关心的问题是如何实现经济利益最大化，如果企业的伦理道德与其经济目标相冲突，企业一般会选择弱化道德影响而强化自身追求的经济目标与利润。企业期望做出伦理建设的改变，却不知从何处入手，实际上很多企业已经意识到企业伦理对社会以及员工身心发展的重要性，如果说企业追求经济利益实现的是短期目标，是企业可持续发展的基础，一旦经济利益基础奠定好之后，企业势必会考虑企业未来长远发展的方向与目标。企业不再仅仅只关注盈利能力及自身的营运水平，而更加关注其在社会与公众之间的形象，更愿意承担更多的社会责任，积极地为社会及其员工做出贡献。当然企业的长远发展更离不开伦理道德建设，运行中的企业如果忽视企业及其成员不道德行为，即使企业资金再雄厚或是知名度再高，日积月累终将酿成大错而使千辛万苦建立起来的企业毁于一旦。这样的事例在国内外经济发展进程中并不少见，加之近年来中国经济迅猛发展具有赶超西方发达国家之势，大部分企业经济地位已经基本建立而开始越发地关注企业的长远利益与发展，因而对企业伦理问题相当重视。

很多企业开始制定各种类型的规章制度以约束员工的不道德行为，

但是本书在实际访谈调查中发现，即使企业规章再事无巨细，有些员工依然能够利用规范与管理上的漏洞做出不道德行为。由于企业管理资源的限制，特别是比较大型的企业，员工个体的不道德行为很难被组织管理层察觉，但是却能够被大部分基层员工所察觉，这就需要企业建立整体的伦理环境与意识，采取必要的措施鼓励员工进行报告行为以便组织能够及时处理不道德行为。事实上，社会以及很多企业提倡员工进行报告行为，但是获得的成效较低，这可能与中国的民族文化的影响有关（Park Rehg & Lee, 2005; Schultz, Johnson, Morris & Dyrnes, 1993）。所以，企业要从根本上解决这一问题就需要探索影响员工行为的组织以及个体心理的本质因素。

本书从企业发展现存问题角度出发，旨在探求解决企业伦理相关的难题。要使员工看到不道德行为而真正地具有正义感并能够向上举报，只凭规章制度规定是难以真正实现的，必须从本质上发现组织要做的以及员工怎样的心理态度与认知可以促使其报告行为的发生。因为个体道德行为的发生取决于其伦理意识与判断（Rest, 1994），因而探索影响报告行为的员工心理因素非常重要，通过前因变量的研究可以使企业更加清楚地认知员工报告行为形成的途径并据此采取有针对性的对策。企业在伦理建设方面所做的努力究竟对员工的心理与行为究竟有什么影响以及影响程度如何也是十分重要的，员工感知到企业伦理对其心态及行为的影响也将为企业伦理发展与伦理研究提供借鉴意义。同时，大部分企业伦理问题的研究只出现在相关的伦理期刊上并没有成为主流期刊研究的重点，但是伦理研究对企业实践发展具有非常重要的意义，本书在理论上弥补了现存伦理研究的一些空白，对企业伦理研究的发展具有一定的理论贡献。因此，本书基于上述研究意义以及对研究问题的总结，故将研究目的列于其下：

（1）结合研究背景将本书重点论题，即企业伦理与员工报告行为的理论发展作一详细回顾，分别从前因变量与结果变量角度分析其主要相关因素，从中挖掘重点影响方面的空白之处。

（2）检验研究确定的不同的企业伦理对员工心理因素（心理安全）以及员工不同的报告行为之间的影响。

（3）探讨员工心理安全是否在企业伦理与报告行为之间具有中介

效应，企业营造的伦理环境是否首先影响到员工心理状态从而导致其行为的产生。

（4）探讨员工道德推托心理是否会影响从心理安全到报告行为这一道德路径关系，即员工道德推托在心理安全与报告行为关系之间是否具有调节效应。

研究通过探讨与构建企业伦理，员工心理因素与员工报告行为之间的关系模型，结合已有成果深入研究，获得的理论创新之处如下：

第一，研究在 Victor 和 Cullen（1987，1988）理论发展的基础上，借鉴与结合 Kaptein 和 Van Dalen（2000）以及 Chun、Shin、Choi 和 Kim（2013）对企业伦理研究与定义，将以往偏向理论化的企业伦理概念与偏向实证化的伦理环境的概念相结合，进行实证研究，用量化的伦理环境正好可以解释研究存在的企业伦理概念，分别从社会、组织与个人考虑伦理概念的划分，更加清晰地认识到影响员工心理及行为的伦理类型。

第二，有关员工报告的研究一直以来都存在研究方法上的"瓶颈"，上级领导可能并不知晓员工的其他报告行为，而员工自我评价自身报告行为，可能个体会倾向于好的方向，而实际上不会做出这种报告行为。所以，本书在研究方法上采用质化与量化相结合的研究方法，对报告评测结果起到了部分支持作用。

第三，已有很多研究开始关注企业伦理环境与一些变量之间的直接关系，但是在这些直接关系中并没有形成一个促使行为发生的有效的作用机制，而本书重点关注企业伦理环境促使报告行为发生的心理作用机制。

第四，结合中国社会现存广泛的道德推托现象，本书在构建整体模型的同时还考虑个体的道德推托对可能形成的心理安全与行为之间的积极关系所产生的影响。

第四节　研究流程与基本架构

本篇先阐述了研究的背景与现状并根据现实与理论背景提出研究问题，同时针对所存的问题，总结得出研究目的。在此基础上回顾研究涉及相关概念的理论与实证文献，分析不同变量之间的理论关系并提出假设，运用质化与量化相结合的方法对假设进行检验并对研究结果进行分析。最后，根据理论分析与实证研究结果对中国企业未来企业伦理环境发展提出合理化建议以及针对研究不足与局限性对以后理论研究进行展望。因此，根据研究目的，本篇共分为六个部分，内容依次如下：

第一部分　背景分析（第四章）。本章首先介绍研究背景与发展现状，继而提出研究问题，分析研究问题的意义，从而提出研究目的，研究创新之处以及整体研究架构。

第二部分　研究理论与概念发展（第五章）。本章主要从理论与实证两个角度对以往文献研究做一总结。首先，阐述本书涉及的道德认知发展理论与态度一致性理论，为模型构建奠定理论基础；其次，分析企业伦理概念的发展以及前因变量与结果变量；再次，确定员工报告行为的概念并综述报告行为研究存在的前因变量与结果变量；最后，分析模型构建涉及的中介变量心理安全与调节变量道德推托的理论发展以及它们分别起到中介与调节效应的理论支持。

第三部分　文献综述与假设构建（第六章）。首先，从理论上分析企业伦理与心理安全之间的关系并提出相关假设；其次，从理论上分析企业伦理与员工报告行为之间的关系并提出相关假设；再次，从理论上分析心理安全作为中介变量而形成的中介效应并提出相关假设；最后，从理论上分析道德推托在心理安全与员工报告行为之间产生的调节效应。

第四部分　研究方法与设计（第七章）。本章主要介绍了研究所选用的研究方法以及各变量来源，根据第三章提出的相关假设，对资料进行初步分析并构建实证研究模型。

第五部分　研究结果与分析（第八章）。运用质化与量化的分析方法对假设模型进行检验并对研究结果进行分析。

第六部分（第九章）　研究结论与展望。对研究结果进行分析与总结并得出研究结论，根据结论对企业伦理发展提出合理化建议。同时，指出研究存在的限制，看到研究的不足之处，为后续研究提出改善建议并提供正确的方向。

第五章　企业伦理影响机制研究之理论基础

第一节　理论背景

本书的主要内容涉及商业伦理与企业伦理方面。时代发展到一定阶段，企业会突破只追求企业财务利润的目标，转而更关注企业伦理方面的建设以及企业对员工与社会的贡献程度，这是道德认知发展的必然产物。虽然目前个体与组织可能并没有达到道德发展的最高阶段，但是道德认知的发展足以解释个体与企业逐渐形成的道德发展过程，因此，深刻理解道德认知发展理论对于本书模型的构建起到了至关重要的理论基础作用。由于本书涉及组织环境、个体心态与情绪以及个体行为三方面内容，因而态度一致性理论涉及的认知、个体心理情感与行为三者间的关系为本书模型构建提供了强有力的理论支持。当然还有其他一些理论同样支持研究模型关系的构建，但是道德认知发展理论与态度一致性理论，一个从研究内容角度而另一个从研究关系角度为本书提供了整体性的理论支持，因此，本节主要分析与总结道德认知发展理论与态度一致性理论的演变过程。

一　道德认知发展理论

道德认知发展理论（Cognitive Moral Development Theory）的概念与实证的发展主要是由 Kohlberg（1969，1973，1976，1984）经过二十年左右的研究发展而形成的，主要目的是解释个体形成道德决策的过程，而个体道德认知过程的发展实际上是社会道德规范发展的必然产物。本书主要从伦理学与道德心理两个角度来追溯道德认知发展的过程。

从伦理学角度来看道德认知发展。一般来说，伦理学本身具有目的论与道义论两个维度：目的论即提倡关注伦理道德情形下可能产生的结果或结论（Brandt, 1995; Rachels, 2003a; Rachels, 2003b），而道义论不仅仅只关注结果更重要的是关注伦理道德情形下的原则与所需要承担的责任（Kant, 1785, 1959; Korsgaard, 1996）。因此，根据目的论，伦理道德的结果可以分为两类：一种是仁慈的即充分考虑他人及组织的利益，另一种是自利的即只从自身角度考虑问题，有时候甚至牺牲他人或组织利益来实现个人利益，而道义论关注的重点在于原则，所有伦理道德的情形与行为必须以一定的规范作为准则。因此，Victor 和 Cullen（1987, 1988）运用目的论与道义论所涉及的三个角度的概念进一步构建企业伦理道德规范的衡量标准。这三个标准分别是利己主义（最大化地满足自身利益）、仁慈（实现利益共同化）与原则（遵纪守法）（Victor & Cullen, 1988; Weber, 1995）。

道德认知发展实际上是与道德相关的心理发展过程，Kohlberg（1984）从认知判断概念，也就是人们如何推断自己面临的状况及解决各种困境分化出道德判断的概念，即人们会如何解决面临的道德困境。他假定个体道德判断水平的发展在不同层次上具有不同类型的决断标准，个人道德判断水平在于实现更高层次的发展。道德认知发展理论也应用于青少年道德发展的过程（Drumm, 2002），要想获得个体的道德认知发展必须清楚地认识与理解理论的内涵，因为道德认知发展理论直接并且能够独立地影响个体的伦理道德行动（Treviño & Younghlood, 1990）。系统的道德认知发展过程是由 Kohlberg（1984）提出的，总共包括前约定层面、约定层面与后约定层面，其中每一个层面又包括两个发展阶段：

第一层面：前约定层面。Kohlberg（1969）是从儿童的角度来解释第一层面的形成，就像儿童学习并感知对错逐渐形成自身的文化规范一样。这一层面的发展需经过两个阶段，第一个阶段是身体上的惩罚引导他们判断是非，第二个阶段即个体开始意识到正确的行为必须为自己带来利益。

阶段1：惩罚与服从。他们可能会为了避免惩罚而在是非对错之间进行选择。

阶段2：相对利己导向。这个阶段包括开始采取满足自身需要的行动。如果你对我好，我也会选择对你好。

第二层面：约定层面。在这一层面的道德思考要求个体在做出行为时意识到他人的利益，社会利益与他人意见成为主导，每一个个体都期望成为群体的一部分。

阶段3：相互人际关系导向。个体做出行为时开始考虑他人的利益，在这一阶段更主要的是关注个体的意图。

阶段4：维护社会秩序，确定规则与权威。在这一阶段个体开始遵循规范与法律并开始意识到社会秩序的存在。

第三层面：后约定层面。这一层面实际上是经过道德思考后行动原则的形成，但是很少有个体达到这一层面的水平（Kohlberg，1969；Drumm，2002）。道德价值观与一系列原则在这一层面可以被清晰地定义与理解。

阶段5：具有良知导向的社会契约。这一阶段需要个体真正地实施为社会及他人利益努力的行动，具有很高的利他主义且能够严格地遵守道德规范与社会标准。

阶段6：普遍的道德价值观导向。在这一阶段个体能够独立且明确地选择最好的决策，这个决策一定具有基于社会整体利益的伦理原则，个体的行为始终受到道德价值观的主导。

通过理解与分析发现，Kohlberg的道德认知发展理论的三个层面与伦理学目的论与道义论所延伸的利己主义、仁慈与原则三个概念有一定的形似性。道德认知发展理论实现并发展了伦理学另一个特性，但是也有学者并不认可道德认知发展三个层面及阶段（Gilligan，1982；Haan、Aerts & Cooper，1985）。争论的存在说明理论的发展具有发展空间，学者不同的观点都具有一定优势与劣势，这更说明理论本身具有其自身独特性。虽然Kohlberg的理论是研究儿童个体发展的，但是现在的社会组织及其员工对于社会而言也是新生发展的个体，因此，在我们的组织企业伦理的相关研究中依然沿用道德认知发展的理论及其三个层面的发展。

Kohlberg 最初的研究来自 Rest（1941—1999）并在之后的研究中获得 Rest 的一直认同。然而与 Kohlberg 的阶段理论不同，Rest 认为个体会同时运用自身一系列的个体判断能力，他认为任何理论都会存在一定的缺陷，限制主要来源于过分关注个体的道德判断，同时并不能完整地形成道德发展过程。因此，他提出了制定道德决策过程中主要包括的四个内容：首先，根据个人行为会对他人利益造成的影响来评估与解释遇到的状况，这里强调他人利益的因素并权衡行为可能造成的结果；其次，利用道德思维决定采取何种最好的行动，行动必须考虑到道德与规范因素以及利益究竟倾向哪个方面；再次，决定采取行动的真正意图，即意识到过程选择的目的以及行动所代表的动机；最后，真正按照决定的意图进行行动，并按既定信念坚持自己的行为。与 Kohlberg 理论不同，Rest 有关伦理的结构并不是阶段式的决策模型，如果认为 Kohlberg 理论是纵向的，那么 Rest 结构模型即是横向发展的每一个因素会影响下一个因素的形成，实际上 Rest 道德决策制定是在个体已经形成伦理原则的基础上面对道德问题所进行的决策过程（Cavico & Mujtaba, 2009），具体决策过程见图 5-1。

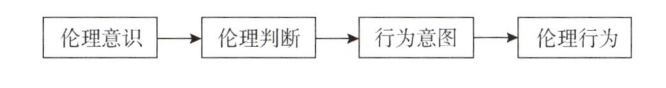

伦理意识 → 伦理判断 → 行为意图 → 伦理行为

图 5-1　伦理决策模型

资料来源：根据 Rest（1979，1994，1999）相关理论整理而得。

二　态度理论

态度是了解组织中员工个体心理与行为的一个重要概念，属于心理学领域范畴。态度主要是指个人对其观测与感受到的物体、人物与事件的评价。态度的概念主要涉及三个因素，即态度的主体、态度的客体及态度的桥梁。态度的主体是企业组织中的个人，客体是个体观测到的外在信息，组织的实践活动是联系主体与客体的桥梁。组织中的个体由于自身特性上的差异，如年龄、性格、性别等，会对相同的客体产生不同的态度。态度的客体呈现也是多种多样的，都是个体观察到的物体、人物、事件等。部分心理学家认为，态度包括认知、情感、行为三个成分（Breckler，1984；Crites，Fabrigar & Petty，1994）。认知成分是对外部信息带有评价意义的陈述，包括个体对外部事物的认识与看法，是形成情感的基础。情感成分主要是指个体对于认知的心理感受，是对获得的外部事物认知后的心理反应，这种情感是导致行为发生的心理基础。行为成分主要是指个体对于接收到的认知及形成的心理所做出行为的意向。在管理过程中态度具有的这三种成分相互协调一致。

因此，利用态度理论中的一致性理论（Consistency Theory）可以解释本书模型构建的基础。一致性理论主要是指当个体获得外部信息时，会依据其感知、思想以及价值观等采取相应的行为，从而维持一致（Festinger，1957），也就是说，个体会在其自身看法、信仰、观念以及行为之间寻求一致（Maertz、Hassan & Magnusson，2009）。一旦个体的认知与行为发生冲突，这种失调会使其产生不适，从而采取调节措施试图将其看法与行为保持一致（Maertz et al.，2009）。不同个体对其所处的企业环境可能具有不同的态度。原则上说这些态度之间互相独立的，但如果个体认知所提供的信息发生改变或者说企业行为发生改变，个体与客体两者的态度之间就有了关联。如果客体做出的行为与个体态度仍然保持一致，个体会感到舒适而不需要改变原有的态度；如果客体对个体带来的信息与之前个体持有的态度相违背，这种不一致会使个体感到冲突、不安或不快，从而为达到心理上的一致与和谐，人便会从内部产生动力，驱使其去调整对外部来源的态度，首先对观察到的事物、人物、事件产生相应的认知，从而形成不同的心理情感，导致最终行为意向也因此发生改变。个体调整自己的态度过程是迅速完成的，自己并不明确意识到。关于本书的内容，利用一致性理论可以获得相应的解释，当企业积极做出外部、内部以及有关员工个体的伦理道德行为时，个体对组织行为获得组织是道德认知，因而如果个体自身是道德的，其产生的心理情感将与对于组织的认知一致，是趋向于正面的因素，从而引导其产生积极的行为意向。有关态度的一致性理论对于研究理论假设的具体解释将在之后的相关章节中进行详细论证。

第二节　企业伦理的理论发展

有关商业伦理的研究一直以来都是心理学与管理学领域关注的重点，而企业作为整个商业的个体，每一个企业所具有的伦理行为与环境对整个社会商业伦理的构建尤为重要。因而，众多学者认为探究企业有关伦理方面的行为能够进一步有效地理解企业成员的态度及行为，准确地预测个体与企业的整体发展与绩效。伦理方面的研究作为组织环境研究的重要组成部分，实际上都是群体所聚合的个人观点。作为企业与组织研究的重要组成部分，企业伦理方面的研究在 20 世纪 80 年代末逐渐成为商业伦理研究的重点之一。实际上企业具有的组织氛围或环境并不是固定与单一的，虽然一个企业有其主导的氛围或环境，但是每一个企业所拥有的氛围却是多样的（Victor & Cullen，1987）。在近 20 年的研究发展中，大部分学者对企业伦理的内涵取得一致的认同，但是对于企业伦理的类型却存在有争议，例如具有高仁慈的员工往往更具有人性化，而缺少重视企业的规则与法律，同样高度遵守法律与企业规则的人往往看起来又显得无情而不够仁慈，因此每种类型的氛围又具有其独特性（Gilligan，1982；Haan、Aerts & Cooper，1985；Kohlberg，1984）。许多学者在企业伦理研究方面取得了一定的进展，接下来本章将从概念化或操作化两个层面研究伦理相关概念的发展。

一　企业伦理的概念化与操作化发展

在企业伦理研究迅速发展的近二十年来，学术界对于企业伦理的命名与维度构成并没有取得一致的结论。企业伦理的概念最早起源于 Schneider（1975）对其企业伦理的认知，他认为企业中存在有关伦理方面的氛围是企业员工对企业政策及程序的一种心理认知。与此相同，企业环境反映的就是员工对企业的政策、程序与实际运行等的共同看法与认知，而这种认知往往是企业所期待与支持的（Schneider & Reichers，1983）。之后，Victor 和 Cullen（1987，1988）是企业伦理环境（Ethical Climate）研究的鼻祖，他们率先将企业伦理与员工的伦理行为紧密联系起来。他们认为，企业的伦理氛围是员工对企业伦理环境形成的共同感知，是其判断行为道德与否的参照标准。也就是说，企业的伦理是个体员工在解决道德困境问题时所具有的伦理意识（Wimbush & Shepard, 1994），而个体员工伦理意识的整体则构成了企业伦理环境。所以说企业员工有关正确或不正确的信念与认知则构成了企业的伦理（Weber, 1995）。在近期研究中，有学者将企业伦理定义为员工对于企业道德行为与实践的共同感知（Barnett & Vaicys, 2000；Chun et al., 2013；Jin & Drozdenko, 2010）。而现在当员工需要对与伦理有关的事件做出决策时，员工对于企业伦理的感知则越来越趋向于其企业的伦理标准。无形之中，员工个体的伦理感知构成了企业伦理，而企业伦理在员工进行道德决策时潜移默化地影响着员工的态度与行为。因此，根据以往企业伦理概念的回顾，本书中企业伦理的概念即沿用员工对于企业道德行为与实践的共同感知（Barnett & Vaicys, 2000；Jin & Drozdenko, 2010；Chun et al., 2013）。

虽然大部分学者对企业伦理方面的认知大体相似，都认为企业伦理是员工个体对企业而形成的伦理认知和看法。但是，他们对企业伦理相关概念的命名所使用的术语却不尽相同。有一大部分研究者将企业有关伦理方面的环境或氛围命名为伦理环境（Ethical Climate）。其他少数部分研究者主张使用不同的术语，认为该术语中的环境可能会引起一些误解。Cohen（1995）使用了道德环境（Moral Climate）的术语来表示企业伦理的概念。Grojean、Resick、Dickson 和 Smith 等学者（2004）则认为，如果把员工这种对于企业伦理环境实践的共同感知命名为企业伦理环境或氛围，其中的环境字眼可能会引起误解，使他人认为企业伦理环境是社会公认的道德标准，但实际上只是衡量了企业内部，并且在企业内部道德标准上也不一定实现统一。此外，还有学者将词语互换，利用伦理的"企业氛围"（Organizational Climate Regarding Ethics）一词来表明企业伦理环境的概念，这样就可避免使用企业伦理氛围或环境所带来的误解。同样，近两年开始有学者将企业伦理的理论概念与伦理环境实证研究相结合，根据企业伦理环境研究方面与关注重点的不同将这一概念命名为企业伦理（Corporate Ethics）（Kaptein & Van-Dalen, 2000；Chun et al., 2013），其具有的内涵与概念与之前讨论的企业伦理环境相关内容一致，不同之处在于企业成员对于伦理问题认知的分类不同，在之后企业伦理环境维度构成分析中再详细论述。

无论是企业伦理或是企业伦理环境的概念，虽然众多学者在这一领域对其内涵及定义获得了一致认同，但是就如同对于企业伦理环境方面的共同认知究竟采取何种命名一样，企业伦理环境维度的划分与构成也成为近些年学者研究的重点，目前暂没有获得一致的结论。最早对企业伦理环境维度划分进行研究的是 Victor 和 Cullen（1987、1988），他们基于哲学与社会学理论基础之上进行伦理氛围维度的测量，尤为特别的是他们利用哲学与社会学二维的角度对企业中可能存在的各种类型的伦理氛围进行评估与描述。他们从纵向角度利用伦理哲学理论将企业伦理环境划分为三个衡量标准，即利己、仁慈与原则。首先，利己是指企业员工的行为大部分考虑的是自身利益；其次，仁慈是指企业成员在进行决策与行动时考虑的是绝大多数成员共同的利益，这恰恰与自利行为相反；原则类似于道义论，是指企业员工的决策及行为必须严格按照规定的法律、准则、条令及程序（Fritzsche & Becker，1984；Williams，1985；Simha & Cullen，2012）。从横向社会学角度分析的维度同样也包括三个衡量标准，即成员个体、企业个体与社会（Merton，1957），将个体未来的决策有可能遵循的标准划分为成员个体自身具有的信念与价值观，企业具有的价值观与企业外部集团或社会的价值观。因此，从不同角度划分的纵横三乘三矩阵总共构成了九种形式的伦理氛围（见图5-2）：①自利（成员个体与利己交互条件下）；②公司利益（企业个体与利己交互条件下）；③效率（社会与利己交互条件下）；④友谊（成员个体

伦理判断	成员个体	企业个体	社会
利己	自利	公司利益	效率
仁慈	友谊	团队利益	社会责任
原则	个人道德	规范与程序	法律与准则

分析层次

图5-2 理论推导的九种企业伦理环境

资料来源：根据 Victor 和 Cullen（1987，1988）研究整理而得。

与仁慈交互条件下）；⑤团队利益（企业个体与仁慈交互条件下）；⑥社会责任（社会与仁慈交互条件下）；⑦个体道德（成员个体与原则交互条件下）；⑧企业规则与程序（企业个体与原则交互条件下）；⑨国家法律与准则（社会与原则交互条件下）。

Victor 和 Cullen（1987，1988）构建了企业伦理环境最初的框架模型，之后他们在此九种类型的测量方面做了大量的工作，为了用实证方法验证理论的正确性，他们运用探索性因素分析（EFA）的方法率先开发出伦理环境的调查量表（Ethical Climate Questionnaire），共收集了 36 个衡量指标，其中每四个指标代表一种伦理环境，经过不断的修正检验，最终得到三个版本的问卷，分别包括 25 个题目（Victor & Cullen，1987）、26 个题目（Victor & Cullen，1988）以及 36 个题目（Cullen、Victor & Bronson，1993）。他们选取多家组织为样本，进一步进行验证性因素分析探索量表的普遍适用性，结果显示其中八种类型的企业伦理环境都在一定程度上得到了证实，除企业效率外。于是他们将九类伦理氛围归纳与简化为五种类型的伦理氛围（Victor & Cullen，1988）。这五种类型分别为功利型氛围、关怀型氛围、独立型氛围、企业规范与程序氛围以及企业的法律氛围（见图 5-3）。

伦理判断 \ 分析层次	成员个体	企业个体	社会
利己	功利氛围	功利氛围	—
仁慈	关怀氛围	关怀氛围	关怀氛围
原则	独立氛围	规范与程序	法律与准则

图 5-3 实证检验的五种企业伦理环境

资料来源：根据 Victor 和 Cullen（1988）研究整理而得。

从目前的研究来看，Victor 等进行的一系列有关企业伦理环境的研究得到最为广泛的认同，同时也被许多研究者选用或选取其中一部分进行研究，所以研究者对于企业伦理环境的研究得出的结论并不固定，甚至有很大的差异。学者 Treviño、Butterfield 和 McCabe（1998）将企业伦理环境（Ethical Climate）与企业伦理文化（Ethical Culture）统称为企业伦理背景（Ethical Context），并划分为十个维度：伦理环境（Ethical Environment）、员工焦点（Employee Focused）、社会焦点（Community Focused）、权威服从（Obedience to Authority）、准则实施（Code Implementation）、自利（Self-Interest）、效率（Efficiency）、规则与程序（Rules and Procedure）、个体道德（Personal Ethics）以及法律与行业准则（Law and Professional Codes）。为了方便实证研究的进行，Deshpande（1996a，1996b）在 Victor 和 Cullen（1990）研究基础上将企业理论浓缩为六个问题，即专业氛围（Professionalism Climate）、关怀氛围（Caring Climate）、规则氛围（Rules Climate）、功利氛围（Instrumental Climate）、效率氛围（Efficiency Climate）以及独立氛围（Independence Climate）。此后，此六因素量表也在企业不同层面及不同的国家背景下得到一定的实证检验（Deshpande、George & Joseph，2000；Deshpande & Joseph，2009；Deshpande、Joseph & Shu，2011；Mayer、Kuenzi & Greenbaum，2010）。Schminke、Ambrose 和 Neubaum（2005）在 Victor 和 Cullen 提出五种伦理氛围 26 个衡量指标的基础上，对量表进行进一步的实证研究并将其简化为 16 个题目，他们简化后的量表目前也得到了一定的应用（Arnaud & Schminke，2012）。还有学者单从伦理判断标准将企业伦理氛围划分为利己氛围、仁慈氛围以及原则氛围三个维度（Parboteeah & Kapp，2008），也有学者仅用企业的法律及规则方面来代表企业的伦理氛围（Shin，2012）。

虽然有关企业伦理环境的划分种类多种多样，目前并没有统一的定论且何为最优分类并不确定。不管是将员工感知到的企业伦理环境分为几类，都仅仅只是关注企业伦理环境所表现出的形式，而没有真正地从不同的角度去探讨企业伦理的氛围。近两年，已经有学者注意到企业伦理理论与实证发展至今的一些不足，因此基于以往理论研究并结合伦理氛围类型的发展，分别从企业的外部伦理、企业内部自身伦理以及员工个人伦理这三个层次重新来审视与组织企业伦理环境的研究（Chun et al.，2013）。根据企业伦理环境行为与企业性质的不同定位，研究在针对各种不同类型伦理氛围划分不一致的情况下对企业伦理环境进行一个总体的分类，由于员工对不同层次的伦理可能产生不同的认知，因而倾向于将企业伦理环境分为企业外部伦理（External Ethics），企业内部伦理（Internal Ethics）与企业员工个人伦理（Employee Ethics）。这一概念依据 Kaptein 和 Van Dalen（2000）的研究模型的不同分类，主要包括三个方面的道德实践：第一，企业与其外部利益相关者之间的关系；第二，企业组织层面的伦理道德建设；第三，企业个体层面的伦理道德行为。其中，外部利益相关者代表企业伦理环境可能影响到的结果对象，企业内部伦理代表企业自身发展所具有的伦理背景，员工个人的伦理实际上代表了伦理所展现出来的行为。因此，我们研究考虑的三个维度与之前研究提到的有可能造成的结果，背景与行为正好一一对应，详细解释如下（Chun et al.，2013；Kaptein & Van Dalen，2000）：

（1）企业外部伦理（External Ethics）集中表现在企业的伦理行为对外部利益相关者的影响，也就是可能造成的外部结果（Elkington，1997；Zadek、Pruzan & Evans，1997）。外部伦理这一维度与 Victor 和 Cullen（1987，1988）所讨论的关怀型氛围（Caring Climate）以及 Treviño 等学者（1998）的研究中提到的社会焦点氛围（Community-Focused Climate）相似。企业多做对社会有益的事情，实际上也是为自身树立道德形象，而员工作为社会的个体得到的关怀越多，越有益于社会的发展。高的企业外部伦理将以对社会高贡献的形式展现出来，目的是加强整个社会福利（Chen，Patten & Roberts，2008）或者通过对社会有益这一途径从而达到企业所追求的经济利益（Friedman，1970）。可能这种企业外部伦理展现的形式稍微有一些不同的差别，但是有一点可以确定，就是企业对外部社会所做的有益行为及贡献都是基于企业的道德水平而资源产生的。

（2）企业内部伦理（Internal Ethics）代表了组织层面创建自身伦理氛围的分支，可以认为是企业伦理氛围或环境的基础。这一维度的概念与 Victor 和 Cullen（1987，1988）与 Treviño 等学者（1998）提出的企业法律与准则（Law and Code Climate）的维度相似，Chun 等学者（2013）认为，企业法律与准则氛围与企业内部伦理这一概念最为贴切。本书认为在中国企业遵纪守法与企业的内部伦理建设密切相关，这一维度的伦理环境关系到企业通过何种方式进行内部伦理的基础建设以及如何让员工能够遵守法律，遵循公司章程与行业准则（Weaver、

Treviño & Cochran，1999）。

（3）企业员工个人伦理（Employee Ethics）与员工日常工作的道德行为相关（Reynolds & Ceranic，2007），主要评判标准是在企业背景下是否能够依照自己的道德准则行事。这一维度与 Victor 和 Cullen（1987，1988）的独立型伦理氛围（Independence Climate）以及 Treviño 等学者（1998）提到的个人伦理氛围（Personal Ethics Climate）含义一致。对于注重伦理建设的企业，她的员工必须拥有自身的道德标准并且能够严格按照这些标准行事。之所以将员工的个人道德作为企业伦理环境的重要组成部分，原因在于当企业自身缺乏整体的伦理标准时，每一个员工的个人道德将会自然而然地引导他们做出合乎道德的行为与决策（Fritzsche & Oz，2007），从而由此形成整个企业的伦理氛围。当员工面临道德困境时，个体所具有的伦理水平会对其行为起到至关重要的决定（Detert、Treviño & Sweitzer，2008）。

本书通过回顾与总结企业伦理的概念化与操作化的发展，发现大部分学者对企业伦理内涵取得较为一致的认同，即企业伦理是员工对于企业道德行为与实践的共同心理认知，虽然对于其维度划分并没有取得一致的结果，但以往实证研究都不同程度验证不同分类的正确性。本书的重点不是探讨企业伦理究竟可以细分为几类，而是期望通过理论与实证来检验企业伦理究竟会对员工的心理及行为产生怎样的影响，因此，本书决定选用 Kaptein 和 Van Dalen（2000）与 Chun 等（2013）对于企业伦理的定义与分类，从企业外部伦理、企业内部伦理以及企业员工伦理三个代表不同层次水平的伦理环境展开以后的论证与研究。

二 企业伦理的前因变数

现已有相当多的研究来探寻企业伦理或伦理环境的前置影响因素。究竟何种因素会对企业伦理产生影响，本书在此小结近些年有关企业伦理环境前因变量研究的文献，将其划分为三类，分别从个体因素、组织因素以及社会因素来讨论不同层面下的不同因素是如何影响企业伦理环境的。

（1）个体层面因素作为前因变量。企业的个体因素主要关系到员工与领导这两个角色的特征、心理及行为。首先，有少量研究主要来验证员工个体特质对企业伦理环境产生的影响，这些特质包括基本的人口统计学资料的内容（如性别与年龄等）以及员工的人格特质方面的因素（如个体道德价值观与伦理道德发展水平）。Dawson（1992）与 Luthar 和 Karri（2005）发现，组织中女性员工对组织的企业伦理环境水平及氛围有一个更高的期待。与此相似，Luthar 与 Karri（2005）研究结果表明，随着年龄的增长学生就会变得更加愤世嫉俗，同时受教程度越高的个体就越期待未来的工作环境应该具有更高的伦理道德。虽然目前关于个体特征将影响未来企业伦理环境的研究较少，但是由此可见，个体的道德认知的发展（Weeks、Loe、Chonko、Martinez & Wakefield，2006）与道德观念（Herndon、Ferrell、LeClair & Ferrell，1999）对企业伦理环境还是存在一定程度上的积极影响。其次，与个体特质研究结果相比，更多的学者倾向于关注领导层面与企业伦理环境之间的发展关系，并且在这两者关系发展过程中已经具备一定的理论基础及实证检验（Dickson、Smith、Grojean & Ehrhart，2001；Logsdon & Yuthas，1997；Sims & Brinkman，2003）。具体说来，研究涉及探讨领导的个体特质，例如人口统计学资料（年龄、工作期限、性别与管理水平等）、领导的人格特质方面因素（领导道德发展水平、领导能力与控制倾向等）以及领导风格（转换型领导、诚信型领导与家长式领导等）。首先，与领导者人格特质相关的研究表明越年轻的领导者越倾向于企业伦理环境建设，同时越高层的领导越期望建设一种企业规则的伦理氛围，但是领导者的工作年限—教育程度以及性别与企业伦理环境没有太大的关系（Forte，2004a）。还有研究表明领导的道德发展水平（Schminke et al.，2005）以及诚信水平（Engelbrecht、Van Aswegan & Theron，2005）对企业伦理环境都具有一定的积极作用。然而领导个体道德原因（Elm & Nichols，1993）与控制倾向（Forte，2004b）虽有学者将其与企业伦理环境相关联，但是目前研究并没有提供相关支持的证据。最后，众多学者开始比较检验不同类型的领导风格如何影响企业伦理环境的发展，他们发现转换型领导风格（Engelbrecht et al.，2005）对企业伦理环境均具有正向影响。

（2）组织层面因素作为前因变量。与个人层面研究相比，大部分企业伦理环境的前因研究集中在组织层面的研究。这个层面的研究角度各种各样，包括企业性质、部门类型以及组织特征等，具体的研究变量涉及组织年限、企业导向、高偷窃型组织、违反道德的惩罚机制等。同时，研究者对于组织结构，例如企业规模、控制导向以及职业规划目标等变量也具有浓厚的兴趣。首先，从不同的组织或部门类型来探讨其与企业伦理环境之间的关系。Wimbush、Shepard 和 Markham（1997a）研究发现不同的组织部门有可能具有截然不同的企业伦理环境氛围，这表明一个部门的结构对形成特有的伦理氛围有着至关重要的影响。然而，Weber（1995，2002）对企业不同的部门进行两次研究发现企业下属部门的伦理水平更主要是取决于组织整体伦理水平，企业整体伦理对部门伦理氛围的影响远远大于部门结构所形成的伦理氛围。其次，与组织类型相关的企业伦理环境研究表明，非营利性企业在进行决策时倾向于选择仁慈层面的伦理判断标准，当然与此相反，营利性企业在进行决策时则倾向于选择利己主义层面的伦理判断标准（Brower & Shrader, 2000）。进一步而言，在公共政府部门工作的员工可能对于企业伦理环境的感知不如私企员工那么强烈（Wittmer & Coursey, 1996）。最后，还有研究证明不同类型的酒店也可能存在不同的伦理氛围（Upchurch & Ruhland, 1996）。

还有一些研究表明，具有独特性质的企业，例如新型组织、高偷窃型组织、高道德规范型组织等与企业伦理之间存在一定程度的关系。Schwepker 和 Hartline（2005）研究发现，制定了伦理规则并且具有一定惩罚机制的组织也同样拥有较为积极的伦理氛围。一个存在较低偷窃行为的组织同样也拥有较高的企业规则与程序氛围、法律与行业准则氛围、关怀氛围以及与高道德标准相关的积极伦理氛围（Weber、kurke & Pentico, 2003）。最后，Neubaum、Mitchell 和 Schminke（2004）研究证明，近些年新成立的组织与独立型氛围相关，与功利氛围表现出较弱的关系。他们还发现与成立时间较长的组织相比，领导者道德发展与企业伦理环境更加显著地存在于较为年轻的组织当中。对于组织结构与企业伦理环境之间的关系，有学者通过研究组织结构的不同层面发现，行为控制导向的企业比结果控制导向的企业具有更高水平的企业伦理环境（Verbeke、Ouwerkerk & Peelen, 1996）。进一步而言，具有职业发展导向的企业也会拥有积极的伦理氛围。Neubaum 等学者（2004）发现，小型的企业反倒具有更高的关怀、法律与企业规则氛围，这有可能是小型企业更加方便管理且更关注员工职业发展需要。

（3）社会层面因素作为前因变量。企业外部社会环境的因素对伦理的影响也引起研究者的关注与重视。通过研究发现，外部社会环境因素主要包括地区差异、民族文化以及行业差异等。Bourne 和 Snead（1999）研究发现，不同区域的企业所具有的伦理氛围或文化对其区域规范起到至关重要的支持作用，不同的区域对企业伦理环境构成也起到不同程度的影响。Deshpande 等学者（2000）研究证明，在一个俄罗斯的企业中，企业规则与规范的伦理范围是普遍存在的，但是却很少发现存在有独立的伦理氛围。虽然他们并没有与其他国家的企业伦理环境进行比较，但是研究依然说明企业伦理环境很大程度上与一个国家的民族文化有关。Parboteeah、Cullen、Victor 和 Sakano（2005）通过比较日本与美国各自的民族文化对各自企业伦理环境产生的影响发现，在个体功利主义层面上的伦理氛围并没有太大的差异，但是美国企业的员工具有更高的个体与组织的仁慈水平以及具有更高的原则层面的伦理氛围。最后，有关企业伦理环境是否存在行业之间的差异，Forte（2004b）的研究并没有发现不同的行业具有不同的伦理氛围。由此可见，行业差异在目前的研究中并没有得到有力的验证，但是不同的民族文化与地区差异有可能对其内部的企业伦理环境产生一定的影响。

综上所述，可以看出已经存在相当数量的研究来探讨有可能影响企业伦理环境的个体层面、组织层面以及社会层面的变量。遗憾的是，并没有存在强有力的理论与实证来支持形成一系列清晰的企业伦理环境前因变量的影响。绝大多数的研究都是横断面的相关性研究，而且选择的测量角度与测量方法也不尽相同。因此，虽然已存在大量的研究，但是由于概念与方法的局限使研究者很难对企业伦理环境概念与前因变量研究做出一个明确的定义及总结，企业伦理环境的概念及其前因变量的研究还需进一步的探索与发展。

三 企业伦理的结果变量

上部分，本书重点回顾有关企业伦理环境前因变量理论与实证方面的文献，而这一部分将着重分析现存的有关企业伦理环境结果变量的研究。有关企业伦理环境结果变量的探求大致开始于 20 世纪 90 年代末，经过对近二十年研究发展的总结，可以将有关企业伦理环境结果变量的研究大致分为三个方面：第一个方面可以归纳为企业伦理环境对工作态度的影响；第二个方面主要集中在企业伦理环境对道德行为或不道德行为的影响；由于研究角度的广泛性，第三个方面就将企业伦理环境的结果变量总结为各类涉及道德的结果变量。

首先，我们来看企业伦理环境对员工工作态度所产生的影响，也就是说企业伦理环境在一定程度上影响员工对工作的态度以及情绪，其中，工作满意度（Job Satisfaction）这一变数最为引起学者的关注。大量的文献表明，企业伦理环境或者说企业伦理环境中的某些维度与员工的工作满意水平具有显著的相关关系（Ambrose、Arnaud & Schminke, 2008；Babin、Boles & Robin, 2000；Deshpande, 1996a；Herndon et al., 1999；Joseph & Deshpande, 1997；Koh & Boo, 2001；Martin & Cullen, 2006；Mulki、Jaramillo & Locander, 2006；Schwepker, 2001；Schwepker & Hartline, 2005；Sims & Keon, 1997；Ulrich et al., 2007）。虽然企业伦理环境的维度与工作满意度之间具有相关关系，但是中间是否存在涉及员工心理及情绪的中介影响机制并没有文献加以验证。学者对这两者的关系取得了较为一致的结论，但是中介机制的研究可能是目前研究中存在的一个空白。与工作满意度变量相似，组织承诺（Organizational Commitment）变数也是大部分学者关注的重点，也有大量的文献研究结果表明企业伦理环境的一些维度与组织承诺具有显著的相关关系（Babin et al., 2000；Cullen、Parboteeah & Victor, 2003；Herndon et al., 1999；Kelley & Dorsch, 1991；Martin & Cullen, 2006；Mulki et al., 2006；Schwepker, 2001；Treviño et al., 1998；Weeks et al., 2006；Weeks、Loe、Chonko & Wakefield, 2004）。在现存的研究中，研究者利用企业伦理环境的不同构面来研究企业伦理环境与组织承诺的相关关系，虽然研究角度、研究对象及研究维度各不相同，但是在研究结果方面取得较为一致的结论，即企业伦理环境与组织承诺具有显著的相关关系。还有一些研究发现企业伦理环境与员工的离职意向（Turnover Intentions）之间显著相关（Schwepker, 2001；Ulrich et al., 2007），以及与员工的幸福感（Psychological Well-Being）之间存在相关关系

(Martin & Cullen，2006）。与此同时，除了员工工作态度方面，企业伦理环境还对员工对企业情感方面有一定的影响，例如，企业伦理环境建设可以提高员工对于组织的信任（Mulki et al.，2006；Ruppel & Harrington，2000）。总而言之，这些研究结果均验证与支持了企业伦理环境与员工态度与情感变量之间的相关关系。

其次，大量文献集中研究企业伦理环境与员工或企业道德或不道德行为方面，其中现存大量文献研究结果证实企业伦理环境与不道德行为具有显著的相关关系，不具有企业伦理环境的组织可能引发员工的欺骗行为（Aquino，1998）、说谎行为（Martin & Cullen，2006；Ross & Robertson，2000；Wimbush et al.，1997b）、偷窃行为（Martin & Cullen，2006；Wimbush et al.，1997b）、虚假报告行为（Martin & Cullen，2006）、违反公司规定（Wimbush et al.，1997b）、生产偏差行为、政治偏差行为、财产偏差行为、个体攻击（Peterson，2002a）、不道德营销（Schwepker & Good，2007）、组织不良行为（Vardi，2001）以及其他一些平常的不道德行为（Peterson，2002b）。与这些不道德行为相反，研究还发现企业伦理环境与道德行为或亲社会行为具有相关关系。一些实证统计分析结果显示企业伦理环境的不同维度对道德行为具有不同程度的相关关系（Aquino，1998）。同时，员工对道德管理的感知（Deshpande，1996b；Deshpande et al.，2000），成功处理道德事件（Bartels、Harrick、Martell & Strickland，1998）以及员工对不道德行为的报告（Rothwell & Baldwin，2006；Rothwell & Baldwin，2007）等变量都被验证成为企业伦理环境的结果变量。总之，众多实证研究结果表明企业伦理各维度的强弱不同程度上可以引导企业员工产生道德或者不道德行为。

最后，现存研究的结果变量除上述两大方面外，还有一些其他的与道德相关或是与企业绩效相关的变量，实际上企业伦理环境就是一个能够预测与道德相关的结果产出的变量。大量实证研究结果还表明企业伦理环境与道德判断（Barnett & Vaicys，2000；Bartels et al.，1998；DeConinck，2003）、道德意向（Buchan，2005）、道德决策（Fritzsche，2000；Verbeke et al.，1996）、道德想象（Caldwell & Moberg，2007）以及道德强度（DeConinck，2003）具有显著相关关系。此外，还有许多文献证实企业伦理环境与组织道德相关的工作绩效与组织绩效具有一定的相关关系。企业伦理环境的某些维度被证实与角色冲突（Schwepker & Hartline，2005）、角色模糊（Babin et al.，2000）以及沟通（Ruppel & Harrington，2000）均有不同程度的相关关系。而有关企业的产出绩效，有研究结果表明企业伦理环境同样对企业效率、企业社会责任、法律及规范准则（Erondu、Sharland & Okpara，2004）、管理者的道德意图（Flannery & May，2000）、学习、企业创新、内部关系质量、产品生命周期（Gonzalez–Padron、Hult & Calantone，2008）、企业违纪、行业集中的非法行为（McKendall & Wagner，1997）、产品质量承诺以及企业绩效（Weeks et al.，2004；Weeks et al.，2006）具有不同程度的影响。

综上所述，可以看出与企业伦理环境的前因变量研究相似，已存在大量与企业伦理环境相关的结果变量的研究，绝大多数研究结果支持了企业伦理环境与工作态度及道德/不道德行为之间的显著关系，但是与前因变量相关文献相似，依然存在概念及方法上的限制。关于企业伦理前因与结果变量的简要总结见表5–1。

表5–1　　　　　　　　企业伦理相关影响因素的文献汇总

前因变数		作者	结果变量	作者
个体层面	人口统计学资料（如性别与年龄）	Dawson（1992）；Luthar 和 Karri（2005）	工作态度与情绪 工作满意度	Ambrose 等（2008）；Babin 等（2000）；Deshpande（1996a）；Herndon 等（1999）；Joseph 和 Deshpande（1997）；Koh 和 Boo（2001）；Martin 和 Cullen（2006）；Mulki 等（2006）；Schwepker（2001）；Schwepker 和 Hartline（2005）；Sims 和 Keon（1997）；Ulrich 等（2007）
	人格特质（如个体道德价值观与个体认知）	Herdon 等（1999）；Weeks 等（2006）	组织承诺	Babin 等（2000）；Cullen 等（2003）；Herndon 等（1999）；Kelley 和 Dorsch（1991）；Martin 和 Cullen（2006）；Mulki 等（2006）；Schwepker（2001）；Treviño 等（1998）；Weeks 等（2004，2006）

续表

	前因变数	作者		结果变量	作者
个体层面	领导道德水平	Schminke 等（2005）	工作态度与情绪	离职意向	Schwepker（2001）；Ulrich 等（2007）
	领导诚信水平	Engelbrecht 等（2005）		员工幸福感	Martin 和 Cullen（2006）
	领导风格	Engelbrecht 等（2005）		员工信任	Mulki 等（2006）；Ruppel 和 Harrington（2000）
组织层面	部门类型	Weber(1995,2002)；Wimbush 等(1997a)	道德或不道德行为及其他相关变量	不道德行为（如欺骗、说谎、偷窃、违反规定等）	Aquino（1998）；Martin 和 Cullen（2006）；Ross 和 Robertson（2000）；Wimbush 等（1997b）
	企业性质	Brower 和 Shrader（2000）；Wittmer 和 Coursey（1996）		道德行为（例如道德管理、举报等）	Deshpande（1996b）；Deshpande 等（2000）；Rothwell 和 Baldwin（2006，2007）
	组织特征	Neubaum 等（2004）；Schwepker 和 Hartline（2005）；Verbeke 等(1996)；Weber 等(2003)		与道德相关因素（如道德判断、道德意向、道德决策等）	Barnett 和 Vaicys（2000）；Bartels 等（1998）；Buchan（2005）；DeConinck（2003）；Fritzsche（2000）；Verbeke 等（1996）
社会层面	地区差异	Bourne 和 Snead（1999）；Deshpande 等（2000）	其他相关变量	与工作绩效相关的因素（如企业效率、社会责任、企业创新等）	Erondu 等（2004）；Gonzalez‑Padron 等（2008）
	民族文化	Parboteeah 等（2005）			

第三节 员工报告行为的理论发展

近年来,企业的员工报告行为(Whistleblowing on Employees)是西方学者关注与研究的重点,在不同种类的研究文献中报告具有的概念也不尽相同。

一 员工报告的概念与操作化发展

著名的行政伦理学家 Cooper 研究表明个体在企业中具有责任的两重性,即主观责任和客观责任。主观责任要求个体对自己的道德行为负责,而客观责任要求个体对他人负责。基于个体道德的客观责任,当目睹不道德行为时从他人利益考虑可能会积极进行举报。实际上,企业伦理环境存在的主要目的之一是为了规范企业成员的行为,让其遵守道德与法律规章(Weaver & Treviño, 1999),同时发现、监控、调查以及制裁威胁企业利益的行为,而为了制约损害公司利益行为就要依赖于企业员工的举报(Miceli & Near, 1992)。企业与领导不可能完全观察到企业工作开展的每一个细节,如果少了员工的报告行为,组织的内控能力将会减弱,不道德行为将会增加。因此,报告行为是对不道德行为施加的一种强制性约束。

企业员工的报告行为是指一个企业(已离职或在职)的员工将其企业及下属成员的违法、不道德或不当行为揭发给可能采取制约这种行为的个人或机构(Near & Miceli, 1985),其中报告行为的前提必须是存在不道德行为,不道德行为的种类主要涉及偷窃、浪费、管理失误、安全问题、性骚扰、不公平歧视及违法行为等(Near、Rehg、Van Scotter & Miceli, 2004),具体分类内容见表5-2。

表 5-2　　　　　　　　　　不道德行为的种类

种类	内容
偷窃	窃取企业资金或财产,收受贿赂,利用职务谋取私利,不公平对待承包商以及员工滥用职权等

续表

种类	内容
浪费	通过收受利益后的浪费，管理不善引起的浪费以及企业资产的浪费
管理失误	利用职能掩饰企业不良业绩或伪造业绩等
安全问题	生产不安全产品或存在不安全生产环境
性骚扰	不受欢迎的示好，口头或身体接触行为的发生
不公平歧视	种族、性别、宗教等歧视
违法行为	违反国家法律等

资料来源：Near 等（2004）。

当员工看到不道德行为，会根据报告渠道的不同选择外部报告（External Whistleblowing）或内部报告（Internal Whistleblowing）的方式，或者两种报告方式同时进行，除了报告之外，员工也可能会由于组织及个人的因素选择隐瞒这种不道德行为。Gorta 和 Forell（1995）将员工面临不道德行为时有可能采取的反应分为四类，即无作为、告知其他同事、向内部上级举报以及向外部组织举报。虽然将不道德行为告知同事也是一种报告的行为，但是 Miceli 和 Near（1992）针对报告的定义并没有将此种途径包括进去。Rothschild 和 Miethe（1999）则通过考虑个体或组织态度对员工报告意愿可能产生的影响将员工的报告反应分为外部报告、内部报告或保持沉默三种类型，在此基础上 Park 等学者（2005）更加详细地解释与论证了这三种类型的报告行为，并且这三种类型同样从社会、组织及个体的角度分别考察了员工的报告行为。之后，大多数学者对报告行为定义中的外部报告与内部报告的概念取得了较为一致的认同，但是对于员工个体研究是否命名为保持沉默（Remain Silent）（Rothschild & Miethe，1999）还是无作为行为（Non-action）（Gorta & Forell，1995；Park et al.，2005）仍存有争议。除了这三种类型，员工也有可能做出其他的反应，但是鉴于之前的研究（Dworkin & Callahan，1991；King，2000；Miceli & Near，1992），目前的研究大多数考虑的是这三种类型的反映，并且研究结果一定程度上表明员工的报告意图对于其未来产生的报告行为最具有代表性。综合以往的文献研究，外部报告主要是指企业员工向一些企业之外的社会媒体与机构披露自己企业内部存在的不道德行为，可能是匿名，也有可能是实名的；与此相反，内部报告是向企业内部更高层级的领导检举企业内部存在的不道德行为（Dworkin & Callahan，1991；Mathieu，2008）。无论是外部还是内部举报都可以是匿名的，例如，外部机构或内部企业拥有一条热线或渠道供员工匿名举报（Elliston，1982；Near & Miceli，1985）。然而外部报告与内部报告并不是相互排斥的行为，员工有可能同时选择这两种渠道，一般而言员工在进行报告时会首先选择内部报告的（Baker，1983；Miceli & Near，1984）。

表 5-3 报告的代表性定义

作者	定义
Near 和 Miceli（1985）Miceli 和 Near（1992）	报告是指一个企业（已离职或在职）的员工将其企业及下属成员的违法、不道德或不当行为揭发给可能采取制约这种行为的个人或机构
Courtemanche（1988）	报告是未经他人许可或自愿向组织部门或组织外公众机构检举他人或组织的非法或不当的行为
Bowie 和 Duska（1990）	报告是一种向公众检举企业或任何机构（营利的、非营利的、私人的、公共的等）存在的不公正的行为，这些不公正行为包括：①给第三方造成不必要的伤害；②侵犯基本人权；③违背机构设立的目的
De Maria（1994）	报告者是一个关心社会的公民，完全或是大部分的动机出于公众利益的考虑，会向具有权威的个人或机构公开披露存在的重大问题或过失
Chambers（1995）	内部审计人员的报告行为是未经授权向社会公众披露审计过程中与审计结果中发现的不正常或不良行为
Chiasson、Johnson 和 Byington（1995）	报告是揭发企业或其成员所进行的不当行为，报告可以分为内部报告与外部报告。内部报告是指向组织内部成员揭发不道德行为，而外部报告是向外部机构举报组织相关的不道德行为

企业员工完整报告行为的发生需要包括三个关键角色，即报告者、不道德行为者以及可以举报不道德行为的个人或机构，这三个角色共同构建了报告的过程（Near、Dworking & Miceli，1993）。一般而言，报告过程主要包括四个步骤（Near & Miceli，1985），具体步骤

如下：

第一步，潜在报告者必须实际看到违法行为或不道德行为的发生。这个不道德行为可能与企业价值观或是员工个人价值观相冲突，如果员工没有看到任何不道德行为也将不具备举报的条件。

第二步，潜在报告者若想进一步报告其看到的不道德行为必须在思想上衡量一些标准。首先需要衡量的是目睹的不道德行为的严重性以及举报会不会有可能制止这种不道德行为，报告者还应该思考究竟应该向谁报告。而报告者的个人情况也会影响其做出决定，例如，报告者是否能够忍受举报所付出财务与情感上的成本，或者自己具备什么精神与经济上的支持使其能够将不道德行为公开披露。

第三步，报告者一旦进行举报，接收报告的个人或组织要迅速做出反应。这里的反应是指个人或机构对举报者所做出的最初反应，即一旦接到举报组织或个人必须选择制止这种行为或是默许不道德行为继续发生。

第四步，接收报告的个人或组织必须决定如何处理员工的报告，他们可以选择完全忽略报告者的行为，或重新监测不道德行为，或是求助于组织外部的机构。组织也可以对报复报告者的不道德行为者采取专业制裁。

报告行为的大致过程基于以上四个步骤，但是由于企业与个人具体情况的不同可以做出适当的改变。如果报告者在举报过程发生后对组织采取的措施不满意，可以再次向上举报或是选择其他渠道再次进行报告。然而，不同渠道的反应及解决问题的时间长短可能有所不同，例如包含法律机构的报告渠道要比只在企业内部报告渠道需要更长的时间来解决问题。

二　员工报告行为的前因变量

企业员工的报告行为对企业发展大有裨益，但是由于各个国家或组织文化背景的不同，使有些未来的报告者会为了保护自己而选择隐瞒事实。为了鼓励员工的报告行为，众多学者与企业开始集中关注有可能影响员工报告行为的前因变量，通过回顾以往研究文献并加以总结，本部分主要从员工个体层面、组织层面以及社会层面三个方面来讨论员工报告行为的前因变量。

（1）个体层面因素作为前因变量。影响员工报告行为的个体层面的变量很多，主要包括基本的人口统计学资料、工作满意度、组织信任、报告倾向、组织公民行为等。

首先，人口统计学资料中各变量对报告行为产生的影响并不是完全一致的（Vadera、Aguilera & Caza，2009）。一些研究发现，企业中的男性员工比女性员工更倾向于做出报告行为（Miceli & Near，1988；Miceli、Rehg、Near & Ryan，1999；Near & Miceli，1996；Sims & Keenan，1998），有可能是因为男性对报告风险的预知不敏感。但是，学者Kaplan、Pany、Samuels和Zhang（2009）发现，当女性员工能够清楚预知到报告不道德行为的风险时她们也同样会报告，一般而言选择匿名方式报告的女性要多于男性。同样很多学者的实证研究结果证明女性比男性更倾向于报告不道德行为（Bjorkelo、Einarsen & Mathiesen，2010；Keenan，2000；Keil、Tiwana、Sainsbury & Sneha，2010；Mesmer – Magnus & Viswesvaran，2005）。由此可见，性别因素对于报告行为的产生在研究领域还存在一定的争议。与性别因素类似，大部分研究也检验了员工工作年限与员工内部报告及外部报告之间的关系（Vadera et al.，2009）。工作年限较长的员工可能更容易发现企业的制度漏洞以及存在的问题，因此具有更多的报告行为（Keenan，2000）。同时工作年限越长，成员在组织中具有的资源与关系越稳定，组织利益与个体利益息息相关，员工更不会对不道德行为保持沉默（Miceli & Near，1988；Milliken、Morrison & Hewlin，2003）。但是，也有学者认为，随着工作年限的增长对不道德行为习以为常，反而任期短的员工更不能容忍不道德行为而选择报告（Ashforth & Anand，2003；Gino & Bazerman，2009）。除了上述两种观点，还有部分学者认为工作年限与报告行为之间没有必然的联系（Kaptein，2011；Rothschild & Miethe，1999；Sims & Keenan，1998；Singer、Mitchell & Turner，1998；Skivenes & Trygstad，2010）。由此可见有关工作年限方面的研究结论也并不完全一致。有关年龄与报告行为的关系，部分学者认为年龄的长幼与报告行为之间没有显著的关系（Lee、Gibson & Near，2004；MacNab et al.，2007；MacNab & Worthley，2008），但是也有学者验证了年长的员工比年轻的员工更倾向于采取报告行为（Liyanarachchi & Adler, 2011; Near & Miceli, 1996; Stansbury & Victor, 2009）。

其次，众多研究集中关注员工工作满意度与对组织的信任对员工报告行为的影响。有学者认为在一些特定的工作环境中报告者因为目睹不道德行为的发生，可能会相应地产生一些不良情绪，从而导致工作满意度的降低（Miceli & Near, 2005）。从理论上讲这种结论是不科学的，更多学者验证了工作满意度与报告行为具有正相关关系（Brewer & Selden, 1998; Mesmer-Magnus & Viswesvaran, 2005; Vakola & Bouradas, 2005; Viswesvaran et al., 1998），但是依然有学者得出员工的工作满意度与报告行为之间没有必然联系的结论（Sims & Keenan, 1998）。有关组织信任对报告行为的影响这一方面的研究，有学者认为如果员工发现了组织不道德行为但是对组织管理层的仁慈，正直及能力缺乏信任的时候，员工会因为担心报告后的风险而绝大多数人可能选择沉默（Gundlach et al., 2003; Henik, 2008; Mayer et al., 1995; Schoorman et al., 2007）。如果员工不相信组织具有制止不道德行为的能力时，也不会轻易揭发他所看到的不道德行为（Lewis, 2011; Near et al., 2004）。但是，这只是对组织内部的不信任，如果不道德行为难以忍受的话，他们有可能诉诸组织外部权威机构进行外部报告（Kaptein, 2011; Lewis, 2011; Miceli & Near, 1985; Rehg、Miceli、Near & Van Scotter, 2008）。

最后，员工报告倾向与组织公民行为会对员工报告行为产生一定程度的影响。报告倾向是指员工意识到不道德行为的存在而倾向选择报告方式的程度（Sims & Keenan, 1999），这里的报告倾向主要报告个人倾向与组织倾向两个因素（Keenan, 2000; Keenan, 2007; Miceli & Near, 1985; Rothwell & Baldwin, 2007; Sims & Keenan, 1998; Tavakoli, Keenan & Crnjak-Karanovic, 2003）。个人报告倾向代表了个体自身的价值观，认为自己出于考虑企业利益，有责任报告不道德行为（Tavakoli et al., 2003）。组织报告倾向组织价值观影响下个人倾向于报告不道德行为的强度（Keenan, 2000; Keenan, 2002）。很多研究者从不同的个人倾向角度验证了员工个人报告倾向于报告行为之间具有正相关关系（Keenan, 2000; Mesmer-Magnus & Viswesvaran, 2005; Sims &

Keenan，1998；Zhang、Chui & Wei，2009），与此相同员工组织报告倾向与报告行为之间也同样具有正相关关系（Mesmer-Magnus & Viswesvaran，2005；Miceli & Near，1988；Keenan，2000；Stansbury & Victor，2009；Vakola & Bouradas，2005）。组织公民行为也是报告行为前因变量研究热点之一，有研究证明个体主动性、员工忠诚、人际互助与个人勤勉（Moorman & Blakely，1995）等公民行为都有利于在面对不道德行为时做出报告。

（2）组织层面因素作为前因变量。关于影响员工报告行为的组织层面的研究，通过文献回顾发现组织层面的研究主要是组织环境对报告行为的影响。如果员工发现不道德行为但是感觉企业环境不太安全，企业内部大部分员工信任度较低，员工可能会选择沉默，报告行为会减少（Greenberger et al.，1987）。组织内同事之间的友谊或者员工所处团队的环境也会影响员工的报告行为（Rothwell & Baldwin，2006），即如果员工个人发现其他同事的不道德行为，可能会鉴于与该同事或者其他同事间的友谊或面子，也可能会害怕影响自己所处团队的利益，这些因素有可能影响他们报告不道德行为的意向，但仅仅是意向而不是实际行动。而影响员工报告行为实际行动的主要来源是高层领导的态度。Keenan（2000）研究表明，支持多方沟通的企业环境有助于各方交流，会对员工做出报告行为具有促进作用。伦理领导也会使员工更加愿意做出报告行为，领导的更替也会让员工更放心做出报告行为（Dadhich & Bhal，2008）。如果组织整体对不道德行为的敏感度偏低也会影响员工做出报告行为，也就是员工感知到组织中存在的不道德行为有可能是企业与社会中司空见惯的（Ashforth & Anand，2003；Escartl'n et al.，2009），员工对于不道德行为的严重性程度评估可能会降低，从而影响报告行为的产生。

（3）社会层面因素作为前因变量。社会层面对报告行为的影响表现民族文化的不同，因为在不同的国家具有不同的历史与发展史，人民的价值观、是非观、正义观、道德观以及对组织的态度可能极不相同，一些国外学者的研究也证明了民族文化对报告行为具有不同的影响。Schultz 等学者（1993）研究结果发现，基于 Hofstede 的权力距离与不确定性规避这两个文化维度，美国、法国和挪威等国的管理人员和会计专业人士报告"可疑行为"的倾向程度有所不同，法国人的报告倾向程度低于美国人和挪威人。Patel（2003）也发现澳大利亚会计从业人员与马来西亚华裔及印度会计从业人员相比，更可能参与和接受报告行为。而中国，传统儒家思想和集体主义则会对人们报告不道德行为的意向产生消极影响（Park et al.，2005）。

三 员工报告行为的结果变量

虽然报告行为的存在有利于企业看到组织中的不道德行为并及时采取相应的措施，加强内部控制，减少企业不道德行为发生，从而有利于整个企业的伦理建设。但是，报告行为是出于企业整体利益考虑的，必定会损害到一些员工的利益，甚至引起一系列报复行为的发生。在美国，举报者一般被称为"卑鄙小人"，暗指那些偷偷窥探别人的秘密与错误（Miethe，1999）。在亚洲，由于文化的影响，人们对于报告者的态度可能比美国更加恶劣。例如，在韩国，企业员工认为举报实际上就是一种背叛，违反了组织员工中存在的共同信仰，这种行为是不能容忍的（Park et al.，2005）。而中国的情况与韩国相似，由于根深蒂固的文化影响，员工将举报行为称为"打小报告"，可能有一部分员工处于自身利益做出虚假报告，但是对于正义的报告行为由于无法明确区分，因此员工有可能一视同仁地厌恶这种报告行为。所以，这一部分主要关注报告可能引起的结果变量，报告行为对企业发展是有利的，但对于个人可能会存在一些负面的影响。

员工报告行为的结果有可能会遭到报复。学者 Rothschlid 和 Miethe（1999）研究报告指出大约有66%的内部报告者会遭受到不同形式的报复。Miceli 等学者（1999）的研究结果也证明报告者的比例从1980年的16%增长到1992年的33%，并呈逐年上涨的趋势。这些证据表明报告行为所遭受的报复是难以避免的，所以如果当报告者认为未来发展的情况是自己难以承受的，他们宁愿选择辞职而不会选择报告（Casal & Bogui，2008）。

关于员工报告行为的前因与结果变量的简要总结见表5-4。

表5-4　　　　　　员工报告行为相关影响因素的文献汇总

前因变数		作者	结果变量	作者
个体层面	人口统计学资料（如性别、年龄、工作年限）	Ashforth 和 Anand（2003）；Bjorkelo 等（2010）；Keenan（2000）；Keil 等（2010）；Mesmer-Magnus 和 Viswesvaran（2005）；Miceli 和 Near（1988）；Miceli 等（1999）；Near 和 Miceli（1996）；Sims 和 Keenan（1998）；Vadera 等（2009）	报复	Casal 和 Bogui（2008）；Miceli 等（1999）；Rothschlid 和 Miethe（1999）
	工作满意度	Brewer 和 Selden（1998）；Mesmer-Magnus 和 Viswesvaran（2005）；Miceli 和 Near（2005）；Vakola 和 Bouradas（2005）；Viswesvaran 等（1998）；Sims 和 Keenan（1998）		
	员工信任	Gundlach 等（2003）；Henik（2008）；Kaptein（2011）；Lewis（2011）；Mayer 等（1995）；Miceli 和 Near（1985）；Rehg 等（2008）；Schoorman 等（2007）		
	选择倾向	Keenan（2000，2007）；Miceli 和 Near（1985）；Rothwell 和 Baldwin（2007）；Sims 和 Keenan（1998）；Tavakoli 等（2003）		
	组织公民行为	Moorman 和 Blakely（1995）		
组织层面	环境安全感知	Greenberger 等（1987）		
	员工与同事的关系	Rothwell 和 Baldwin（2006）		
	高层领导的态度	Dadhich 和 Bhal（2008）；Keenan（2000）		
社会层面	民族文化	Park 等（2005）；Patel（2003）；Schultz 等（1993）		

第四节 心理安全的理论发展

一 心理安全概念的发展

有关心理安全（Psychological Safety）的研究最早可以追溯到20世纪60年代。Schein 和 Bennis（1965）将心理安全这一概念用于个体层面，研究表明企业的变革需要员工的积极推动，而影响员工积极推动变革的重要因素是使其获得心理安全的感知。Kahn（1990）首次清晰界定了心理安全的概念，心理安全是不必担心工作会对自身形象以及其他因素产生负面影响，并能够在工作中积极展示自我的一种心理状态。与此同时，心理意义（Psychological Meaningfulness）、心理安全（Psychological Safety）与心理可用性（Psychological Availability）三个因素的提出，将心理安全的概念进一步细化与延伸。事实上，组织中员工的心理安全不仅代表个体心理层面，更是一种团队成员所共有的信念，这种信念使团队对组织中可能存在的人际风险不会过分地担心，这种共有的信念是内在的并在组织成员中被广泛接受的，但是却很少引起成员与组织的直接关注（Edmondson，1999），同时心理安全还代表了实现组织成员行为与组织沟通的一种状态（Marks、Mathieu & Zaccaro，2001），即心理安全可以引导个体的行为，并且通过反复的沟通最终能够影响组织成员态度和行为（Ilgen、Hollenbeck、Johnson & Jundt，2005）。之后 Edmondson（2002）继续指出心理安全是组织成员个体对其工作环境中有关人际风险的认知，这种认知是当个体在组织中采取某种行动时预期领导或同事将会做出何种反应的一种信念。企业给员工提供的心理安全氛围对于员工成长与企业稳定发展至关重要，与企业伦理发展具有一定的联系。Edmondson（2003）将心理安全的研究扩展到团队层面，基于团队研究他们发现心理安全感在同一团队中呈现出统一性。

与人际关系中信任的概念相近，信任因素也被用来感知心理安全，具有心理安全感知的员工在工作中对组织呈现出信任状态，而组织具有的开放环境，使员工可以畅所欲言，能够清楚明确地表达自己的观点与意见（Baer & Frese，2003；Gibson & Gibbs，2006；Walumbwa &

Schaubroeck，2009）。具有心理安全感知的员工不惧怕承认自己的错误，同时会积极地为企业提出建设性的意见，容许与尊重不同意见的存在。而缺乏心理安全感知的员工，惧怕自己受到惩罚、攻击或报复，更倾向于保留自己的观点，不关心他人只期望能够保全自己（Edmondson，1999）。

二 心理安全作为中介变量

通过文献回顾发现，在企业中影响员工心理安全的因素，大部分受组织环境的影响，由于组织做出的一些行为与导向使员工对其工作环境产生相应的感知，这些感知进一步影响员工的心态，会对其心理安全感产生影响。

学者 Chen 和 Tjosvold（2012）基于中国背景下组织中奖励的作用，可以促进合作，使员工感到支持感并能够毫无防备地、开放地探讨自己的经历，甚至会检视自己或他人的错误并从错误中学习与改进，反之，当组织个体感受到的环境是竞争且自身目标相互独立没有合作可言时，他们就不会形成心理安全感，这种情感在大多数中国企业中存在。组织中一些有利的环境，例如创新环境（Baer & Frese，2003）也会对个体心理安全的形成奠定基础，当员工感知到组织环境是有益与健康的时候，他们本身也会对企业更加信任，因此心理安全感知也会越强。除了组织具有的环境会对心理安全产生影响外，员工在工作中接触最多的是领导与同事，所以在组织中与其他成员之间的关系也会影响个体的心理感知。一段高质量的关系，例如组织各成员之间目标一致，相互之间愿意分享彼此所拥有的知识与心得，每个成员都能得到充分尊重等，就会使员工在组织中更加具有心理安全感知（Carmeli & Gittell，2009）。学者 Walumbwa 和 Schaubroeck（2009）研究发现，领导的人格特质会影响员工的心理与行为，如果领导是具有人情味或是尽职尽责的，员工更愿意向其倾诉自己的想法与心声。他们还发现如果领导是具有伦理道德的，在分享信息与做出行为时展示出较高的道德标准，其下属认为领导是正直且诚实的（Brown & Leigh，1996），个体对领导更加信任从而不会担心领导对他们做出不公平的处罚，因此也更具有心理安全感知。总而言之，员工心理安全的感知与积极的组织环境与人际关系密不可分。

在以往有关心理安全结果变量的研究中，由于心理安全涉及员工个体感情方面的内容，后因变量主要集中其行为的研究，例如员工的绩效、创新、学习、成功以及道德/不道德行为等。组织中员工的心理安全感知可以帮助员工提高绩效，改变其固有对组织无任何效用的认知，从而做出有利于组织发展的行为（Cannon & Edmondson，2001）。学者Baer 和 Frese（2003）在研究中发现，组织积极营造的心理安全环境，会促进企业整体绩效的提升，也就是说当个体在组织中感受到心理安全时会为组织发展创造更大的贡献。由于心理安全感知给员工提供了心理保障，在这种环境下员工更乐意去反思其行为以及对企业的贡献，从而更加有利于员工的创新（Carmeli & Gittell，2009；Kark & Carmeli，2009）。学者 Edmondson（1999）主要研究了团队的心理安全感知对团队学习行为的影响，团队心理安全是超越人际信任的，在信任基础上更不会惧怕冒险，高心理安全的员工通过人际信任与相互尊重的舒适感，会竭力贡献自己的力量，努力帮助他人并完善自己，以至于促进整体团队的学习行为。实际上心理安全的概念已经被证明可以促进学习经验，说明组织适应市场变量。还有学者在有关伦理方面的研究中指出心理安全感知高的员工，对组织或其领导更加信任而不担心表达自己看法受到负面影响，所以也会更加愿意指出组织发展的不足或他人的不道德行为（Walumbwa & Schaubroeck，2009），他们不仅会从积极的方面提出有利于组织发展的建议，同时会从消极层面指出组织与管理的漏洞（Liang、Farh & Farh，2012）。Matthew 和 Aleksander（2011）研究发现，如果组织中的员工缺乏心理安全感，他们更容易做出不道德行为，而这种不道德行为可能与整体团队的道德环境有关。总而言之，员工的心理安全感知会加强其自身行为的改善，同时由于信任以及无后顾之忧的感知，会使他们积极地做出有利于企业发展的行为。

从与心理安全变量相关的前因与结果影响因素可以看出，一方面组织层面的环境与因素会对个体心理安全产生影响；另一方面，个体的心理安全会对自身认知与行为的提升，企业完善与发展有着重要的作用。在大部分文献中，很多学者已经不单纯只关注于心理安全的前因变量或是结果变量，而是将员工的心理安全感知作为联系组织层面以及个体行为效果之间的一个重要的心理桥梁。学者 Carmeli 和 Gittell（2009）通过研究心理安全在组织成员关系与学习错误的能力之间的中介效应，他们发现如果员工与他人的关系是相互尊重，互相分享目标与知识时，员工在工作过程中的心理安全感知就会强烈，也会更愿意分享自己的工作经验与知识，在这种相互分享的情形下也更容易发现工作与组织中的不足且有利于改进。还有学者以伦理领导的角度出发，认为如果组织中的领导是具有伦理道德的，他的下属便会认为其领导是公正的，从而具有高的心理安全感知，会更倾向于向领导表达自己的看法与建议，即伦理型领导通过为个体提供心理安全感知从而获取员工的真实想法与心声（Walumbwa & Schaubroeck，2009）。同样基于伦理角度，Matthew 和 Aleksander（2011）研究发现，组织中不良的伦理导向会使员工对组织环境产生消极认知，从而缺乏心理安全感，由于心理的不安更有可能产生团队欺骗的行为，心理安全在这里间接地将员工对不良环境的感知转化为自身的不道德行为。由此可见，近几年有关心理安全的概念在伦理相关方面的研究开始逐渐受到关注。

综上所述，心理安全概念多数被用在组织环境或其他因素影响下，员工是否对企业或他人具有信任，愿意分享自己的经验与看法，从而促使有利于组织的行为或效果的产生。本书关注的重点首先是员工对企业做出的相关伦理行为的感知对个体心理的影响，目的是探讨组织层面的伦理因素是否能够促使员工积极做出报告行为，所以当员工具有高心理安全感知时，出于对组织的信任会更加愿意分享自己的知识与想法，也会更加希望组织获得更长远的发展，因而面临不道德行为时会做出积极的报告行为以防止组织利益受到损失。由此可见，在以往文献研究基础上，结合本书的目的与意义，将员工的心理安全感知作为联系企业伦理与个体报告行为的心理中介作用是合理且具有实际意义的。

第五节　道德推托的理论发展

一　道德推托概念的发展

现在的社会普遍存在一种现象，即当一种不道德的行为频繁发生，人们心理状态就由最初的无法接受慢慢转变为可以接受，甚至习以为常，且自身也会做出这种行为。这种想法大约已经存在了半个世纪，最早可以追溯到著名美国心理学家Zimbardo（1969）提出的"破窗效应"理论（Broken Windows Theory），也就是说，如果一幢房子存在少许破坏的窗户，如果这些窗户不被及时修理好，不久后，其他的窗户就会被莫名其妙地被打破，而现实生活以及企业运行中类似的情况很多。但是，除非个体能够清晰地给自己制定一个自律的道德定位并时刻提醒自己，否则一般情况下个体的道德自律不会轻易参与到日常行为中来，大部分个体的有关道德自律的心理机制是选择性地避免做出不道德行为而不会抵制一切的不道德行为（Bandura，1999），甚至并没有意识到自身也会做出一些不道德行为。因此，这些心理都可以称为道德推托（Moral Disengagement）。总而言之，道德推托概念的内涵就是一种使一些不道德行为变得合理的心理变化（Sykes & Matza，1957）。随着研究的发展，这一概念随后也得到学者Tenbrunsel和Messick（1999）的认同，他们认为这种道德推托实际上是一种自我欺骗，即他们的不道德行为是正确的并错误地认为自身的道德准则是受到支持的。

促使道德推托合理化的重要原因是个体在日常的生活规范与准则中将一些特定的不道德行为划分为自身认为是正当的或者可以原谅的行为（Ashforth & Anand，2003）。Barsky（2011）从两个层面来讨论使不道德行为合理化的道德推托，即道德辩解（Moral Justification）与责任转移（Displacement of Responsibility），许多证据表明个体在进行一项特定的不道德行为时会为其道德脱离提供强有力的道德辩解，同时将责任推托于干扰其道德行为不能发生的合理化原因。虽然个体会为自身行为寻找诸多借口（Ashforth & Anand，2003），但是道德辩解与责任转移这两个概念已取得广泛的研究并能够直接清晰预测个体行为的目标。第一个使不道德行为合理化的原因是道德辩护，即涉及个体认知的重建，即个体不会参与不道德行为直到他们接受这种行为并从心理认为自身所做的即为道德的（Bandura，1999）。在这一过程中，原本的不道德行为逐渐被个体与社会所接受并用价值观与道德观点重新定义这种行为。这种不道德行为就成为个体与社会本身不愿其存在但又不可避免，最终由心理重新定义并接纳行为（Molinsky & Margolis，2005；Sykes & Matza，1957）。第二个使不道德行为合理化的原因是责任转移（Ashforth &

Anand，2003）。许多学者认为个体在参与的道德行为中当他们可自主决定其行为导向时更倾向于表现出其个体行为是具有道德目的的（Bandura，1999）。然而，如果实际情况超出了个体自身的控制使其认为行为的责任并不是由自身决定的而是来自外部时，个体的意识与行为可能会摆脱自身道德的控制。这里的外部环境的压力可能来自管理订单的限制、同事的压力、所处的财务困境或之前已存在类似的先例等，个体就会认为既然每一个人都在做这种不道德行为而自身这些行为就显得微乎其微了（Greenberg，1998）。这时，个体会相信这种不道德行为是别人的责任，即使面临责备或惩罚也是他人承担而与自身无关，责任转移即是将道德决策从自身的责任转移成为他人的责任，当应有的责任发生转移时对实际发生情况的伦理要求也会随之淡化，与之前道德辩解的概念类似，责任转移也是由自欺心理造成的（Tenbrunsel & Messick，2004）。因此，道德推托会影响个体在道德决策过程中形成道德行为的意图，个体可能会因为心理上对不道德行为的辩解与责任的转移而做出不道德行为，而个体本身并没有意识到这种行为是不道德的反而通过一系列心理过程接受并做出了不道德行为。与此相同，如果员工本身没有做出不道德行为而是目睹他人做出不道德行为，其举报与否就成为其道德选择，在此情况下道德推托也将成为其进行道德决策重要影响因素。

二 道德推托作为调节变量

由于目前有关道德推托变量的实证研究较少，并没有形成较为一致的方向，有一些研究基于个体特质差异研究影响道德推托的前因变量，例如个体如果是愤世嫉俗的，他会首先认为每个人行事的出发点都是利己的，从而更容易推卸责任，将其本身应负有的责任转移到他人身上（Kanter & Mirvis，1989）；还有研究认为，道德推托与个体自我控制能力有关，个体的自我控制力越强，就能够越清晰地认识自身行为并判断行为结果（Levenson，1981），越不容易产生推托责任的意识；高度的道德身份会使个体具有明确的道德标准，在有关道德问题上以自我判断为中心（Aquino & Reed，2002），因而不容易受外界环境影响而产生推卸道德责任的想法。这些证据均表明个体在道德认知层面上的发展对道德推托具有重要影响。而关于道德推托产生的后果即与不道德行为有关，实证结果表明如果个体的道德推托发生下降时，个体乐于助人的行为增加，合作精神也会提高，会倾向于做出亲社会行为（Bandura、Barbaranaelli、Caprara & Pastorelli，1996）。学者 Duffy、Aquino、Tepper、Reed 和 O'Leary - Kelly（2005）对道德推托与不道德决策与行为之间的关系进行研究，发现道德推托中道德辩解高的个体会在背后偷偷地进行破坏同事之间关系的行为。由此可见，个体的道德推托意识由个体道德认知发展而来，从而会对其道德/不道德行为产生影响。因为具有道德推托的个体从心理上摆脱自己对做出不道德行为的内疚感与自我谴责，并认为做出不道德行为的责任不在于自己而在于他人或组织（Bandura et al.，1996；Duffy et al.，2005）。

　　从道德推托概念以及道德认知发展理论来具体解释个体的道德推托意识对个体心理与行为之间的影响及演变过程。由 Rest 伦理决策过程可知，伦理意识影响伦理判断从而影响行为的产生，而个体在道德认知发展过程中总是趋向更为道德的意识发展。在伦理决策形成过程中，如果个体具有道德推托意义就会因而影响伦理判断，最终影响行为。根据态度一致性理论，员工的认知与态度决定其行为意图，当员工感知到组织环境是具有伦理道德的，员工会对组织产生信任，不会担心因为自己的看法或报告而对自身带来威胁，所以员工更加具有心理安全感知，这种心理安全感知会使员工勇于表达自己的想法，也会积极地做出有利于企业的道德行为。但是，一旦不道德行为产生的压力来自组织高层领导，或是大部分员工都从事某种不道德行为时，就有可能影响到个体本身所具有的道德认知，也就是说如果个体认定某种行为是不道德行为且对组织有害时，会积极地做出报告行为，由于受到上述可能因素的影响使个体员工的道德认知发生改变，从而不再坚决认定同样的行为即为不道德行为，反而会认为不道德行为者是出于环境所迫而其本身是没有过错的，因此即使组织为其创造了充分的心理安全感，报告行为很大可能不会发生。因此，本书引入道德推托作为心理安全与报告行为之间的调节变量具有理论依据，同时具有一定的理论与实践意义。

第六章 企业伦理影响机制研究之假设构建

第一节 企业伦理与员工报告行为

员工的道德行为与其所处的企业伦理环境或氛围密切相关，企业伦理环境的好坏与水平的高低会影响企业员工道德或不道德行为的发生（Stead、Worrell & Stead，1990）。在有关道德行为决策模型中，企业伦理环境因素是影响员工道德行为的首要因素，员工道德行为受到企业伦理环境的影响（Treviño，1986）。与此相同，还有许多学者也通过理论及实证检验证明企业伦理环境与员工道德或不道德行为之间具有显著关系（Vardi，2001；Wimbush & Shepard，1994；Wimbush et al.，1997b）。还有许多实证研究结果发现，不同类型的企业伦理环境对员工道德行为的影响也是有差异的，积极的伦理环境能有效促进员工的道德行为；反之，可能会导致员工产生不道德行为。员工的报告行为是指当员工目睹企业其他成员不道德行为发生时而向能够制约不道德行为发生的机构或个人揭发的行为（Miceli & Near，1992；Near & Miceli，1985），实际上报告行为是有利于企业发展与道德建设的，行为本身是具有道德性质的，但前提必须是出于正义与为组织利益而考虑的。这种报告行为是区别于为了个人利益诬陷他人的打"小报告"行为。既然企业伦理环境会影响员工道德/不道德行为，而报告行为是出于自身及社会责任又属于道德行为的一种，因此，企业伦理环境对企业员工的报告行为也应该具有一定程度的影响。由于众学者对于企业伦理环境维度划分的不同，因而研究各维度与各种道德行为之间的关系也是存在差异的，因而本书按照第二章讨论与分析的企业伦理分类（Chun et al.，2013；Kaptein & Van Dalen，2000），从社会、组织与个人三个伦理层面研究企业伦理对员工报告行为的影响，而报告行为因反映渠道不同分为外部报告和内部报告（Park et al.，2005）。下面就按照企业伦理的三个维度与员工报告行为的两个维度分别研究不同的企业伦理环境对不同报告行为的影响。

一 企业伦理与员工外部报告行为

外部报告行为是指员工向组织以外的能够制约或判断不道德行为的机构举报或揭发不道德行为，这些机构包括媒体、政府或非政府组织以及一些专业的机构。但是，大部分外部举报者首先会选择具有较低风险的（Miceli & Near，2002）内部报告渠道（Miceli、Near & Dworkin，2008；Rothschild & Miethe，1999）进行举报，目的是减少对企业所带来的不利影响（Hassink、De Vries & Bollen，2007）。与内部报告相比，外部报告可能带来的结果是政府审查、巨额罚款、诉讼案件以及公众对企业的不良看法等（Berry，2004）。一旦向外部机构揭发企业中的不道德行为，则说明企业对此行为纵容或无能为力，从而根本无法制止不道德行为的发生。因此，一般情况下外部报告存在的前提是企业内部管理层没有对员工的报告做出适当响应，如果员工觉得自己的报告没有得到满意的处理，可能从此对组织失去信任而选择外部报告渠道再次重复报告行为。

当员工感知到企业具有高外部伦理水平时，会认为企业具有一定的社会责任并积极地从社会与公众的角度考虑问题，这也会影响企业员工个体从社会角度考虑问题。当员工目睹不道德行为发生时，出于有益于社会的动机，员工会考虑与权衡外部报告行为给他人、组织与社会带来的成本（Miceli & Near，1985）。企业环境因素对员工目睹不道德行为的反映具有重要影响（Miceli & Near，1984），因此，当组织环境是消极的或不利时，员工更倾向于外部报告或干脆不做出任何行为（Miceli & Near，1992），也就是说，员工所感知到的一个企业的伦理环境的好坏会在一定程度上促进道德行为的发生或者制止不道德行为的发生

（Treviño & Weaver，2003）。所以，当企业具有高外部伦理水平时，员工能够充分感受到企业承担的社会责任以及对社会与个体的仁爱态度，为了维护企业树立的形象，员工不会盲目选择向公众揭发企业的不道德行为而引起不利于组织的后果，可能会选择相信组织而首先进行内部举报，但是如果内部报告没有起到任何效果，员工考虑到企业的长远利益以及公众利益依然会选择进行外部报告。因此，高企业外部伦理与员工外部报告行为可能存在一定的正相关关系。

企业内部伦理是指如果企业已经建立一个清晰与完整的规范制度，重要的是员工感知到的组织成员遵循企业法律与规范的程度。如果企业员工都能严格遵守法律与企业规章制度，对员工的要求与责任具有一个清晰的划分，当员工感知企业所处的是这种氛围时，就会觉得自己更有责任应该维护与坚持企业规范。在遇到不道德行为时，因为企业清晰的规范与环境的存在，更有可能产生报告行为而不会与不道德行为者同流合污（Jubb，1999）。通过报告不道德行为组织员工对企业的规范以及环境的认知会有更深刻的理解（Callahan、Dworkin、Fort & Schipani，2002）。如果企业对于规范以及执行没有清晰的界定，不太可能产生外部报告行为，因为难以确定企业及个体的责任，也会因为组织与个人标准的不同产生认识的不同。但是，一旦企业遵循法律与社会普遍认可的规范与行业准则时，责任可以被清晰地界定，在这种情况下外部报告行为发生的可能性最大（Miceli et al.，1999）。因此，当企业处于一个具有高水平的内部伦理环境时，员工能够严格地遵守法律与企业规范，一旦发生有悖于基本规则的行为，员工外部报告的机会也就越大。

企业员工伦理主要是指企业对员工个体按照自身道德标准行事的准许程度，而实际上如果企业鼓励员工行为自我道德意识并按照自身标准行事时，员工更愿意去认知与识别组织的伦理价值观，从本质上更有动力去遵循组织的一系列规章制度（Tyler & Blader，2005）。但是，当组织允许员工具有很高的道德独立性时，很有可能是组织本身缺乏明确的道德标准，个体无法明确认知组织伦理价值观因而面临道德问题时会由自身道德自然而然引导其行为的发生（Fritzsche & Oz，2007），而个体的初衷一般是做出道德行为（Bandura，1999）。虽然员工目睹不道德行为首先是进行内部报告（Miceli et al.，2008；Rothschild & Miethe，

1999），但是，由于组织所允许的道德独立性程度高，组织与个体之间道德标准存在一定差异，因而内部报告可能会达不到预期的效果。如果个人道德总是引导做出道德行为，不考虑内部报告的影响，员工出于正义与道德束缚也会选择做出相应的道德行为。因此，企业员工伦理水平越高，所具有的个体道德意识水平也会越强，当发现不道德行为时越有可能产生外部报告行为。所以，根据上述分析故提出如下假设：

假设1a：企业外部伦理与员工外部报告行为之间具有正向关系。
假设1b：企业内部伦理与员工外部报告行为之间具有正向关系。
假设1c：企业员工伦理与员工外部报告行为之间具有正向关系。

二 企业伦理与员工内部报告行为

当员工发现企业不道德行为时，一般情况下会首先选择内部渠道进行报告（Miceli et al.，2008；Rothschild & Miethe，1999），也就是直接向上级或管理层举报，这些通常是以企业行为规范准则为指导的（Hassink et al.，2007）。因为这种内部报告与不道德行为及当事人很接近，能够更加直接、迅速地解决问题，制止不道德行为发生（Jubb，1999），同时也可以给不道德行为解释的机会以及改正自新的机会。例如King（2001）研究结果发现，护士通过观测病人的不当行为及时与其沟通并引导他们意识与纠正自己的不当行为，同时学习与积累如何避免不当行为再次发生的经验。但是组织中存在的不道德行为与King（2001）研究中的不当行为不同，针对违反法律与公司基本规则的不道德行为者必须通过报告将其不道德行为记录下来，警告并采取措施纠正不道德行为并预防其再次发生。在有关中国背景的研究中，有些学者发现即使政府鼓励员工向其举报（Gong，2000），中国员工一般也不愿意进行外部举报（Chiu，2003；Vinten，1999）。因为员工一旦向外部举报，企业将会认为员工是忘恩负义的，甚至认为他们这种报告行为是不可接受而且不道德的（Fukuyama，1995；Greene & Latting，2004；Redding，1990）。因此，员工遇到不道德行为时首先想到的是在内部解决问题，所以企业不同的伦理氛围会对员工报告行为产生不同的影响（Wimbush & Shepard，1994）。

如果企业具有一定的企业社会责任意识，并积极地做出对社会与公众有利的行为，当员工感知到企业这种积极行为时也会在一定程度上影响其行为的道德导向。Barnett 和 Vaicy（2000）研究发现，企业的社会责任氛围会对销售人员的不良行为产生直接负面影响，也就是说，即使他们本身有意识做出不良行为，但是所处的环境影响会减少不良行为的发生。还有学者研究表明如果企业伦理环境是仁慈的，具有关怀性的，这种仁爱的伦理环境均会对一系列不道德行为产生负面影响（Fritzsche，2000；Wimbush et al.，1997b），也就是说企业的仁爱环境会促使员工做出道德行为。与此相同，还有一些学者也验证了企业这种具有社会责任且仁爱的环境会对企业员工的道德行为产生积极的影响（Deshpande et al.，2000；Peterson，2002a）。因此，企业外部伦理水平高时，员工能够充分感知到企业的责任与仁爱而更加信任与依赖组织，会更倾向于做出道德的行为，但当发现不道德行为时，员工也会首先从企业利益角度考虑问题，为了企业的发展而选择做出内部报告行为。

如果企业具有较高层次的内部伦理水平时，员工所处的伦理氛围是具有法律与企业规则约束的，整体员工都愿意遵循企业的规则。Wimbush 和 Shepard（1994）研究发现，企业规则导向的伦理环境与组织及个人的道德行为呈显著正相关关系。之后，Wimbush 等学者（1997b）的研究依然验证了企业规则环境与道德行为之间的积极效应，也证明了这种环境一定程度上会影响员工的报告行为。但是，也有一些学者的研究结果表明，如果公司规则严格的组织环境也会导致员工产生一些负面情绪或是做出不道德行为（Barnett & Baicy，2000；Peterson，2002a；Vardi，2001），可能是由于企业规则的严格甚至不近人情，使员工产生逆反情绪，可能会由于自身仁慈的个性而做出有悖于企业政策与程序的行为。本书所涉及的企业内部伦理概念是一个积极层面上的概念，高水平的内部伦理说明企业内部控制较强，员工的行为都有章可循，而员工目睹不道德行为的报告行为概念在本书中也属于正面变量，区别于别有用心的报告行为。因此，本书认为当企业内部伦理水平高时，相应地会做出道德行为，所以一旦员工目睹企业不道德行为发生，更倾向于选择道德行为，因而更容易做出内部报告行为。

企业员工伦理水平越高，企业允许员工按照其自身道德标准行事的独立性越强，有研究证明，企业独立伦理氛围与员工道德行为之间具有一定的相关关系（Fritzsche，2000；Wimbush et al.，1997b）。依照员工个人的道德标远，个体在企业道德独立性环境下形成一套自身的深思熟虑的原则，从本质上讲是源于道义论的个体本性（Wimbush & Shepard，1994）。道德独立性高的员工会不计后果地按照他们自身的道德义务、责任感知以及认为正确的准则行事。Peterson（2002a）认为，有关员工个体的伦理环境与企业的不道德行为具有一定的联系。而有学者也同样认为员工个体对于道德标准的独立性认知会指导其道德行为，他们的独立性与道德行为呈显著正相关关系（Erondu et al.，2004）。因而当企业认同员工个人的道德标准且允许个体保持道德独立性时，员工更倾向于做出道德行为，所以一旦目睹不道德行为按照其自身道德标准他们会选择做出内部报告行为。因此，综合上述分析故提出如下假设：

假设2a：企业外部伦理与员工内部报告行为之间具有正向关系。

假设2b：企业内部伦理与员工内部报告行为之间具有正向关系。

假设2c：企业员工伦理与员工内部报告行为之间具有正向关系。

第二节 企业伦理与心理安全的关系

本书的第二章第二节已经着重分析了企业伦理环境概念的发展以及现存研究中企业伦理环境的前因变量与结果变量的研究。本书的模型构建主要关注企业伦理环境有关员工个体对企业情感方面的研究（Mulki et al.，2006；Ruppel & Harrington，2000）。研究选取心理安全变量作为心理情感研究变量，这个变量与本书理论与模型构建具有一定程度的联系，下面对企业伦理环境与心理安全的关系做详细论述。

企业给员工提供的心理安全氛围对于员工的成长与企业的稳定发展非常关键，与企业伦理环境发展具有一定的联系（Pearsall & Ellis，2011）。影响员工心理安全感知的因素多种多样，本书从伦理角度探讨企业理论氛围对员工心理安全感知的影响。一个组织道德水平对员工个体进行道德决策过程中会产生一定的影响，在员工进行决策时如果与其他成员或组织的观念与行为不一致，可能不会被尊重，甚至受到惩罚（Pearsall & Ellis，2011），也就是说组织成员间互相监测对方的行为对不道德行为发生形成了天然的社会屏障（Treviño & Victor，1992）。但是，如果企业以不道德行为为主导，那么个别员工的道德行为反而成为其他成员排斥的对象。因此，有关道德心理安全取决于企业的整体氛围，如果企业与个人相契合，员工个体心理安全感知可能越高。心理安全实际上是人际关系的一种信任，成员不用担心自己的行为被指责、羞辱或是惩罚，个体的信仰在组织与群体之间是安全的，不用担心信仰不同而必须承担的风险（Edmondson，1999）。心理安全是一种随着时间发展进行反复沟通的一种状态，从而影响组织成员的态度与行为（Ilgen et al.，2005）。如果缺乏了心理安全，成员即使拥有促进企业发展的想法或是看见不道德行为也不敢在组织中说出自己的想法。本书主要从企业伦理的三个维度来研究其对组织中员工心理安全的影响。

首先，与企业社会责任的概念相似，企业外部伦理是企业对外部利益相关者所做出的行为（Elkington，1997；Zadek et al.，1997），主要指对社会的贡献，而组织员工属于社会的一员，这里也包括企业对员工的关怀。因而，企业外部伦理有助于加强各方利益相关者之间的人际关系从而提高公司声誉（Roberts & Dowling，2002）。声誉的增加同时可以增强组织内部成员及社会公众对于企业的认可。根据社会认知理论（Tajfel，1974），组织成员个体通过社会与其他成员影响会更加确定自我认知并形成自我概念。这意味着组织有利于社会的行为可能会引导个体形成一个积极的自我态度（Ashforth & Mael，1989）。在这样一个组织中，组织员工个体的价值观与成就感获得增加，他们更加确定自我的身份与责任，他们为组织的行为与发展感到骄傲，并愿意更加效忠组织与组织共同发展（Jacinto & Carvalho，2009）。因此，企业外部伦理给组织员工带来强烈的心理安全感，实际上当组织做出对社会及相关个体有益的行为时，员工个体从心理上基于社会交换理论，会对组织产生信任并形成心理安全，这种心理安全感的形成更增加了企业与员工之间的联系。

其次，与企业外部伦理相似，企业内部伦理是有关企业内部伦理道德的规范，同样也应该被认为能够形成组织员工的心理安全感。如果一个企业法律、规章制度以及道德标准规范程度较高，内部政策与流程相对透明与公平，员工在工作过程中存在的歧义以及面对行为风险的压力就会降低。员工反而会感到他们工作的具有高水平的内部伦理的企业同样也具有一个清晰的流程以及公平与明确的道德准则（Weaver，1995）。当企业加强内部伦理建设时，会让其内部员工感受到企业的公平与公正，从而更加信任组织（Gong、Chang & Cheung，2010）。因此，高水平的企业内部伦理会给员工带来较高的心理安全感知，企业在形成一定的规则与道德规范的同时也为员工营造了公平的条件，因为公平的存在员工更加信赖组织，而不再担心自己的行为可能受到的不公正待遇及不确定风险，因而也会形成较高的心理安全感。

最后，企业员工伦理也应该是员工心理安全的影响因素。在这一关系中，员工个人伦理水平与心理安全都属于同一层面的个体变量，员工伦理实际上指的是员工产生行为时道德独立水平，也就是说员工是否能够依照自身的道德标准行事。当企业允许员工个人依照自己道德标准行事时，员工不用担心因自身行为的道德标准与他人不同而受到指责。一般情况下，大部分个体都会积极地做出道德行为，而避免做出不道德行为（Bandura，1999）。因而，在这样的背景下组织允许个人按自我意识行事本身就是对个体的充分信任，从而形成一种个体与他人或组织之间相互信任的关系（Ruppel & Harrington，2000）。因此，具有高水平个人伦理的企业员工出于回报企业对于其的信任，也会对企业产生信任，个体所具有独立进行道德决策的水平越高，个体心理安全感越强，因为独立程度的高低代表企业对个体的信任程度，也就是企业对个体道德决策准许的程度越高，个体越不担心其行为受到不确定的风险，因而企业员工伦理对心理安全也具有正向影响。综合上述分析，故提出如下假设：

假设3a：企业外部伦理与员工心理安全之间具有正向关系。
假设3b：企业内部伦理与员工心理安全之间具有正向关系。
假设3c：企业员工伦理与员工心理安全之间具有正向关系。

第三节 心理安全在企业伦理与员工报告行为之间的中介效应

心理安全是员工在处理人际关系时不会担心未来产生的风险而感到安全的一种共同信仰（Edmondson，1999）。而报告行为属于组织公民行为的角色外行为，员工在从事此角色工作时会感受到压力（Perlow，

1998),这种压力可能会影响员工的心理状态与身心健康,因而企业环境对舒缓压力与心理状态具有重要的影响。

一 心理安全在企业伦理与员工外部报告之间的中介效应

企业外部伦理主要是以与各方利益关系为导向的,具有一定的企业社会责任。具有外部伦理的企业员工能够感知到企业与社会及个体的沟通,对员工的包容以及对社会与个体的重视(Whitener、Brodt、Korsgaard & Werner,1998),员工感知到的这些因素有利于员工在进行道德决策时对企业产生更多的信任(Gao、Sirgy & Bird,2005),出于对企业与他人的利益考虑道德水平会提高(Kohlberg,1984),并形成一定程度的道德意识,作为对组织付出的回报,员工会具有更高的勇气(Sekerka & Bagozzi,2007),从而进行有利于组织的道德行为(Erondu et al.,2004;Peterson,2002a)。根据 Rest 提出的伦理决策模型,个体倾向于产生道德意识,最后促使道德行为的发生。因而,根据一致性理论,组织对社会及公众的付出会给个体心理认知,从而使情感因素与认知趋于一致,由于企业行为会充分考虑到社会与个体的利益,因而员工会倾向于形成有益于企业发展的心理意识,当企业存在不道德行为时员工考虑到组织利益会更具有正义感,这种正义感使员工做出报告行为时不会惧怕其行为可能面临的后果,他们可能会出于公司利益考虑而首先选择内部报告,但是如果内部报告达不到制止不道德行为的目的时,他们会选择其他途径制止不道德行为的发生,因而更有可能进行外部报告,所以心理安全在企业外部伦理与员工报告行为关系中具有一定的中介效应。

企业内部伦理涉及员工对于企业法律规则与企业自身规范等准则的遵守程度。由于企业的公平与规范化,员工可能会为了证明自己的忠诚、合作与责任感而选择揭发不道德行为(Van Dyne、Graham & Dienesch,1994),而忽视报告行为可能受到的风险。而这种企业公平的程序与规范环境,也会有助于员工形成相应的道德意识。一般情况下,一旦员工违反企业规范将会受到惩罚,所以员工会积极遵守企业章程,如果发现不道德行为存在,由于在企业环境中有章可循、有法可依,因而不会惧怕后果而更容易产生揭发不道德行为的勇气(Sekerka & Bagozzi, 2007),促使报告行为的发生(Erondu et al., 2004; Peterson, 2002a)。因而,当企业自身行为高的内部伦理水平时,作为一种交换,员工也会按照企业法律与企业规范行事,也就是说,企业整体的道德标准也会影响个体道德标准的建立,由于制度的保障,员工具备的心理安全感也就越高,一旦发现不道德行为,为了与企业道德规范与自身规范保持一致,会积极采取报告的方式制止不道德行为的发生。所以,心理安全在企业内部伦理与员工外部报告行为之间具有一定的中介效应。

企业员工伦理水平高的组织更支持员工按照自身的道德标准行事,允许个体差异的存在并支持个体的道德决策过程。从本质上讲,组织个体将遵循个人道德与信仰来识别道德问题并做出伦理决策,其行为没有对错之分,只用考虑按照自身原则行事。根据道德认知发展理论(Drumm, 2002; Kohlberg, 1969)与态度一致性理论,个体按照自身发展水平做出相应的道德决策,在处理问题考虑道德因素时,个体按照自身道德判断做出行为的勇气也就越大。由于企业对员工伦理决策的充分支持,员工不会惧怕未来可能遇到的威胁与风险,因而员工也就具有更高的正义感(Sekerka & Bagozzi, 2007),从而做出相应的道德行为(Erondu et al., 2004; Peterson, 2002a)。因而,当企业允许个体道德独立性存在时,高水平的企业员工伦理使员工按照自身标准行为而不惧怕自身行为所带来的后果,员工会具有更高的心理安全感知,而其本身具有的道德准则能够增加道德行为的发生从而促进报告行为的产生。所以,心理安全在企业员工伦理与员工外部报告行为之间具有一定的中介效应。综合上述分析故提出如下假设:

假设4a:心理安全在企业外部伦理与员工外部报告行为之间具有中介作用。

假设4b:心理安全在企业内部伦理与员工外部报告行为之间具有中介作用。

假设4c:心理安全在企业员工伦理与员工外部报告行为之间具有中介作用。

二 心理安全在企业伦理与员工内部报告之间的中介效应

企业对外部所做的伦理行为有助于提高公司在社会的形象与声誉（Roberts & Dowling，2002），员工对企业的行为产生认同并更加信任自己的企业，有助于引导个体形成一个积极的自我态度（Ashforth & Mael，1989）。员工不必为其行为有可能带来的人际风险担心，因而心理会感到舒适，也不用担心自己的行为会受到不公正的对待与处罚（Dasborough & Ashkanasy，2002；Weierter，1997），所以更倾向于做出报告行为。心理安全在企业外部伦理与员工报告行为之间关系中的中介作用可以通过一致性理论来解释，当企业积极开展有益于外部利益相关者、组织成员与社会公共的措施时，员工能够充分感知到企业所创造的仁慈环境与对个体的关爱，基于这种认知，员工会对企业产生充分的信任（Gong et al.，2010）并具有强烈的心理安全感，这种心理安全感使员工不会担心与害怕自己行为所带来的责备与惩罚，所以员工在目睹组织中发生的不道德行为时，为了使认知与行为达成一致，会产生相应的心理安全感并首先考虑到企业的利益，因而更容易做出报告行为。因此，企业外部伦理氛围水平越高，员工感受到的关怀也越高，对企业更加依赖并产生强烈的心理安全感，以至于面对不道德行为时受到心理安全感的保护，更倾向于做出内部报告行为。

当企业内部构建权威与信息分享制度时，如果能够提供让员工觉得可靠的伦理标准，企业员工对企业的信任以及自身所处的人际关系会更加信任（Dirks & Ferrin，2002），心理安全感也就越强。根据社会一致性理论，个体积极的态度会产生积极行为，而消极的态度会产生消极行为，所以心理安全感作为一种积极的心理态度，会产生道德行为。当企业具有高水平的内部伦理时，员工可以感受到企业具有公平的工作制度与明确的道德准则（Weaver，1995），因而员工会更加相信组织（Gong et al.，2010），同时这种有章可循的道德环境会使员工产生心理安全感。同样的一致性理论仍然可以解释心理安全感在企业内部伦理与报告行为之间的中介效应，因为一致性理论本质上就是认知、情绪与行为三者之间过程关系。根据本书的模型构建，企业内部伦理环境的构建使员工感受到企业的制度化与公平化，从而更加信任组织并在组织中感到心理安全，同时这种心理安全会促使员工做出积极的道德行为，但是，报告行为本身可能会对员工带来一些负面影响，而员工的心理安全可以减少其对报告后果的担心与忧虑，所以更愿意做出报告行为（Baer & Frese，2003；Gibson & Gibbs，2006；Walumbwa & Schaubroeck，2009）。因此，当企业内部伦理水平高时，企业以法律为准则具有一定的规范性，员工觉得自身行为有规则的保护而产生一定程度的心理安全感，从而不必担心行为产生的后果及影响，而做出报告行为，所以心理安全感在企业内部伦理与员工报告行为的关系中有着桥梁作用。

企业员工伦理主要指在遵循企业基本规范的前提下企业对员工个体道德标准的认可与鼓励程度，高企业员工伦理说明个体在面临道德困境时决策的独立性也就越高，个体道德会自然引导员工个体进行道德选择并做出相应的道德行为（Fritzsche & Oz，2007）。基于道德认知发展理论与态度一致性理论，企业员工个体道德准则的支持使员工感受到自己在企业中的责任与重要性，从而由认知形成相应的情绪与心态，会更加相信组织并在工作中更具有心理安全感，更易做出道德行为而没有后顾之忧（Erondu et al.，2004；Peterson，2002a），内部报告行为更容易发生。所以，当企业员工伦理水平高时，企业所允许员工行事的道德标准的独立性也就越高，员工更相信其工作的环境支持与鼓励他们的个人道德行为因而不必担心自身道德标准与企业准则相冲突，从而也会具有更强的心理安全感，而实际上个体本质上会倾向于做出道德行为（Bandura，1999），而心理安全又使员工相信组织，不必害怕报告后需要承担的后果，因而更容易产生报告行为（Baer & Frese，2003；Gibson & Gibbs，2006；Walumbwa & Schaubroeck，2009）。由此可见，心理安全在企业员工伦理与内部报告行为之间具有中介作用。因此，根据上述分析故提出如下假设：

假设5a：心理安全在企业外部伦理与员工内部报告行为之间具有中介作用。

假设5b：心理安全在企业内部伦理与员工内部报告行为之间具有中介作用。

假设5c：心理安全在企业员工伦理与员工内部报告行为之间具有中介作用。

第四节 道德推托在心理安全与员工报告行为之间的调节效应

道德推托的概念实际上是由社会认知发展理论衍生与扩展而来的（Bandura，1999），社会认知发展理论实际上是通过个人观点的发展控制自己的思想与行为的一个自我调节的过程（Bandura，1986），只不过道德推托这种调节是对不道德行为认知合理化的一种心理（Sykes & Matza，1957）。所以道德推托可能会影响不道德行为的发生，更有可能增加不道德行为发生的概率，因为具有道德推托的个体从心理上摆脱自己对做出不道德行为的内疚感与自我谴责，并认为做出不道德行为的责任不在于自己而在于他人或组织。可能组织内部环境与标准存在漏洞，也可能是个体有选择性地考虑问题而导致自我约束降低，从而影响不道德行为的发生（Bandura et al.，1996；Duffy et al.，2005）。

本书讨论的道德推托变量主要包括道德辩解与道德责任转移两个维度，前者的重点是个体意识与价值观的改变而使本身不道德行为在其眼里重新道德化；后者的重点是认为自身或他人的不道德行为是由外因所致，而做出不道德行为的个体本身并没有过错。因此，持有这种道德推托观点的个体在发现不道德行为时，由于本质的道德认知已经发生了偏离，即便具有不惧怕报告后果的心理安全感，也不一定会做出报告行为（Duffy et al.，2005）。根据 Barsky（2011）对道德推托的两个层面道德辩解与责任转移的划分，下面分别从这两个角度概念出发探讨道德推托对心理安全与员工报告行为之间的调节作用。

从道德推托变量中道德辩解的角度解释，如果个体心理安全感知越高，越不会惧怕未来的风险，勇于面对行为的后果，所以报告行为更有可能发生。从伦理决策过程可以看出，伦理判断对行为意图与最终行为均具有影响，当个体感知到企业伦理环境是道德的，个体总是倾向于道德意识（Bandura，1999），所以会形成积极的心理安全感知，但是当其目睹的不道德行为由于个体自身观念受到影响而认为这种行为是道德的的时候，将不会发生报告不道德的行为。因此，当员工道德辩解高时，心理安全感不会引起更多的报告行为，因为很大可能员工本身就已经对不道德行为失去了判断，故提出如下假设：

假设6a：道德辩解在心理安全与员工外部报告行为之间具有调节效应。

假设6b：道德辩解在心理安全与员工内部报告行为之间具有调节效应。

从道德推托变量中责任转移的角度解释，发现不道德行为的报告行为本质上属于道德行为，因为报告者的实际目的是制止与预防不道德行为的发生。报告者对于未来风险与威胁的担忧将减少报告行为的发生，而心理安全感正好解决了这一问题。根据道德认知发展理论，不同的道德发展阶段具有不同的道德判断标准，但是如果有一个人做出不道德行为而没有受到及时制止与惩罚时，其他人也会跟着一起做出不道德行为（Zimbardo，1969），当做出不道德行为的个体数量很大时，其他员工可能会认为企业默许这种行为的存在并开始认为个体本身没有错误而是大环境使然。所以，当员工道德责任转移高时，对不道德行为的容忍度升高，即使企业为其创造了利于报告的心理安全环境，但是由于个体认为过错并不在于不道德行为者，因此也不会进行报告行为。所以，高道德责任转移的员工即使具有高心理安全感知，也有很大可能不会报告不道德行为。根据上述分析，故提出如下假设：

假设7a：责任转移在心理安全与员工外部报告行为之间具有调节效应。

假设7b：责任转移在心理安全与员工内部报告行为之间具有调节效应。

第五节　基本模型假设总结

根据上述理论及相关研究的论述，本章共提出7组相关假设，各种假设总结见表6-1。其主要包括的变量之间的关系有：企业伦理三个维度分别与员工外部报告行为之间的相关关系（假设1a—假设1c）；企业伦理三个维度分别与员工内部报告行为之间的相关关系（假设2a—假设2c）；企业伦理三个维度分别与员工心理安全之间的相关关系（假设3a—假设3c）；心理安全在企业伦理三个维度与员工外部报告行为之间的中介作用（假设4a—假设4c）；心理安全在企业伦理三个维度与员工内部报告行为之间的中介作用（假设5a—假设5c）；道德推托中道德辩解维度在心理安全与员工外部报告和内部报告行为之间的调节作用（假设6a、假设6b）；道德推托中责任转移维度在心理安全与员工外部报告和内部报告行为之间的调节作用（假设7a、假设7b）。

表6-1　　　　　　　　　研究的假设总结

假设关系
假设1a：企业外部伦理与员工外部报告行为之间具有正向关系
假设1b：企业内部伦理与员工外部报告行为之间具有正向关系
假设1c：企业员工伦理与员工外部报告行为之间具有正向关系
假设2a：企业外部伦理与员工内部报告行为之间具有正向关系
假设2b：企业内部伦理与员工内部报告行为之间具有正向关系
假设2c：企业员工伦理与员工内部报告行为之间具有正向关系
假设3a：企业外部伦理与员工心理安全之间具有正向关系
假设3b：企业内部伦理与员工心理安全之间具有正向关系
假设3c：企业员工伦理与员工心理安全之间具有正向关系
假设4a：心理安全在企业外部伦理与员工外部报告行为之间具有中介作用
假设4b：心理安全在企业内部伦理与员工外部报告行为之间具有中介作用
假设4c：心理安全在企业员工伦理与员工外部报告行为之间具有中介作用
假设5a：心理安全在企业外部伦理与员工内部报告行为之间具有中介作用
假设5b：心理安全在企业内部伦理与员工内部报告行为之间具有中介作用
假设5c：心理安全在企业员工伦理与员工内部报告行为之间具有中介作用
假设6a：道德辩解在心理安全与员工外部报告行为之间具有调节效应
假设6b：道德辩解在心理安全与员工内部报告行为之间具有调节效应
假设7a：责任转移在心理安全与员工外部报告行为之间具有调节效应
假设7b：责任转移在心理安全与员工内部报告行为之间具有调节效应

本书试图探索企业伦理环境影响员工报告行为的内在影响机制，因此，根据上述理论分析与假设构建，初步提出研究的理论假设模型，如图6-1所示。

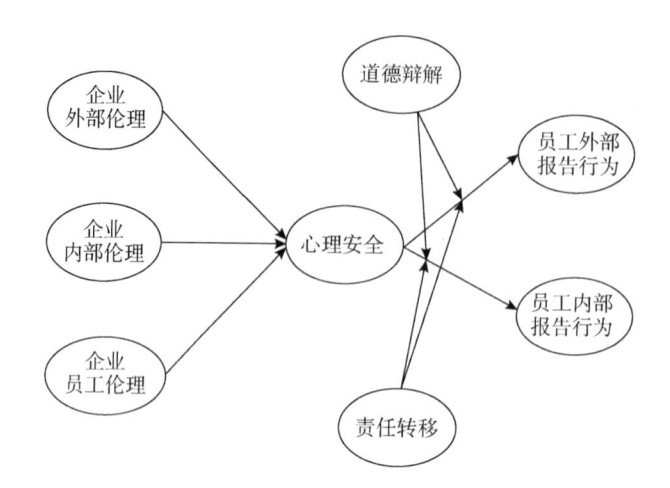

图 6-1 研究理论模型：企业伦理对员工报告行为的作用机制

第七章 企业伦理影响机制研究之研究方法

第一节 研究设计

本书采取质化研究与量化研究相结合的研究方法来收集与分析样本数据,实证分析方法虽然能够简单明了地实现数据分析,但从社会科学角度考虑并没有更好地解决与理解社会与组织结构(Silverman,2004)。由于质化研究与量化研究各具有优缺点并在很多地方不同,因此将两者结合可以综合两者之优点使研究彼此互补。质化研究与量化研究的差异主要在于其性质的不同,一个是由个体印象与文字等形式呈现的软性数据,另一个是以数字形态呈现的硬性数据。由于两种研究关注角度的不同,质化与量化研究对社会生活存在的问题与现象持有不同的客观看法。因此,本书首先进行质化研究以此检验企业现有状况是否与研究理论一致并发现企业中存在的关键问题,然后再运用实证分析的方法对第三章所提假设依次进行检验。

除上述目的外,本书选用质化与量化相结合的研究的方法还有一个重要目的是控制员工报告行为评价的准确性。现存大量的有关员工报告行为的研究主要是衡量员工的报告意图(Barnett、Bass & Brown,1996;Park et al.,2005;Zhang et al.,2009),主要原因是获取与确定员工对不道德行为真正进行报告的数据太过困难(Chiu,2003),有些报告者为了保密而选择匿名的方式报告(Sims & Keenan,1998),使我们即使获悉实际发生的报告行为却无法确定员工是否为报告者并对实际发生的报告行为无法清晰地定位。也有学者的研究指出，无论是选用报告意图还是实际发生的报告行为来衡量报告行为变量，实证分析结果大体相似（Keenan，2000；Miceli & Near，1988；Stansbury & Victor，2009），这说明员工真实的报告意图一定程度上能够准确预测行为的发生。就国内外员工报告行为的研究而言，对于员工实际发生的报告行为的测量还存在一定的局限性。本书为了检验不同因素对不同类型报告行为的影响采取员工自评的方式，以观测员工面临不道德行为时选择向外报告，向内报告还是无所作为的举动。为了确保员工自我评价的准确性，对员工相应的上级领导以及人力资源部门进行访谈研究，获悉其收到员工报告的频率以及外界媒体机构对企业的报告频率。然后分析所获员工数据的报告情况并将其与访谈结果作一对比，如果员工自评的报告行为与企业实际发生的报告行为相符，说明员工个体对于自我报告的评价准确率相对较高；反之，则说明员工有可能填写的数据过于具有倾向性，采用质化与量化相结合的方法从一定程度上提高了数据的可信程度。

第二节　研究流程

一　深度访谈

本书的质化研究主要集中案例企业中进行，目的是有针对性地分析企业的整体状况，同时在同一家企业分别进行质化与量化研究，可以在理解实际企业的研究问题的结构基础上运用实证方法对理论加以检验。同一样本质化与量化研究方法的结合能够更加有效与清晰地说明问题并验证理论模型。案例研究的方法适合在一部分缺乏理论存在或资料难以收集的领域促使研究目的的实现与理论构建（Yin，1984），在案例研究过程中，调研可以随着时间而推进并且能够灵活地控制与应对新的发现，借此获取新的资料（Eisenhardt，1989）。完整的案例研究大致可以分为四个步骤：案例研究设计、收集质性数据、质性数据分析与撰写数据报告。

首先，在研究设计时间，本章第一节已经详细论述了本书质化研究的重点，在以往文献理论基础上并结合社会现实，选取所需的案例样本，有针对性地对于本书所关注的伦理问题进行质化研究。对案例企业主管进行访谈的目的是获取企业基本职员在日常工作中关于报告行为的基本状况以及其对企业整体伦理环境等的评价；对部分员工进行访谈的目的是初步验证本书关于伦理问题构建的理论模型与假设，访谈计划涉及员工所感知的企业伦理环境、员工心理与行为的讨论。本书选取零售业中不同类型的企业为研究对象，具有一定的代表性，案例企业的背景信息详见本章第三节。

其次，在收集质性资料的过程中，访谈则是社会科学研究中最为重要的资料收集技术，若要获得研究所需的关键信息，进行有效的访谈至关重要。由于访谈的种类繁多，本书采用最常用的依照结构分类的方法，主要包括高度结构化访谈（也称为标准化访谈）、半结构化访谈与非结构化访谈，这三种不同类型的区别详见表7-1。

表7-1 访谈结构分类

高度结构化访谈	半结构化访谈	非结构化访谈
预先设定问题的遣词用句	借由综合结构严谨与结构松散的问题引导访谈进行	开放式自由回答的问题弹性的、探索的
预先决定问题的顺序	弹性运用所有问题	更像是对话
访谈为书面调查的口语形式	通常需要从所有受访者那里获得独特的数据	当研究者不够了解现象以问出相关问题时使用
在质性研究中，通常以获得人口资料（年龄、性别、种族、教育等）	由问题列表或想探索的议题，主导大部分访谈无事先决定的用词或顺序	目标为从此次访谈学习，来产生之后访谈的问题

资料来源：Merriam（2009）。

由表7-1可以看出，高度结构化访谈主要针对不可改变资料的调查，例如社会人口普查、社会指数调查、市场调查等，而非结构化访谈完全采用开放式的结构，在没有固定理论框架的基础上探索新问题，主要用于探索性案例研究以及新量表的开发。本书的主要问题是伦理方面的研究，由于论题的敏感性与局限性，虽已存在一定的理论基础，但是，研究看法与结论还不够全面。因此，本书在一定理论基础上展开相应的质化研究，选取半结构化访谈的方式最为合适，一方面突破高度结构化访谈的局限性，可以获得与发现案例样本中存在的实际问题；另一方面，在现存理论基础上对访谈方向加以限制，使访谈内容更加有效并使质化与量化研究能够紧密结合。

本书通过实地访谈的形式收集资料，运用在相关理论基础上形成的半结构化访谈大纲对样本企业中的中高层管理人员、人事部门的管理人员以及部分员工进行深度访谈，允许被访谈者谈论自己相关问题的见解，所有访谈内容在本书问题基础上展开同时具有一定的灵活性。所有被访者在企业任职时间均为3年以上，保证了被访者对企业实际情况认知的准确性。在正式访谈之前，首先，向被访者简要介绍研究内容并保证谈话的保密性。平均每个被访者访谈时间持续在1小时左右，在征得被访者同意情况下，每次访谈内容均采用录音方式记录，并保证每份录音在访谈结束两日内完成誊写工作。在录音誊写过程中，对于不清楚的问题通过致电被访者得到及时的补充与准确理解，明确被访者真实意图，确保整个访谈内容的完整性与准确性。深度访谈的半结构化大纲主要分为主管访谈与员工访谈，访谈的共同点是探讨与验证本书提出的问题与框架，不同之处在于主管访谈需要对企业员工的报告现状进行评判，具体访谈大纲详见附录。

其次，本书针对访谈获得的大量文字数据进行质化分析。根据研究实现探索假定的理论模型，将基本数据的结构分为企业伦理环境与报告行为两类，探索伦理环境对员工心理与行为的影响以及影响员工报告行为的主要原因。研究主要采用质化的研究方法进行编码并对所有的采访文本建立选择性编码、主轴编码以及开放式三级编码系统。

最后，针对研究获取质性资料的分析结果进行分析与报告，以此检验该案例企业的事实是否与研究理论假设相匹配，如果不符合修改假设模型或重新定义解释现象，运用少数案例进行分析后，使研究构建的假设模型得到有力的解释并逐渐稳定。

二 问卷发放

员工问卷在质化研究之后在样本企业分别进行发放，问卷总体内容主要包括企业伦理、心理安全、道德推托、报告行为四个部分，其中企业伦理包括企业外部伦理、企业内部伦理与企业员工伦理三个维度；员工报告行为包括员工外部报告与员工内部报告两个维度。由于报告行为研究的局限性，本书采取自我报告的方式进行评价并运用质化研究结果加以控制，所以问卷调查均来自员工有可能会引起同源偏差的问题。为了避免同源偏差的影响，本书选取分阶段进行问卷调查的方式。分阶段进行问卷调查可以降低员工在同一时间填写问卷的倾向误差，但是对于员工进行的分阶段调研重点是要掌握好时间的间隔，时间间隔不能太短以至于员工对上一阶段填写的问题还存有深刻印象，同时时间间隔也不能太长以至于员工对上一阶段调研内容完全没有印象，所以控制好时间间隔有利于提高员工问卷的准确性。本书选取的不同阶段问卷发放的时间间隔为六周（Liang et al., 2012），一个月左右的间隔是最佳选择，使员工已经淡化了上一阶段的问卷内容但是对研究仍存有一定印象，这样有助于不受任何影响准确评判问卷的内容。

  本书根据实际研究内容的差异与需要，主要将整个问卷调研过程分为三个阶段，每一阶段间隔时间为六周。第一阶段发放的问卷主要包括企业伦理量表的内容，目的是首先让员工对企业外部、内部以及员工的伦理环境进行初步评判；第二阶段发放问卷的内容主要包括员工心理安全、道德推托这两个量表，主要是不受任何因素影响使员工能够对自身心理状态与自我认知有一个准确的评价；第三阶段发放的问卷主要包括员工报告行为量表，其中含有外部报告行为与内部报告行为两个维度，目的是提高员工自我报告评价的准确性。在第一阶段问卷调查时，首先向员工声明所有调查问卷单独发放均以代号命名并确保其保密性，每份员工填写的问卷在完成后均置于信封中保密，第二阶段与第三阶段问卷发放均以此为原则进行，最终通过员工代号进行问卷匹配。

第三节　样本与数据描述

  为了实现上述的研究目的与流程，本书选取郑州市一家大型零售类百货企业为研究样本，以便于展开质化与量化的研究方法。选取的企业为股份有限公司，是郑州市早期建立的国有企业，发展较快，目前仍等待进一步改革与转型。选取零售类企业的原因在于：一方面，由于近期食品安全问题层出不穷，零售企业与社会大众利益息息相关；另一方面，零售企业涉及的商品种类繁多，同时由于管理的烦琐，更容易诱导不道德行为的发生。但是，由于本议题涉及相关的伦理道德问题，企业高层管理人员在允许访谈与问卷数据发放的同时，明确要求希望对其企业信息与员工信息进行严格保密，因此，本书在此不便透露研究案例企业的名称，只在此简要介绍样本企业的背景情况。

样本企业属于大型零售商业企业，是1995年在郑州本土首先筹建并成立的零售事业集团，其主营业务以大卖场、便利店、物流等业态为主。样本企业的经营有别于时下郑州的日用杂货店、便利店、超市（含生鲜超市）、集贸批发市场或百货商场及仓储型商场，对社会商业的影响有引进零售新形态，丰富商业形态，并且引进先进大卖场管理经营技术，带动流通业蓬勃发展，树立了集购物、观光、餐饮、休闲、娱乐为一体的大型综合百货店的高质量形象。由于研究样本涉及零售行业，而此行业员工构成种类较多且特殊，除企业正职人员外，还包括大量的非正职人员，例如专柜厂商。虽然企业中非正职人员直接接触顾客，其报告行为也具有一定的重要性，但是本书涉及的访谈与问卷调研的对象均为在企业工作一年以上正职人员，而排除企业的非正职人员，考虑的标准与原因如下：首先，研究涉及企业伦理道德方面的敏感问题，正职员工由于在企业已经工作很长一段时间，对企业的基本状况相对比较了解，特别是访谈对象的选取均为三年以上，而非正职人员相对而言学历较低，对于研究问题的理解程度不如正职人员，因而这些长期工作的正职员工与非正职员工相比在此问题上具有明确的思想与认识；其次，非正职员工一般为厂家指派来的人员，与企业本身关系不大，且具有很强的流动性，而研究需要具有能够长期任职的研究对象，以便之后开展分阶段性问卷调研，如果调研对象离职率过高，势必造成回收数据的遗漏与不准确性；最后，由于非正职人员并不是真正隶属于企业的一分子，对于企业文化不甚了解，同时对于企业的发展也并不关心，他们更多以自身利益为重而不会出于企业发展角度考虑，所以他们的报告行为极有可能涉及自身利益同时由于工作的流动性而不惧怕任何后果，这些员工的报告行为可能与企业实际情况不符，从而影响研究结果的准确性。因此，本书更为关注企业发展的伦理报告实际现状，目的为企业的管理层面提供帮助，所以本书的对象排除非正职人员，而选用对企业了解较多、工作较为稳定的正职人员。

本书对样本企业进行质化与量化研究，按照研究设计与研究流程对案例企业进行深度访谈与问卷发放。研究在问卷调研之前对各企业中高层管理人员、人事主管与部分员工进行半结构化访谈，其中进行深度访谈的中高层主管与人事主管共15名，基层员工25名。所有访谈员工的基本数据如表7-2所示。

表7-2 半结构化访谈受访者特征分布

特征	类型	主管人数	百分比（%）	员工人数	百分比（%）
性别	男	8	53.3	11	44.0
	女	7	46.7	14	56.0
年龄	30岁以下	—	—	12	48.0
	31—40岁	5	33.3	10	40.0
	41—50岁	6	40.4	3	12.0
	51岁及以上	4	26.7	—	—
教育程度	高中及以下	—	—	2	8.0
	大专或本科	13	86.7	23	92.0
	硕士及以上	2	13.3	—	—
工作年限	5年以下	—	—	16	64.0
	5—10年	5	33.3	9	36.0
	10年以上	10	66.7	—	—
所在职位	中层主管	6	40.0	—	—
	高层主管	6	40.0	—	—
	人事主管	3	20.0	—	—

由表7-2可知，访谈的40名对象均为企业的全职员工，主管访谈中的女性比例为46.7%，员工访谈的女性比例为56.0%。主管访谈者的年龄较员工访谈者偏大，但是所有访谈对象任职期限均在3年以上，对企业整体状况有了一定的了解。访谈对象绝大部分受过高等教育，能

够更加了解访谈问题并清楚地表明观点。

在结束深度访谈之后,基于案例企业质化资料分析的基础上验证理论模型并确定研究假设。之后针对研究提出的理论假设模型进行问卷调查。为了防止同源偏差的产生,本书针对同一企业的同一员工分三个阶段进行问卷调查以完成整体数据的收集过程,每一阶段时间间隔为六周。所有问卷被访者均为企业的基层员工,他们是企业构成的主体,对企业伦理环境及其自身的心理与行为具有直接认知与知觉。在样本企业于第一阶段发放问卷共450份,经过两阶段的再次调研,对三次问卷匹配不完全、填写问题不完整、明显存在随意选择倾向等诸多问题的问卷进行筛选,得到最终三阶段问卷完全匹配的有效问卷共348份,有效回收率为77.3%。

在进行实证分析之前,本书对样本企业的背景数据进行描述性统计分析,包括基本员工的性别、年龄、教育程度等,计算其特征分布并与企业总体特征情况相互验证,各变量的平均数与标准偏差说明企业基本情况的均值与离散情况。在验证理论假设模型之前需要对样本数据进行预处理,明确研究样本的基本状况与是否合乎本书研究目的。样本问卷被访者的基本数据的描述性分析见表7-3。

表7-3 问卷调查受访者特征分布

特征	类型	人数	百分比(%)	平均数	标准偏差
性别	男	141	40.5	—	—
	女	207	59.5		
年龄	20岁以下	21	6.0	28.30	5.80
	20—30岁	183	52.6		
	31—40岁	136	39.1		
	41岁及以上	8	2.3		
教育程度	初中9年	8	2.3	14.58	1.68
	高中12年	73	21.0		
	大专15年	149	42.8		
	本科16年	118	33.9		
	研究生19年及以上	—	—		

续表

特征	类型	人数	百分比（%）	平均数	标准偏差
工作年限	1—2 年	187	53.7	3.47	3.94
	3—4 年	87	25.0		
	5—10 年	52	15.0		
	10 年以上	22	6.3		
所处职位	普通职员	273	78.4	1.28	0.59
	初级管理者	78	21.6		

如表 7-3 所示，在样本企业的 348 份有效问卷中包含 40.5% 的男性与 59.5% 的女性，零售百货企业中女性员工偏多，符合整体的企业分布。员工年龄主要集中在 20—30 岁，占总员工的 52.6%，说明了服务业员工青年化这一特点，与企业特点相符。大约 76.7% 的员工获得了大专以上的学历，这一方面与高等教育的普遍化有关，另一方面基于百货类企业的正式员工大部分为办公室普通管理职员，而不涉及企业售货员、推销员等性质员工，因而被访者学历普遍较高。工作期限 1—2 年的员工占 53.7%，所有调查员工在企业工作最少为 1 年以上，对企业整体状况有了一定的了解，确保问卷填写的准确性。

综上所述，企业访谈样本与问卷调查样本的实际分布情况，大体上均说明了样本企业的实际特征。作为服务业，零售企业为了其发展需要及行业特性需要与时俱进的思想，因而其员工偏向于青年化。女性成为零售产业发展的主导力量，零售类企业的管理较为多样化与复杂化，因而女性有可能比男性更容易胜任服务类型的工作。员工受高等教育的程度普遍较高，但是从工作年限来看，零售类企业依然存在有员工流动性较高的现状。从上述各企业特征分布情况看，与整体零售企业发展的基本状况相符，说明本书选取的样本对象较为合理。

第四节 测量

本书所有量表均采取 Likert 五级等距量表打分法加以测量，每项题目后均有五种选项，代表对该题项的认同程度。数字 1 代表对题项内容非常不同意，数字2代表对题项内容不同意，数字3代表对题项内容中立，既不同意也不反对，数字4代表对题项同意，数字5代表对题项内容非常同意。数字的大小均代表了被试者对题项说法的同意程度。在整个调研过程中，问卷以中文形式发放，由于问卷量表来源于英文文献，因此为确保中文表述的准确性，研究采用惯用的回译法（Brislin, 1986）将英文量表翻译成中文再将中文译回英文对比，同时问卷回译过程均由两位相关专业学者与一位英语专业人士共同协助完成。本书所选量表均在充分借鉴与回顾相关文献基础上选取形成，具体调查问卷见附录。

一 企业伦理

本书企业伦理的量表主要包括企业外部伦理（External Ethics）、企业内部伦理（Internal Ethics）与企业员工伦理（Employee Ethics）三个维度。为了评估企业外部伦理的概念，本书综合考虑 Victor 和 Cullen（1988）提出的关怀伦理环境量表，Treviño 等学者（1998）提出社会伦理导向量表以及 Chun 等（2013）提出企业外部伦理量表的内容。本书采用 Chun 等（2013）提出的企业外部伦理量表的内容，共采用两项题目作为本书中企业外部伦理的衡量指标。每个题目后有"非常不同意、不同意、中立、同意、非常同意"五个选项，以此用"1—5"数字代表对该题项的同意程度。量表的两项题目包括：我们的企业积极地参与社会公益活动或公益项目；我们的企业积极地帮助社会及其公众解决其存在的困难。根据样本企业的调研情况，实际测量样本企业外部伦理的信度系数（Cronbach's Alpha）为 0.70，量表 Alpha 系数大于 0.70，说明样本企业的外部伦理量表是有效可信的。

企业内部伦理的量表综合考虑 Victor 和 Cullen（1988）提出的企业规范伦理环境量表，Treviño 等学者（1998）提出企业规范与程序伦理量表以及 Chun 等（2013）提出的企业内部伦理量表的内容，总共采用四项题目作为本书中企业内部伦理的衡量指标。每个题目后有"非常不同意、不同意、中立、同意、非常同意"五个选项，以此用"1—5"数字代表对该题项的同意程度。量表的四项题目包括：公司员工行事时总是优先考虑国家法律与行业准则；公司所有员工都非常重视国家法律与行业准则；公司期望每位员工能够严格遵守国家法律与行业准则；我们企业的价值观理念是伦理准则要比经济效益更重要。根据样本企业的调研情况，实际测量的样本企业内部伦理的信度系数（Cronbach's Alpha）为 0.90，量表 Alpha 系数大于 0.70，说明样本企业的内部伦理量表是有效可信的。

企业员工伦理的量表综合考虑 Victor 和 Cullen（1988）提出的独立型伦理环境量表，Treviño 等学者（1998）提出个体伦理环境量表以及 Chun 等（2013）提出的企业员工个体伦理量表的内容，总共采用三项题目作为本书中企业员工伦理的衡量指标。每个题目后有"非常不同意、不同意、中立、同意、非常同意"五个选项，以此用"1—5"数字代表对该题项的同意程度。量表的三项题目包括：公司每位员工都能遵循自己个人的伦理道德与信念；公司每位员工实际上都是依照自己个人的道德标准行事；公司每位员工都可以自己决定何者为对、何者为错。根据样本企业的调研情况，实际测量的样本企业员工伦理的信度系数（Cronbach's Alpha）为 0.77，量表 Alpha 系数大于 0.70，说明样本企业的员工伦理量表是有效可信的。

由于企业伦理量表包括三个维度，这里对其构成的三个维度进行验证性因素分析（CFA），所得样本企业的外部伦理、内部伦理与员工伦理三个维度构成的企业伦理的一阶变量的比较适配指数可以接受（$\chi^2 = 42.31$，DF = 22，RMSEA = 0.05，CFI = 0.99，TLI = 0.98）；将外部伦理与内部伦理合并为一个维度构成两因素模型的比较适配指数较差（$\chi^2 = 148.79$，DF = 24，RMSEA = 0.12，CFI = 0.91，TLI = 0.85）；将外部伦理与员工伦理合并为一个维度构成两因素模型的比较适配指数较差（$\chi^2 = 133.70$，DF = 24，RMSEA = 0.12，CFI = 0.92，TLI = 0.87）。将内部伦理与员工伦理合并为一个维度构成两因素模型的比较适配指数较差（$\chi^2 = 308.51$，DF = 24，RMSEA = 0.19，CFI = 0.78，TLI = 0.68）。最终，将企业伦理这三个维度合并为一个因素模型的比较适配指数较差（$\chi^2 = 404.75$，DF = 25，RMSEA = 0.21，CFI = 0.71，TLI = 0.59）。由此可见，样本企业伦理量表的三个维度的资料拟合度较好。

二 心理安全

为了符合研究背景，员工心理安全量表采用 Liang 等学者（2012）

在以往文献研究基础上（Brown & Leigh，1996；May – Gilson & Harter，2004）改编的量表，该量表用于员工建言方面心理安全的评估。本书目的是评估员工是否能够做出报告行为的心理安全感，量表因此较为适用本书的研究背景。量表主要包括五项题目，每个题目后有"非常不同意、不同意、中立、同意、非常同意"五个选项，以此用"1—5"数字代表对该题项的同意程度。在量表的五项题目中，其中前四项属于正向题目，包括：我一般敢于表达关于工作的真实感受；我一般会自由地谈论自己的想法和见解；公司鼓励大家表达自己的真实想法和感受；如果我的意见与领导及其他同事不同，不会有人批评与指责我。最后一项为反向题目：我其实有点担心表达自己的真实想法会对自己不利。根据样本企业的调研情况，实际测量的企业 A 员工心理安全的信度系数（Cronbach's Alpha）为 0.91，量表 Alpha 系数大于 0.70，说明样本企业的员工心理安全量表是有效可信的。

三 道德推托

本书道德推托的量表采用 Barsky（2011）在 Bandura 等学者（1996）开发的 32 项题目道德推托量表基础上发展而来的，此量表报告包括两个维度，分别是道德辩护与道德责任转移，总体量表共包括九项题目。每个题目后面有"非常不同意、不同意、中立、同意、非常同意"五个选项，以此用"1—5"数字代表对该题项的同意程度。其中，有关道德辩护的衡量总共包括四项题目：为了让公司走出困境，适当地夸大事实是正常的；如果对公司工作有帮助，欺骗客户或顾客是可以接受的；为了保护公司而夸大事实的行为是没有问题的；如果员工是为了工作而夸大事实，则不应该指责他们说谎。有关道德责任转移的衡量包括五项题目：如果领导对员工的工作施加很大压力，那么员工无论做什么都不能说是他的错；如果员工是在领导压迫下完成任务的，那么员工无论做什么都不能说是他的错；如果员工感知是公司/领导希望他做不道德行为的，那么指责他的不道德行为是不公平的；如果整个公司都在夸大事实，那么每个员工的夸大行为都不应被指责；如果过错是由整个公司导致的，员工只是过错中微小部分，指责他是不公平的。根据样本企业的调研情况，实际测量的样本企业员工道德辩护的信度系数

(Cronbach's Alpha)为 0.83，而道德责任转移的信度系数（Cronbach's Alpha）为 0.86，量表 Alpha 系数均大于 0.70，说明样本企业的员工道德推托量表是有效可信的。

由于道德推托量表包括两个维度，这里对其构成的两个维度进行区别效度的检验，当道德推托由两维度共同构成时，所得样本企业的道德辩护与责任转移共同构成的道德推托的一阶变量的比较适配指数可以接受（$\chi^2 = 62.54$，DF = 25，RMSEA = 0.06，CFI = 0.97，TLI = 0.96）；而将道德辩护与责任转移两个维度合并为一个变量，所得的比较适配指数较差（$\chi^2 = 252.46$，DF = 26，RMSEA = 0.16，CFI = 0.84，TLI = 0.77）。由此可见，员工报告行为量表具有两个维度的资料拟合度较好。

四 员工报告行为

本书员工报告行为的量表主要包括员工外部报告与员工内部报告两个维度，这两个维度的量表均来自 Park 等学者（2005）开发的报告行为量表。在 Park 等学者（2005）构建的报告行为量表中还包括员工无作为维度，由于员工无作为的衡量与本书理论正好相反，而本书关注的重点在于员工报告行为本身，因此，本书员工报告行为的衡量只选取其中外部报告与内部报告两个维度，共包括七项题目。每个题目后有"非常不同意、不同意、中立、同意、非常同意"五个选项，以此用"1—5"数字代表对该题项的同意程度。其中，员工外部报告的衡量包括三项题目：我会通过组织外部的渠道进行报告；我会向组织外部的适当权威机构进行报告；我会向公众揭发它。员工内部报告的衡量包括四项题目：我会向我的直接领导报告；我会向组织的高层管理人员报告；我会使用企业官方报告渠道在组织内部进行揭发；我会通过内部规章制度进行揭发。根据样本企业员工外部报告的调研情况，实际测量的样本企业员工外部报告的信度系数（Cronbach's Alpha）为 0.79，内部报告的信度系数（Cronbach's Alpha）为 0.78，量表 Alpha 系数均大于 0.70，说明样本企业的员工外部报告与内部报告量表均是有效可信的。

由于员工报告行为量表包括两个维度，这里对其构成的两个维度进行区别效度的检验，当员工报告行为由两维度共同构成时，所得样本企业的员工外部报告与内部报告共同构成的员工报告行为的一阶变量的比较适配指数可以接受（χ^2 = 24.94，DF = 12，RMSEA = 0.05，CFI = 0.98，TLI = 0.97）；而将员工外部报告与内部报告两个维度合并为一个变量，所得的比较适配指数较差（χ^2 = 330.72，DF = 13，RMSEA = 0.27，CFI = 0.57，TLI = 0.30）。由此可见，员工报告行为量表具有两个维度的资料拟合度较好。

此外，为了验证员工报告评测的准确性以便与主管访谈内容作比较，对员工报告行为发生的频数做一分析，发现在348个样本中，有139个样本在任何一项报告题项中选择了同意或非常同意，而其他员工均不同程度上选择了中立、不同意及非常不同意选项。从样本数据中得出员工自评的报告率为39.9%，而在之后相应的主管访谈中发现约有近1/3收到的报告较多，而大部分主管认为员工对于不道德行为发生的沉默倾向较高，部分验证了实证资料得出的员工报告比率与主管反映的实际报告情况相符，也就是说员工基本上能够不带有选择倾向的，按照真实发生的情况填写问卷，说明研究得到的报告资料基本有效可行。

五 控制变量

本书的控制变量来源于员工的基本资料，选取对研究因变量具有影响的相关变量作为研究的控制变量。从以往文献研究来看，影响员工报告行为的个人资料主要来源于性别（Miceli & Near, 1988; Miceli et al., 1999; Near & Miceli, 1996; Sims & Keenan, 1998）、年龄（Liyanarachchi & Adler, 2011; Near & Miceli, 1996; Stansbury & Victor, 2009）以及工作年限（Keenan, 2000; Vadera et al., 2009）。因此，本书主要选取员工的性别（男=0，女=1）、年龄、教育程度以及工作年限作为样本研究的控制变量。

第五节 数据分析方法

对本书提出的假设检验分析分为两个部分，一个是质化研究分析，另一个是量化研究分析。针对质化研究分析，本书采取案例研究的方法，汇总所有管理人员的半结构化访谈内容并对所有访谈数据进行分析，利用编码的提及频数讨论企业存在的相关问题，综合个体观点抓住关键问题并形成研究逻辑。而针对量化研究分析，本书主要运用实证的分析方法对所有量化的问卷资料进行处理与分析，所采用的数据分析软件以 AMOS 20 与 SPSS 20 为主。

首先，研究需要对所有问卷数据进行描述性统计分析，以此清晰观测企业在各变量涉及的相关内容中所处的水平，将此相关数据与质化数据相结合更加明确企业现状。

其次，各变量信度与效度检验，信度主要衡量量表的可靠性程度，区别效度的检验在一定程度上可以排除各变量间的共同变异问题以及降低同源偏差带来的干扰。

再次，对各变量进行 Person 相关分析检验，初步确立各变量之间的关系，然后运用结构方程模型对研究构建的模型与假设进行检验，主要包括验证性因素分析（CFA）与假设模型检验，这一部分主要对模型提出的中介作用加以检验。

最后，利用线性回归的方法对模型涉及的道德推托的调节效应加以检验。

第八章 企业伦理影响机制研究之结果分析

第一节 质化研究结果分析

本书已在第四章第二节中详细阐述了质化研究设计,收集资料的方法与过程等相关内容,在这一节中主要对获取的文本数据进行总结,完成本书中涉及的质化研究的分析与报告。

一 有关商业伦理领域的质化研究

在涉及商业伦理方面的研究大部分倾向于量化的研究方法,而有关类似深度访谈等质化研究相对比较稀少(Brand & Slater,2003)。在20世纪90年代有关商业伦理问题的研究中,94篇相关文章大约4%的文章运用了个体访谈的方法,3%的文章运用了质化与量化相结合的方法(Randall & Gibson,1990)。之后,随着商业伦理研究的发展开始越来越强调其质化方面的研究(Bain,1995),但是大多以结构化访谈为主,缺乏一定的实用性(Randall & Gibson,1990)。因而,学术界开始呼吁更多元化有关商业伦理的研究,并普遍认为质化研究方法对伦理研究具有实质性的研究潜力,通过探讨可以发现问题与开发出更广阔的领域(Crane,1999)。因此,我们考虑认为在本书研究问题的假设构建中,质化研究方法对于了解中国企业有关伦理、员工心理以及员工道德行为具有一定的支持与贡献。在探讨企业有关此方面问题时,质化研究对我们对于企业伦理现状的了解优于量化研究。在进行大规模量化研究之前，首先通过深度访谈对中国企业伦理现状以及企业员工对于此研究问题的初始反应进行初步的了解是很有必要的。深度访谈允许被访谈人员自由表达其相关观点，目的是进一步验证研究主题，访谈后确定的研究问题使开展的量化研究更有意义，也就是说通过质化研究为即将开展的量化研究提供现实意义的理论支持。另外，在员工报告行为难以衡量的背景下，质化研究结果从部分上验证与支持了个体报告行为自评的准确性。

二 质化资料分析

1. 信度与效度

在进行质化研究中，信度与效度同样起到至关重要的作用（Liedtka，1992），有几个因素会影响质化研究结果的信度或效度。首先，依靠介绍与关系获得的被访者将降低访问一个真正随机受访者的概率，从而降低研究信度，但是通过直接的途径达到目标可以减少在选择被访者时的自我选择偏见。与所有质化研究一样，本书需要假定所有被访者均是坦诚的且叙述与看法具有准确性。不管是主管还是员工访谈，当问及道德敏感性问题或是让其感到有压力的问题时，会产生一定的社会赞许性偏差，即被访者可能不会按照自身特质或想法回答问题，认为其看法可能不被社会大众所接受（Randall & Gibson，1990）。与其他研究相比，有关伦理涉及的道德敏感性研究引起的社会赞许性偏差可能更为严重，从而影响获得访谈数据的效度。这个问题在实证研究中同样存在，因此，首先利用质化研究验证本书理论框架的合理性，在被访者有可能感知的道德压力与敏感上，选择适当的方式与言论进行沟通，使被访者做出真实的响应。

为了防止影响研究效度的潜在因素产生，通过深入访谈以获取被访者复杂的情感与体验，避免只使用量化技术而将问题简单化而产生偏差。在访谈过程中，我们同样采取一系列技术增强收集质化数据的严谨与准确性，这些方法包括最小化时间间隔事件讨论，允许被访者选择讨论事件以增加其记忆的生动性，利用探索式问题协助其挖掘长期记忆事件（Liedtka，1992）。因此，基于上述方法，在本质化研究的深入访谈中，我们鼓励被访者联系他们当前或近期所处工作环境的感受或经验；

当他们给出具体相关事件或看法后,我们需要引导其在研究关注的相关细节方面给予响应。除了在访谈过程中,使用这些技术加强访谈的信度与效度外,在数据收集过程中采取录音的形式以及严格的编码方式也会加强后期整理质化数据的信度与效度。

本书在进行质化研究过程中首先与被访者建立相互信任的关系,使其能够尽可能讨论其真实想法,通过其近期工作环境的感受与经验探索被访者对研究关注问题的见解与看法,观察被访者的反映来判断其言论的真实性。访谈结束之后,认真誊写每份被访者录音并理解被访者的真实意图,联系上下文细节将大量访谈内容以编码形式呈现。因此,通过这些方法确保访谈过程以及质化数据分析的有效性与可靠性,获取研究需要的有效信息,为理论提供支持,为之后进行的相关量化研究奠定基础。

2. 内容编码与编码程序

访谈过程中主要关注的核心问题是:①企业是否存在不道德行为;②企业员工目睹不道德行为是否会采取报告行为;③员工不报告的原因与问题;④企业如何鼓励报告行为的发生。受访者在相关问题的讨论中不需要单纯地回答"是/否",可以针对相关问题表达任何看法与见解,因此,根据实际情况我们需要判断如何对受访者的响应进行编码。例如,对于是否会报告不道德行为的问题,如果受访者言语具有报告倾向我们将此类访谈编码为"是"(绝不能容忍不道德行为发生);反之,如果受访者言语模棱两可并没有明确表达报告的态度但具有不报告倾向(如说了也没用),我们将此类访谈编码为"否"。

访谈讨论的大部分问题无法简单地用"是/否"进行编码,例如问及被访者对企业伦理的看法、报告行为的影响因素等,对于类似这样的问题,我们利用 Miles 和 Huberman(1994)使用的质化数据分析的标准实践方法进行分析,主要将所有访谈内容进行一个详细的归纳并精炼出相应的编码。在最初的类型分析中,首先,完全理解所有访谈内容,将需要了解的问题及被访者提及的各种原因进行初步汇总。之后将研究所要了解的问题与访谈内容初步提炼的内容相结合,合并反映相同思想的分类并总结出每一种分类的重点。其次,将形成的数据分类问题的语句与原因进行初步编码,目的是确保编码形成的每一种分类之间具有一致性且不存在分歧，同时不同分类之间具有独立性不存在交集。经过若干次类似的分析与推敲后，形成一个比较全面反映访谈问题的编码列表（Dutton et al.，1997）。利用此编码列表，回到40名被访者最初的访谈内容并寻找与属于不同编码的响应，检查每一种类的编码在实际访谈中被提及的次数。本书严格遵循确定数据源、收集数据、编码和数据分析这四个步骤，由于不断编码过程中会整理与分析出新的发现，所以在内容编码过程中这四个过程不断地循环往复。

3. 编码标准

本书根据编码程序提及的四个步骤进行相关内容的编码，对于员工是否具有报告行为的编码，使用"是/否"进行编码，初步衡量主管与员工分别对于员工报告行为发生的频数；基于样本企业报告发生的实际情况，对不报告行为发生原因的编码无法简单地用"是/否"进行编码，所以，研究首先提取出40名访谈者初始资料，对被访者提及的主要方面进行选择性编码，主要从被访者考虑问题的不同角度出发，访谈编码是作者与另外一位相关专业学者对于相同的文本数据同时进行编码，并对不一致的编码进行讨论与重编，保证编码的统一原则和标准程序，以便进行更详细的主轴编码与开放式编码。

通过对半结构化访谈数据不断地分析、初步编码、讨论及重编，发现被访者关注的影响原因主要集中在"社会文化""组织环境"与"个体情感"三个方面。关于"社会文化"方面的相关编码，被访者大多提及"中国几千年历史文化""上下五千年文化"以及"中国的文化"等清晰表明中国民族文化的字眼，因此，对于此方面涉及的主轴编码将其命名为"民族文化"符合被访者的初衷与意图。有关"民族文化"的开放式编码内容即为被访者涉及此方面的不同表述，在表8-2中简要举例。

关于"组织环境"方面的相关编码，有部分被访者提及"没有合理有效的渠道反映问题""制裁与制度建立不完善"等字眼清晰表明被访者关注企业政策角度，通过与另一位编码者讨论将涉及这一方面的内容命名为"企业政策"；根据部分被访者提及的"领导没有以身作则""领导让员工做这些事情"等字眼清晰地表明不报告是因为领导的指示原因，因此领导的道德行为对员工具有重要的影响性，经讨论将这一方面的原因编码为"上级的道德行为";被访者提及的"每个人都参与（不道德行为）","部门不是一个人两个人"以及"所有人都做这样的事情"等字眼表明由于大部分个体都有参与不道德行为的发生,使报告行为发生的概率降低,将这一方面原因归纳编码为"同事的道德行为";由于被访者还提及"领导不听取建议""领导不愿这种行为曝光"等字眼清晰表明有一部分原因是领导不支持造成的,根据编码标准将此类内容的主轴编码为"上级的支持程度"。有关开放式编码内容则涉及每一不同类别主轴编码内容的不同表述,在表8-2中简要举例。

关于"个体情感"方面的相关编码,有部分被访者清楚提及"怕得罪朋友""两个人工作间有阻拦""同事对你有看法"等,这些字眼表明员工不想报告很大程度上因为害怕影响日后同事关系,经讨论将这一类内容的主轴编码命名为"同事情感";被访者提及的"怕得罪领导""影响上下级关系""穿小鞋"等字眼清晰地表明个体不愿举报的原因与主管有关,害怕领导对其报告行为有看法,所以,将此类相关内容的主轴编码命名为"上级情感";由于被访者还清楚地提及"说了也没效果""没太大作用""无关紧要"等字眼,表明个体对于报告结果无任何影响与响应的担忧,经商讨将此类内容的主轴编码命名为"无力感"。同时,这三种类别内容的开放式编码是涉及主轴编码相关的访谈举例,在表8-2中举例呈现。

4. 质化资料分析结果

本书在进行质化资料分析时主要采取三个步骤:首先,对企业实际存在的伦理现状进行讨论,并将相关信息汇总;其次,以半结构化访谈形式对相关问题进行深度访谈,根据所有访谈内容总结企业不报告不道德行为的影响因素,以内容编码的形式进行汇总;最后,将访谈者对于报告的看法及相关建议进行汇总描述。

我们在访谈中发现伦理问题在样本企业实际运行中非常常见,被访谈的15名主管与25名员工都目睹过不同程度的不道德行为发生。只有大约1/3（占主管样本总数的33.3%）的主管收到员工报告的次数较多,但是大部分以匿名报告为主,主要形式为匿名向主管发送信息、通过举报箱等措施进行报告。绝大多数主管收到相应的报告较少,很大程度上他们发现员工不道德行为均为目睹而不是通过其他员工的报告。员工被问及周边同事是否做出过不道德行为时,均表明曾发现他人的不道德行为,但问及是否会通过各种途径举报时,仅 2/3 的员工(占员工样本总数的 68%)表明会选择沉默,而不会向上级或其他外界机构报告。有关报告频率数据汇总如表 8-1 所示。

表 8-1　　　　　　　　报告行为发生的频率数据

问题	主管人数	百分比(%)	员工人数	百分比(%)
主管收到不道德行为的报告频数				
经常(包括匿名)	5	33.3	—	—
偶尔(仅有几次)	9	60.0	—	—
从不	1	6.7	—	—
员工向外部报告不道德行为的频数				
选择报告	—	—	8	32.0
选择沉默	—	—	17	68.0

通过一系列相关问题的讨论,受访者给出企业存在这种遇到不道德行为选择沉默的各种原因,以及表达他们对报告产生后果的担忧。研究对于质化数据进行若干次编码排序,对于企业大部分员工不报告不道德行为的原因进行汇总,具体编码如表 8-2 所示。表 8-2 分别从社会文化、组织环境与个人情感三个大方面罗列出八种分类,以及受访者提及每个种类的次数与比例,其中选择性编码主要从原因隶属的层面角度进行分类,主轴编码主要从被访者不同言论之间提取出的核心思想,开放式编码主要涉及被访者访谈中的不同叙述。这些类别累计比例大于 100%,说明每个被访者所提及的原因多样性而不止认可一种类别。

表 8-2　　　　　　　　不报告行为发生的原因

选择性编码	主轴编码	开放式编码	频数	百分比(%)
社会文化	民族文化	中国文化奉行"沉默是金"的原则	11	27.5

续表

选择性编码	主轴编码	开放式编码	频数	百分比（%）
组织环境	企业政策	企业对不道德行为的规范与制裁	17	42.5
	上级的道德行为	领导同样做出不道德行为，不能以身作则	14	35.0
	同事的道德行为	很多同事都会做出这种不道德行为	10	25.0
	上级的支持程度	上级要求员工行为与组织或自己的意志一致	11	27.5
个体情感	同事情感	担心破坏同事关系	14	35.0
	上级情感	担心领导对自己有看法	11	27.5
	无力感	认为自己报告不会起到任何作用	9	22.5
其他	—		8	20.0

从社会文化角度方面来看，最常被提及的是有关中国历史文化对报告行为的影响，总体而言，27.5%的样本认为中国五千年文化会直接影响报告行为。这一类别的编码主要关注的重点是中国民族文化对个体思想的影响，用沉默是金、枪打出头鸟等俗语可以概括个体长期以来形成的不爱表达的性格，与研究需要探讨的报告行为具有一定的联系。此类别相关访谈示例如下：

确实不敢举报不道德行为，为什么不敢而保留我自己的想法，跟中国几千年历史文化有关，中国人奉行沉默是金，即使会反映，也不会是那么直截了当，但是他会以一种我就是你的亲信，我是一切都是为了你，我来给你反映问题，我用婉转的一个方式来给你反映以表示我的衷心。（男，44岁，主管）

中国上下五千年文化的影响，俗话说枪打出头鸟，大家都看见了为什么就你说，中国人大多都有这样的心理。（男，26岁，员工）

其实是我们整个中国的文化导致了一些企业的文化，才会使员工不敢举报，如果是在企业里面我觉得很少能把这种思想给转变过来，也不能完全怨公司有这样的环境。（女，27岁，员工）

从组织层面角度来看，最常提及的分类是有关企业政策与规定对报告行为的影响，占样本总数的42.5%。这一类别关注的重点主要在企业对于制约不道德行为与鼓励报告行为方面采取的措施是否完善，是否具有支持报告行为的组织环境。总体而言，大部分提及此类别的被访者认为组织对于各种不道德行为的制约存在法律与法律上的漏洞，当组织整体对不道德行为并没有严加管制时，这种氛围会使员工考虑到这些因素影响而不积极做出报告行为，甚至会引导更多的员工利用政策漏洞而做出不道德行为。此类别相关访谈示例如下：

我觉得首先是第一点他没有一个合理有效的渠道去把他心里看到的一个不公正反映出去，或者是说出去；其次就是说就算是有了一些渠道，让别人可以听到这样的声音，但有可能得不到一些合理的响应，就是没有得到一些他预期的那种措施，就是上面一些领导的办法，就是措施。（男，27岁，员工）

国家与企业不道德行为的制裁与报告制度的建立还是不完善，还是有漏洞，再好的制度都会有漏洞，诱导人们去抓。（男，25岁，员工）

在组织层面，有35%的被访者提及领导的不道德行为对报告行为的影响，也就是说如果领导做出不道德行为，下属员工即使看到企业其他员工做出不道德行为时，便不会向上报告。此类别相关访谈示例如下：

公司的法律法规不严，监督得不太严格。规定是规定，放在那里形同虚设，大家都不怎么遵守，有时候上面的领导也没有以身作则。（男，25岁，员工）

我们不会向上举报，因为有时是领导的意思才直接让员工做这些事情。（女，38岁，主管）

在组织层面，有25%的被访者认为如果大部分员工都在做不道德行为，他们可能也不会报告。总体而言，所谓法不责众，他们可能会逐渐接受不道德行为的发生，不想因为自己而与大部分同事发生冲突，另外如果这种行为有利可图,不可避免考虑到日后自身是否也会做出同样的行为,不报告可以为自己留一条后路。因此,如果不道德行为在大部分同事身上发生,目睹不道德行为的员工便不愿报告。此类别相关访谈示例如下:

> 企业现在有一个非常普遍的现象,就是人人都痛恨不道德行为,但是你仔细想一想,每个人都参与。比如说我痛恨腐败,但是每逢过节或者春节,我又不得不给别人送礼,我也参与了一定程度上的腐败。(男,52岁,主管)
>
> 因为一个部门不是一个人两个人,那要是看见了别人也看见了,这个情况不通过他的口,可能其他员工也会向上反映情况。(女,30岁,主管)
>
> 大家都不会举报,因为所有人都做这样的事情,基本上都是一伙的,领导也不管,有时候领导也会这样做。(女,55岁,员工)
>
> 没必要吧,大家都这样做,再一个就是如果把这个漏洞捅出去了,那以后我能钻这个漏洞的话我也没机会钻了,是不是?(男,25岁,员工)

在组织层面,还有一种情况被近1/3访谈者提及,27.5%的被访者认为组织及其领导对报告行为的处理方式与领导对下属的要求会直接影响他们的报告行为。例如,当领导接收到员工报告时,考虑的首先是员工的报告是否属实,当然不排除虚假报告的发生,但是大部分报告者会因为领导的此种做法而不再做出报告行为。此外,员工被要求严格服从组织与上级的各项决定,从而缺乏相应的道德意识与判断,从而也不愿做出报告行为。此类别相关访谈示例如下:

> 相对来讲,会为举报者保密,害怕被举报者报复,有些领导用的人可能是自己的亲戚,怎么说都是自己信任的人,得看领导与下属之间是怎么样一个特定。(女,30岁,主管)
>
> 比如说我们部门,如果问题可多或者说是对这个公司不利了,到时候上面领导说部门主管没有工作能力,或者说领导不利,部门主管还为

了保他的自己的位置，自保，在他这个部门都把下面的不道德行为给压住了，他不敢往上反映，他往上反映了，他自己这个位置都保不住了，所以还存在这个情况，有事儿了他都压住了，他想办法摆平，不让上面领导知道真实情况，有这种情况。（女，43 岁，员工）

很多领导对员工的态度是我不听取你的建议，就是一种你必须听我的话，不允许你说，就是这样一种文化，我觉得现在中国大陆的员工基本上已经适应了这种，我们企业是这样，大陆很多企业都是这样。（男，26 岁，员工）

首先你在企业里要生存下去，必须得服从领导，各种说话言谈举止这方面就会各种提示你要服从领导，要替领导办事。（男，25 岁，员工）

从个体层面来看，主要总结出员工与同事的情感、与上级的情感以及无力感三个方面对报告行为的影响，这一层面提取的编码种类主要是从员工心理角度分析对行为的影响。首先，提及最多的是害怕报告行为损害自身与同事之间的关系，大约 35% 的被访者认为怕日后同事获悉自己的报告行为后，同事关系紧张，甚至发生冲突。此类别相关访谈示例如下：

这就应该跟中国这个人际交往的文化有关系，就是人与人之间，朋友之间相处的那个习惯，一方面怕得罪朋友也不好，如果举报两个人经常见面把这个氛围弄得也不好，肯定以后两个人在工作之间也会遇到一些阻拦吧。（男，26 岁，员工）

如果在我身上我也不会举报，因为举报的话，首先，现在匿名的很少么，肯定都是实名的，然后大家都会知道你举报了，就是同事会对你有看法，主要是这一方面，怕同事关系不好。（女，25 岁，员工）

其次，有 27.5% 的被访者由于害怕报告可能会得罪领导或是让领导对自己有偏见等原因从而不做出报告行为。总体而言，提及此类的受访者表示如果领导是公正与开明的，他们可能会选择报告，但是企业大部分领导不喜欢打小报告的员工，或是对员工没有充分信任使报告后领导对员工产生看法与偏见，所以员工由于惧怕损害上下级关系而打消报告的想法。此类别相关访谈示例如下：

有很多情况是我也很想举报，但是我怕，怕得罪领导，怕领导给我"穿小鞋"，怕影响上下级关系。（女，32岁，员工）

有些领导可能就不喜欢这种打小报告的，还有可能是这个员工的他的一个上级估计做了坏事，然后也不敢怕他这个上级以后会对他做些啥，"穿小鞋"吧。（男，26岁，员工）

首先员工肯定是要自保，他不会说是我说出来之后，然后就是把我给批一顿，那他肯定不会做这个事情。（女，29岁，员工）

最后，有22.5%的被访者提及即使他们报告也不会产生任何影响，组织与领导不重视他们的报告，对不道德行为没有采取相应的措施，报告之后报告者没有得到相应的回馈，因此，员工认为他们的报告是没有任何意义与效果的。此类别相关访谈示例如下：

我觉得大部分应该是可能看到了会有一些反映，觉得这个事儿的确是不太公平，不太好，但是我觉得说了也没什么效果，有可能说对我自己也没什么好处，我干吗要说呢，我就保持沉默呗。（男，30岁，员工）

因为他说完之后这个话可能没起太大作用，他在领导面前的重量可能就是无关紧要，领导对他的信任度也不是很高，而且领导可能会有偏心的情况。（女，26岁，员工）

除上面八种提及最多的编码分类外，还有个别访谈者提及的少数情况，我们将其编入其他的分类。例如，员工害怕遭受报复或解雇，害怕被贴上负面标签等原因。

被访者根据企业现状及自身认识对如何防止企业不道德行为发生，鼓励员工报告行为的产生提出了一些自己的看法与建议。被访者的建议主要集中在两个方面，一个方面倡导企业从组织制度与行为上加强对不道德行为的控制，采取鼓励员工积极报告的措施；另一方面，从员工心理情感角度出发，培养其对企业的信任与安全感，引导报告行为的产生。

在所有被访者中，大约有47.5%的被访者提及企业需要建立利于员工报告的制度与环境，鼓励与积极引导员工对不道德行为进行报告，不同被访者提出的建议虽略有不同，但整体而言均是寄希望于组织环境的改变。具体访谈示例如下：

> 开展座谈，进行交互式培训，不是强压的一条一条，比如说第一条应该怎么做，第二条应该怎么做，第三条应该怎么做，不是这样的，而是所有员工都在一起讨论这个问题应该怎么做更合适。（女，38岁，主管）
>
> 我觉得第一个肯定是公司自己，从一些制度上面去推进一下，让员工可以能够得到一个更加公平或公证的待遇。第二个就是让自己的一些言论和想法能够有一个合理有效的渠道，能够让上级听到，让上级部门能听到下面员工的心声，但是我觉得这个只能是治标不治本的，只能说是有所缓解这个状况，最根本的肯定是说员工说的话这就扯到比较远了，它改变不了大环境（意指整个中国现在的情况），它只能改变公司的环境，但是社会的大环境决定着公司的一个环境，所以说只能让公司的环境有一定的改善，但是它不可能从根本上改变这个现象，所以说最根本的还是要从最小最基础的社会环境，最根本的一些制度教育上面，然后慢慢往上改善。（男，34岁，主管）
>
> 一方面我感觉可以用匿名的形式，另一方面就要多向员工灌输思想，这肯定跟整个公司的大氛围有关系，如果整个公司很多人也都这样做，大家都看着习以为常了，那就肯定有很多回想着算了算了，就容忍了那种，但是如果每个人都做到那种挺清廉的，感觉那就应该好一点吧，还有一个就是上级对下级，如果是他赞成这种举报行为，有很多领导对于举报认为是打小报告，如果是举报，他鼓励这种行为，可能会好一些。（女，25岁，员工）
>
> 除从制度上约束外，还需要有一些行之有效的方法让员工举报这种不道德行为，我的入职时间比较短，就从我的个人观点来看，第一个是尊重举报人，领导或是负责人要认真地听取，既然有给反馈情况，就认

真对待，我说的话有效果，进而就会产生我对这个企业有负责，这是一方面。第二个方面可以说要稍微保护一下举报人，注意一下隐私，毕竟大家都是同事，如果因为举报这个事情直接针锋相对那肯定也不好，就是说有一个裁判在那里，我跟裁判说了，要裁判自行去解决这个事情，而尽量地少把这个举报人牵扯进去。（男，27岁，员工）

同时，大约有35%的被访者提及企业应该更加关注员工的情感需要，为员工报告带来心理安全感，从而使其能够积极报告而不会为后果担忧。具体访谈示例如下：

要让员工有一个归属感，就像我们在家如果发生什么事儿都不用去担心，让员工把公司当成家，我在家里是什么样子，我到公司也可以是什么样子，培养员工这样的归属感。（女，36岁，主管）

让员工对于自己的报告行为放心，没有心理负担，即使今天他举报了，哪怕他了解的是片面的，你也不要去责怪他而要去鼓励他，比如员工举报了一个情况，最起码我去做一个了解，了解之后要给员工回馈，说我发现哪些漏洞，做了哪些改变，我们管理方面有哪些漏洞，就算报告不全面也首先对其行为进行肯定，不能是他错了就去批评他，一定要去鼓励他。（女，40岁，主管）

要多与员工沟通，我在检查工作时不只是检查工作，都会过去问问情况，比如业绩怎么样，慢慢了解情况之后他有什么话自然会跟你讲，不能是产生距离感，一定要先是拉近了关系之后，什么话都会给你讲了。（男，36岁，主管）

企业在平时要多关爱员工，给员工幸福感，员工才有可能为公司利益着想。（女，25岁，员工）

要尊重举报人，如果我举报了，希望领导或是负责人要认真听取，认真对待，证明我说的话有效果，进而我就会更愿意汇报情况，更愿意对企业负责。（男，26岁，员工）

总而言之，从上述深度访谈的资料分析中可以看出，企业员工对于报告行为影响因素的感知主要集中在社会层面、组织环境层面与个体心理层面，与本书建立的理论模型与假设的关注重点一致，初步为本书提出的理论框架提供质化资料的支持。由于中国几千年形成的历史文化较难衡量与改变，研究依旧按照第三章提出的理论模型，从组织环境与个体心理角度出发研究如何进一步促进与支持员工的报告行为。从质化数据不同层次的编码分类中发现，组织相关的政策、与道德有关的氛围以及领导作为都是影响员工报告行为的直接因素，而这些组织层面的因素又影响员工的心理，而有个体心理导致最终行为的发生。由此可见，组织的相关道德环境与政策可以直接影响员工的报告行为与个体心理，而个体心理又是产生其行为的主要原因，企业缺乏对于伦理道德环境的重视与营造，使员工在目睹不道德行为时过于担心报告所产生的后果，如果员工感知到企业环境是道德的，在其举报不道德行为会选择相信组织而不会产生心理负担。因此，本书理论模型与假设提出的企业伦理概念就包含了组织层面编码中的几个主要因素，而心理安全概念也涵盖了个体层面编码中的几个因素，所以本书提出的理论框架与基本假设可行，不需要做出更改，接下来通过量化方法对假设模型进行检验。

第二节 验证性因素分析

本书利用结构方程模型（Structural Equation Modeling，SEM）检验需要验证的理论模型与假设，因为此方法允许模型潜在结构之间多重关系的检验与预测并能够充分考虑其测量误差。在 SEM 模型中就是一般所谓的验证性因素分析（Confirmatory Factor Analysis，CFA），此技术用于检验多个变量可以构成潜在变量的程度，而结构模型又称为因果模型，主要研究潜在变量间因果关系。

本书主要采用两步骤法（Anderson & Gerbing，1988；Medsker、Williams & Holahan，1994）来检验研究的理论假设模型，在本节中首先进行第一个步骤，即对研究需要检测模型中含有的六个变量进行验证性因素分析，主要对各因素结构的模型适配度进行检验与分析，之后再对这六个变量建立的结构模型进行分析。构成研究模型的六个因素分别为企业外部伦理、企业内部伦理、企业员工伦理、员工心理安全知觉、员工外部报告行为以及员工内部报告行为。为了能够全面分析与检验研究模型数据的拟合程度，本书主要选取绝对拟合度指标 χ^2、χ^2/df 与 RMSEA 以及相对拟合度指标 CFI 与 TLI 综合评判数据的拟合程度，由于 χ^2 受样本数量以及变量数量影响较大，真实企业的数据 χ^2 往往偏大，但并不能完全说明数据拟合程度不好，还需要配合评估其他拟合度指标。由于评判资料拟合度指标众多，在以往研究中各学者所选用的指标也各不相同，因此，研究分别从绝对拟合指标与相对拟合指标这两个角度选取较为常用的指标作为研究模型的衡量标准。根据 χ^2/df 与 RMSEA 这两个绝对拟合指标来判断模型数据适配程度，χ^2/df 指标就代表了模型的拟合度，一般以卡方自由度比值 $\chi^2/df<3$ 作为模型良好的判断标准（Gefen, 2000），但是有学者认为，即使 $\chi^2/df<5$ 在一定程度上也是可以接受的（Wheaton, 1987）。RMSEA（Root Mean Square Residual）为渐进残差均方和平方根，RMSEA 值越接近 0 则认为模型的适配度越佳（Gefen, 2000; Wheaton, 1987），一般认为，如果 RMSEA < 0.05，表示模型有良好的适配性，如果 RMSEA < 0.8 则代表模型适配合理（McDonald & Ho, 2002），RMSEA 值对模型适配度的判断比 χ^2 较为稳定。两个相对拟合指数 CFI（Comparative Fit Index）为比较适配指数，TFI（Trcker – Lewis Index），又称为 NNFI（Non – normed Fit Index），表示非规准适配指数，用于比较两个对立模型之间的适配程度。CFI 值与 TFI 值大多介于 0 与 1，越接近 1 表示模型适配度越佳，这两个指标用于判别模型与实际数据是否适配的标准均为 0.90 以上。

如表 8-3 所示，代表样本企业的验证性因素分析结果，在六因素假设模型的基础上对不同变量进行聚合，并将模型最初的六个因素架构与其他聚合因素模型进行比较，判断与确定模型中存在的最优的因素个数。变数聚合所遵循的原则，一是将企业伦理变量的三个维度聚合成一个因素；二是将员工心理因素的心理安全变量分别与前因变量和后因变量合并；三是将员工报告行为的两个维度聚合成一个因素。聚合的目的是检验结构模型中存在的六个因素是否为研究资料的最优选择。由表 8-3 的结果可以看出，在样本企业的实际数据中，六个因素均存在构成的模型 1 的验证性因素分析结果表明模型的适配度良好（χ^2 = 424.40，df = 174，χ^2/df = 2.44，RMSEA = 0.06，CFI = 0.93，TLI = 0.91）。其他不同聚合变量的模型在模型 1 的基础上形成，模型 2 考虑将员工外部报告变量与内部报告变量合并形成共有五个因素的模型，与模型 1 相比在综合的适配指标评判上远没有模型 1 的数据拟合度好（$\chi^2 = 785.00$，df = 179，$\chi^2/df = 4.39$，RMSEA = 0.10，CFI = 0.82，TLI = 0.79）；模型 3 考虑将企业伦理中的外部伦理变量、内部伦理变量与员工伦理变量合并为一个因素形成共有四个因素的模型，与模型 1 相比在综合的适配指标评判上远没有模型 1 的数据拟合度好（$\chi^2 = 847.29$，df = 183，$\chi^2/df = 4.63$，RMSEA = 0.10，CFI = 0.81，TLI = 0.78）；模型 4 考虑分别将企业伦理三个维度合并为一个因素，员工报告行为两个维度合并为一个因素形成共有三个因素的模型，与模型 1 相比在综合的适配指标评判上远没有模型 1 的数据拟合度好（$\chi^2 = 1140.72$，df = 186，$\chi^2/df = 6.13$，RMSEA = 0.12，CFI = 0.72，TLI = 0.69）；模型 5 考虑将心理安全变量并入企业伦理变量，报告行为两个维度合并为一个因素形成共有两个因素的模型，与模型 1 相比在综合的适配指标评判上远没有模型 1 的数据拟合度好（$\chi^2 = 1906.51$，df = 188，$\chi^2/df = 10.14$，RMSEA = 0.16，CFI = 0.50，TLI = 0.44）；模型 6 考虑将心理安全并入员工报告行为，企业伦理三个维度合并为一个因素形成共有两个因素的模型，与模型 1 相比在综合的适配指标评判上远没有模型 1 的数据拟合度良好（$\chi^2 = 1499.42$，df = 188，$\chi^2/df = 7.98$，RMSEA = 0.14，CFI = 0.62，TLI = 0.57）。由此可见，除模型 1 外，其他各种聚合模型与样本数据的适配度较低，说明在本书所构建的假设模型中六个因素的结构模型数据适配度最佳，当聚合变量越多，构成模型因素越少，模型数据的拟合程度越低，因此，六个因素的假设模型的拟合程度最高。

表 8 - 3　　　　　　　　　　　验证性因素分析比较

CFA 模型	χ^2	df	$\Delta\chi^2$	χ^2/df	RMSEA	CFI	TLI
独立模型	3639.22	210	—	—	—	—	—
模型 1：假设 6 因素模型	424.40	174	—	2.44	0.06	0.93	0.91
模型 2：假设 5 因素模型（合并外部与内部报告）	785.00	179	360.60***	4.39	0.10	0.82	0.79

续表

CFA 模型	χ^2	df	$\Delta\chi^2$	χ^2/df	RMSEA	CFI	TLI
模型3：假设4因素模型（合并企业伦理各维度）	847.29	183	422.89***	4.63	0.10	0.81	0.78
模型4：假设3因素模型（分别合并企业伦理与报告）	1140.72	186	716.32***	6.13	0.12	0.72	0.69
模型5：假设2因素模型（合并企业伦理与心理安全）	1906.51	188	1482.11***	10.14	0.16	0.50	0.44
模型6：假设2因素模型（合并心理安全与报告行为）	1499.42	188	1057.02***	7.98	0.14	0.62	0.57

第三节　描述性统计与相关性分析

本书采用 Pearson 相关分析对数据进行预处理，目的是初步观测各变量之间的相关关系，而相关性分析并不具有方向性，只代表两两变量之间的相关关系的强弱。样本企业中各变量的描述性统计与相关性分析详见表8-4。

为了验证本书模型中各个变量的相关关系是否存在，从而证明本书模型成立，需要对模型中各变量做出初步的相关性分析。表8-4显示了员工基本数据（性别、年龄、教育程度、工作年限）、企业外部伦理、企业内部伦理、企业员工个人伦理、员工心理安全感知、员工外部报告行为、员工内部报告行为之间的相关性分析结果。由样本企业的调研数据结果可知，企业外部伦理与员工心理安全感知（$r=0.26$，$p<0.01$）、员工外部报告行为（$r=0.19$，$p<0.01$）、员工内部报告行为（$r=0.28$，$p<0.01$）分别呈显著正相关关系；企业内部伦理与员工心理安全感知（$r=0.16$，$p<0.01$）、员工外部报告行为（$r=0.12$，$p<0.05$）、员工内部报告行为（$r=0.14$，$p<0.01$）分别呈显著正相关关系；企业员工伦理与员工心理安全感知（$r=0.29$，$p<0.01$）、员工外部报告行为（$r=0.12$，$p<0.05$）、员工内部报告行为（$r=0.13$，$p<0.05$）分别呈显著正相关关系。此外，员工心理安全感知与员工外部

第八章 企业伦理影响机制研究之结果分析 | 151

表8-4 描述性统计与相关性分析

变量	Mean	SD	1	2	3	4	5	6	7	8	9	10
1. 性别	0.50	0.49	—									
2. 年龄	28.50	5.81	-0.05	—								
3. 教育程度	14.58	1.68	-0.05	0.05	—							
4. 工作年限	3.48	3.94	-0.14*	0.65**	0.12*	—						
5. 企业外部伦理	2.13	0.61	0.01	-0.13*	-0.04	-0.05	(0.70)					
6. 企业内部伦理	4.01	0.74	-0.02	0.11*	-0.05**	0.07	0.15**	(0.90)				
7. 企业员工个人伦理	3.05	0.84	0.03	-0.07	-0.08	-0.02	0.21**	0.17**	(0.77)			
8. 员工心理安全感知	2.83	0.92	0.02	-0.20**	-0.04	-0.05*	0.26**	0.16*	0.29**	(0.91)		
9. 员工外部报告行为	3.00	0.63	-0.01	-0.04	-0.03	-0.04	0.19**	0.12*	0.12*	0.17**	(0.79)	
10. 员工内部报告行为	2.97	0.64	-0.00	0.05	-0.05	0.17*	0.28**	0.14**	0.13**	0.22**	0.18**	(0.78)

注：N=348，括号内为各量表信度系数；男性=0，女性=1；*表示 $p<0.05$，**表示 $p<0.01$。

报告行为（r=0.17，p<0.01）、内部报告行为（r=0.22，p<0.01）分别呈显著正相关关系。

第四节 结构方程模型

在进行完模型验证性因素分析之后，在不改变测量模型的前提下，本节主要对研究构建的结构模型进行检验并评价其拟合度。本节中主要进行假设模型检验的第二步，利用替代模型比较的方法评估研究构建的结构模型（Anderson & Gerbing, 1988; Medsker et al., 1994）。结构方程模型（SEM）主要用于检验假设模型，其优势在于它对整个假设模型中的各变量提供了一个同步的测试系统，并能够评估假设理论模型与实际数据的一致程度（Byrne, 2001）。本书将通过构建结构方程模型对企业伦理环境与心理安全、员工报告行为之间的关系以及心理安全的中介效应的假设进行检验。

本节主要通过一系列嵌套模型的比较验证假设模型是否成立，验证结果如表8-5所示。模型1是本书提出的结构方程模型，基本路径描述如图8-1所示，代表了心理安全分别在企业外部伦理、企业内部伦理、企业员工伦理与员工外部报告行为和员工内部报告行为之间起到完全中介作用，不具有企业伦理三个维度分别到员工外部报告行为或内部报告行为的直接效应。如表8-5所示，假设模型1的所有指标具有良好的拟合度（χ^2 = 445.71, df = 181, χ^2/df = 2.46, RMSEA = 0.06, CFI = 0.93, TLI = 0.91）。为了验证本书提出的假设模型在理论上的可能性与最优性，需要通过提出与假设模型相似的比较模型来更全面地解释目前实际样本数据，本书提出的六个相关嵌套模型的比较结果见表8-5。在模型2中，主要考虑企业伦理三个维度对员工外部报告行为的直接效应，增加企业外部伦理到员工外部报告行为、内部伦理到员工外部报告行为、员工伦理到员工外部报告行为三条直接路径，模型2与数据拟合程度良好（χ^2 = 438.24, df = 178, χ^2/df = 2.46, RMSEA = 0.07, CFI = 0.92, TLI = 0.91）；在模型3中，主要考虑企业伦理三个维度对员工内部报告行为的直接效应，增加企业外部伦理到员工内部报告行为、内部伦理到员工内部报告行为、员工伦理到员工内部报告行为三条直接路径，模型3与数据拟合程度良好（$\chi^2 = 448.18$，df = 178，$\chi^2/df = 2.52$，RMSEA = 0.07，CFI = 0.92，TLI = 0.91）；在模型4中，主要考虑企业外部伦理对员工报告行为两个维度的直接效应，增加企业外部伦理到员工外部报告行为、企业外部伦理到员工内部报告行为两条直接路径，模型4与数据拟合程度良好（$\chi^2 = 432.00$，df = 179，$\chi^2/df = 2.41$，RMSEA = 0.06，CFI = 0.93，TLI = 0.91）；在模型5中，主要考虑企业内部伦理对员工报告行为两个维度的直接效应，增加企业内部伦理到员工外部报告行为、企业内部伦理到员工内部报告行为两条直接路径，模型5与数据拟合程度良好（$\chi^2 = 449.36$，df = 179，$\chi^2/df = 2.51$，RMSEA = 0.07，CFI = 0.92，TLI = 0.91）；在模型6中，主要考虑企业员工伦理对员工报告行为两个维度的直接效应，增加企业员工伦理到员工外部报告行为、企业员工伦理到员工内部报告行为两条直接路径，模型6与数据拟合程度良好（$\chi^2 = 452.38$，df = 179，$\chi^2/df = 2.53$，RMSEA = 0.07，CFI = 0.92，TLI = 0.91）；在模型7中，主要考虑模型中所有企业伦理三个维度到员工报告行为两个维度的直接效应，增加企业外部伦理、内部伦理、员工伦理分别到员工外部报告行为与内部报告行为的共六条直接路径，模型7与数据拟合程度良好（$\chi^2 = 428.45$，df = 175，$\chi^2/df = 2.45$，RMSEA = 0.07，CFI = 0.93，TLI = 0.91）。因此，模型1是属于模型2到模型7的嵌套模型，虽然模型2到模型7的数据拟合度也均在合理的范围内（见表8-5），但是与模型1数据拟合度相比较，模型2到模型7直接路径的增加并没有对原有的假设模型带来显著的改变以及提高模型的适配程度，从而引起χ^2显著改变（$\Delta\chi^2$的显著性 $p > 0.10$）。通过假设结构模型相关嵌套模型的比较可以说明假设结构模型之外的直接路径对于解释整个研究变量关系并不是非常必要的，根据模型简化的原则（Anderson & Gerbing，1988），本书依然倾向于接受假设模型1。

表8-5　　　　　　　　假设模型与替代结构模型比较

结构模型	χ^2	df	$\Delta\chi^2$	χ^2/df	RMSEA	CFI	TLI
模型1：假设模型	445.71	181	—	2.46	0.06	0.93	0.91

续表

结构模型	χ^2	df	$\Delta\chi^2$	χ^2/df	RMSEA	CFI	TLI
模型2：伦理环境对员工外部报告行为的直接效应	438.24	178	7.47	2.46	0.07	0.92	0.91
模型3：伦理环境对员工内部报告行为的直接效应	448.18	178	2.47	2.52	0.07	0.92	0.91
模型4：外部伦理环境对员工报告行为的直接效应	432.00	179	13.71	2.41	0.06	0.93	0.91
模型5：内部伦理环境对员工报告行为的直接效应	449.36	179	3.65	2.51	0.07	0.92	0.91
模型6：员工伦理环境对员工报告行为的直接效应	452.38	179	6.67	2.53	0.07	0.92	0.91
模型7：伦理环境对员工报告行为的直接效应	428.45	175	17.26	2.45	0.07	0.93	0.91

在本书构建的理论假设模型中，假设1a、假设1b与假设1c需要验证企业伦理的三个维度分别与员工外部报告行为之间是否具有正向关系，如表8-8所示，企业外部伦理（$\beta=0.19$，$p<0.01$），企业内部伦理（$\beta=0.12$，$p<0.05$）、企业员工伦理（$\beta=0.12$，$p<0.05$）均与员工外部报告行为呈正相关关系，因此假设1a、假设1b与假设1c都成立；假设2a、假设2b与假设2c需要验证企业伦理的三个维度分别与员工内部报告行为之间是否具有正向关系，如表8-8所示，企业外部伦理（$\beta=0.28$，$p<0.01$），企业内部伦理（$\beta=0.14$，$p<0.01$）、企业员工伦理（$\beta=0.13$，$p<0.05$）均与员工内部报告行为呈正相关关系，因此假设2a、假设2b与假设2c都成立。假设3a、假设3b与假设3c需要验证企业伦理的三个维度分别与心理安全之间是否具有正向关系，如图8-1所示，在样本数据模型的实际结果中，企业伦理三个维度外部伦理（$\beta=0.27$，$p<0.01$）、内部伦理（$\beta=0.24$，$p<0.05$）、员工伦理（$\beta=0.30$，$p<0.001$）分别与心理安全呈显著正相关关系，因此假设3a、假设3b与假设3c均成立。假设4a、假设4b、假设4c需

验证心理安全分别在企业伦理三个维度与员工外部报告行为之间的中介效应，如图8-1中的企业伦理三个维度分别到心理安全的路径成立，进而通过心理安全影响员工外部报告行为，因此各个路径的标准化系数证明心理安全在企业伦理三个维度与员工外部报告行为之间分别具有中介效应，因此，假设4a、假设4b、假设4c均成立。同理，假设5a、假设5b、假设5c需验证心理安全分别在企业伦理三个维度与员工内部报告行为之间的中介效应，如图8-1中的企业伦理三个维度分别到心理安全的路径成立，进而通过心理安全影响员工内部报告行为，因此各个路径的标准化系数证明心理安全在企业伦理三个维度与员工外部报告行为之间分别具有中介效应，因此，假设5a、假设5b、假设5c均成立。

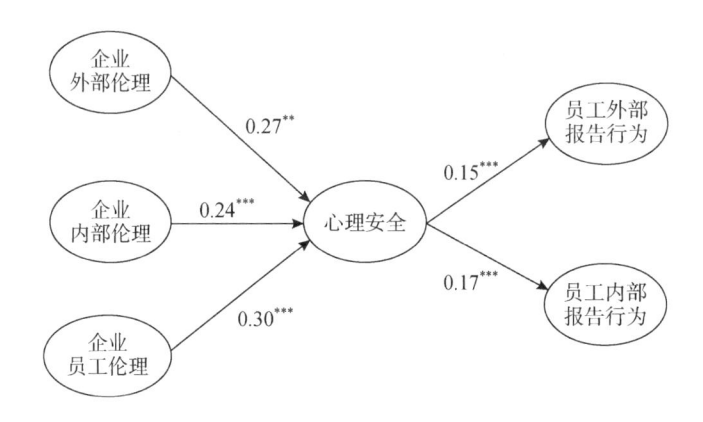

图8-1 研究理论模型分析结果

第五节 多元回归分析

本节研究利用多元回归的方法来检验道德推托两个维度分别在心理安全与报告行为之间的调节效应。多元回归是检验变量之间存在交互效应的一种比较有效的方法并允许研究者对已设定的因果关系进行检验（Cohen & Cohen，1983）。研究基于Cohen和Cohen（1983）的方法对研究假设的调节变量的效应进行验证。

表8-6主要检验道德推托变量中的道德辩护维度对员工心理安全

与报告行为之间的调节效应。假设 6a 与假设 6b 需要分别检验道德推托变量中的道德辩护维度对员工心理安全与外部报告行为以及内部报告行为之间的调节效应。如表 8-6 中多元回归分析结果所示,心理安全×道德辩解变量对员工外部报告行为的标准化系数不具有显著性(β = -0.11,p > 0.05),说明道德辩解维度在心理安全与外部报告之间的调节效应不显著,因此假设 6a 不成立;同理,心理安全×道德辩解变量对员工内部报告行为的标准化系数不具有显著性(β = -0.30,p > 0.05),说明道德辩解维度在心理安全与内部报告之间的调节效应也不具有显著性,因此假设 6b 不成立。

表 8-6　　　　道德辩解调节变量的多元回归分析结果

模型	外部报告行为			内部报告行为		
	1	2	3	1	2	3
1. 控制变量	—	—	—	—	—	—
性别	-0.02	0.02	0.02	0.02	0.02	0.03
年龄	-0.02	0.01	0.01	-0.12	-0.08	-0.08
教育程度	-0.03	-0.06	-0.06	-0.07	-0.07	-0.07
工作年限	-0.03	0.00	0.00	0.26***	0.27***	0.27***
2. 心理安全	—	0.20***	0.30	—	0.24***	0.52**
道德推托(道德辩解)	—	-0.24***	-0.23***	—	-0.00	0.01
3. 心理安全×道德辩解	—	—	-0.11	—	—	-0.30
R^2	0.00	0.08	0.08	0.04	0.10	0.11
ΔR^2		0.08***	0.00		0.06***	0.01
ΔF		14.09***	0.42		10.59***	3.18

注:N = 348;* 表示 p < 0.05、** 表示 p < 0.01、*** 表示 p < 0.001。

表 8-7 主要检验道德推托变量中的道德责任转移维度对员工心理安全与报告行为之间的调节效应。假设 7a 与假设 7b 需要分别检验道德推托变量中的道德责任转移维度对员工心理安全与外部报告行为以及内

部报告行为之间的调节效应。如表8-7中多元回归分析结果所示，心理安全×责任转移变量对员工外部报告行为的标准化系数具有显著性（β=-0.33，p<0.05），说明道德责任转移变量对心理安全与员工外部报告行为之间具有显著的调节作用。简单的斜坡测试（见图8-2）更进一步的验证道德责任转移的调节效应，当员工道德推托中将责任转移的意识越强时，心理安全对员工外部报告行为的正向影响也就随之减弱。因此，假设7a成立；同理，如表8-7所示，心理安全×道德责任转移变量对员工内部报告行为的标准化系数具有显著性（β=-0.52，p<0.01），说明道德责任转移变量对心理安全与员工内部报告行为之间具有显著的调节作用。简单的斜坡测试（见图8-3）更进一步地验证道德推托的调节效应，即当员工道德推托中责任转移意识越强时，心理安全对员工内部报告行为的正向影响也随之减弱。因此，假设7b成立。

表8-7　　　　责任转移调节变量的多元回归分析结果

模型	外部报告行为			内部报告行为		
	1	2	3	1	2	3
1. 控制变量	—	—	—	—	—	—
性别	-0.02	0.01	0.02	0.02	0.03	0.04
年龄	-0.02	-0.01	0.01	-0.12	-0.08	-0.06
教育程度	-0.03	-0.04	-0.04	-0.07	-0.07	-0.07
工作年限	-0.03	0.02	0.010	0.26***	0.28***	0.26***
2. 心理安全	—	0.19***	0.50**	—	0.25***	0.73***
道德推托（责任转移）	—	-0.24***	-0.23***	—	-0.04	-0.04
3. 心理安全×责任转移	—	—	-0.33*	—	—	-0.52**
R^2	0.00	0.08	0.10	0.04	0.10	0.13
ΔR^2	—	0.08***	0.02*	—	0.06***	0.03**
ΔF	—	14.65***	4.66*	—	10.94***	11.89**

注：N=348；*表示p<0.05、**表示p<0.01、***表示p<0.001。

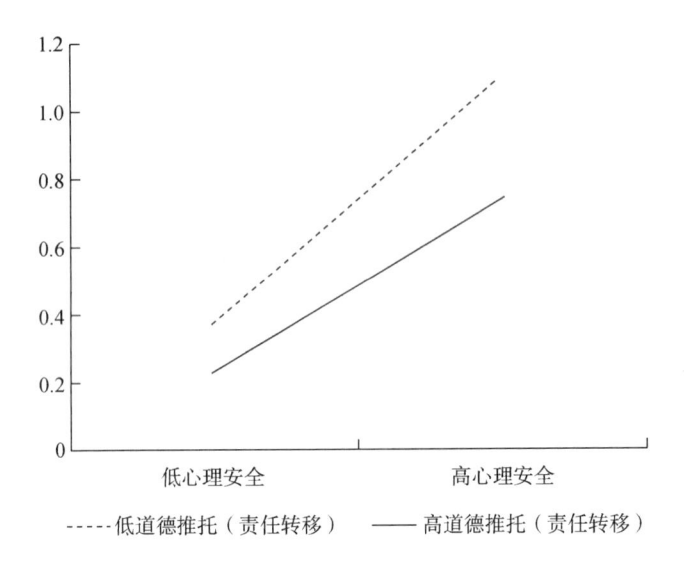

图 8-2 责任转移对心理安全与员工外部报告关系的调节效应

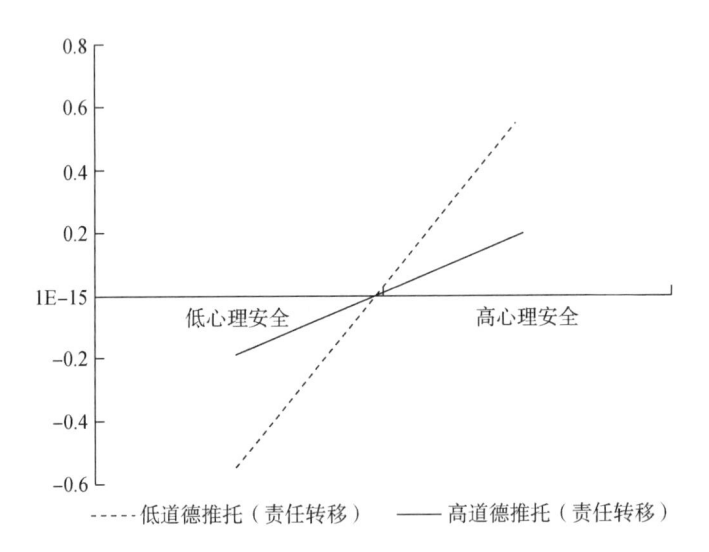

图 8-3 责任转移对心理安全与员工内部报告关系的调节效应

第六节 假设结论验证总结

基于上述量化研究分析结果，本书涉及的假设检验汇总如表 8-8 所示。其中假设 1a—假设 1c 需要验证的企业伦理各维度分别与外部报告行为之间的正向关系均获得支持；假设 2a—假设 2c 需要验证的企业伦理各维度分别与内部报告行为之间的正向关系均获得支持；假设 3a—假设 3c 需要验证的企业伦理各维度分别与心理安全之间的正向关系均获得支持；假设 4a—假设 4c 需要验证的心理安全在企业伦理各维度与外部报告行为之间的中介效应均获得支持；假设 5a—假设 5c 需要验证的心理安全在企业伦理各维度与内部报告行为之间的中介效应均获得支持；假设 6a—假设 6b 需要验证的道德推托中的道德辩解维度在心理安全与外部及内部报告行为之间的调节效应均没有获得支持，假设不成立；假设 7a—假设 7b 需要验证的道德推托中责任转移维度在心理安全与外部及内部报告行为之间的调节效应均获得支持。

表 8-8　　　　　　　　假设检验结果分析

假设关系	标准化系数	检验结果
假设 1a：外部伦理→外部报告	0.19**	支持
假设 1b：内部伦理→外部报告	0.12*	支持
假设 1c：员工伦理→外部报告	0.12*	支持
假设 2a：外部伦理→内部报告	0.28**	支持
假设 2b：内部伦理→内部报告	0.14**	支持
假设 2c：员工伦理→内部报告	0.13*	支持
假设 3a：外部伦理→心理安全	0.27**	支持
假设 3b：内部伦理→心理安全	0.24***	支持
假设 3c：员工伦理→心理安全	0.30***	支持
假设 4a：外部伦理→心理安全 心理安全→外部报告	0.27** 0.15***	支持
假设 4b：内部伦理→心理安全 心理安全→外部报告	0.24*** 0.15***	支持

续表

假设关系	标准化系数	检验结果
假设4c：员工伦理→心理安全 　　　　心理安全→外部报告	0.30*** 0.15***	支持
假设5a：外部伦理→心理安全 　　　　心理安全→内部报告	0.27** 0.17***	支持
假设5b：内部伦理→心理安全 　　　　心理安全→内部报告	0.24*** 0.17***	支持
假设5c：员工伦理→心理安全 　　　　心理安全→内部报告	0.30*** 0.17***	支持
假设6a：心理安全×道德辩解→外部报告	-0.11	不支持
假设6b：心理安全×道德辩解→内部报告	-0.30	不支持
假设7a：心理安全×责任转移→外部报告	-0.33*	支持
假设7b：心理安全×责任转移→内部报告	-0.52**	支持

注：* 表示 $p<0.05$，** 表示 $p<0.01$，*** 表示 $p<0.001$。

第九章 企业伦理影响机制研究之研究结论

第一节 研究结论

一 企业伦理对员工报告行为的直接效应

本书验证了员工感知到的企业伦理对其报告行为的积极效应。之前已经有学者开始关注员工感知到的企业伦理环境对道德或不道德行为的影响（Stead et al., 1990；Treviño, 1986），由于对企业伦理概念关注的重点及划分的维度不同，获得结果也并不完全相同，但是所有研究均表明企业伦理水平对员工道德或不道德行为具有影响，而本书提出的员工报告行为的概念即是员工看到不道德行为能够积极地向组织内部或外部进行举报，属于道德行为的范畴，而研究结果证实的企业伦理对报告行为的积极效应也与以往研究结果相符。

首先，企业外部伦理水平对员工报告行为具有积极的正向影响与促进作用。当企业积极地做出有利于社会与公众利益的行为而更具有社会责任时，员工感知到的企业外部伦理水平很高，他们认为企业的行为是道德与公益的，而作为公众的一员，员工也会感受到企业的仁慈与关怀，从而影响企业员工从社会及企业角度考虑问题。所以，当员工在工作中目睹他人的不道德行为时，首先考虑到企业利益与社会利益，他们会将其目睹的不道德行为揭发出来，希望不道德行为受到制止而避免其影响扩散而给企业带来更大的损失。至于员工会选择何种报告形式，如果企业外部伦理水平高，员工可能会考虑与权衡报告的利弊，而外部报告会影响组织的声誉而给组织与社会带来的成本（Miceli & Near, 1985），所以员工首先会在内部进行反映，如果在内部报告后并没有获得实际效果他们依然会选择外部报告的行为，因为企业伦理感知给其带来正义感会促使其做出道德行为。因此，研究结果认为如果企业具有一定的企业社会责任意识并积极做出对社会与公众有利的行为，员工能够充分感受到企业承担的社会责任以及对社会与个体的仁爱态度，为了维护企业树立的形象，员工不会盲目选择向公众揭发企业的不道德行为而引起不利于组织的后果，可能会选择相信组织而先进行内部举报，但是如果内部报告没有起到任何效果，员工考虑到企业的长远利益以及公众利益仍然会进行外部报告。

其次，企业内部伦理水平对员工报告行为具有积极的正向影响与促进作用。如果企业已经建立清晰与完整的规范制度并且各个层级都能够规范，员工感知到的组织成员遵循企业法律与规范的程度就会很高，从而潜移默化地会按照标准规范自身行为。员工会严格按照法律规则与企业规章办事而首先避免自身做出不道德行为，一旦目睹他人违反规定做出不道德行为时，会觉得自己更有责任而应该维护与坚持企业规范，由于企业清晰的规范与伦理环境的支持，他们不会惧怕报告产生的后果而更有可能做出报告行为，不会与不道德行为者同流合污（Jubb, 1999）。因此，研究结果表明，如果企业对于规范以及执行具有清晰的界定，员工很有可能产生报告行为，他们会选择外部或内部等渠道维护企业法律与规范；反之亦然，如果企业内部伦理水平低，由于难以确定企业或是个体的责任与行为标准，也会因为组织与个人标准的不同产生认识的不同，报告行为很难真正发生。一旦企业遵循法律与社会普遍认可的规范与行业准则时，责任可以被清晰地界定，在这种情况下报告行为发生的可能性最大（Miceli et al., 1999）。当企业处于一个具有高水平的内部伦理环境时，员工能够严格地遵守法律与企业规范，一旦发生有悖于基本规则的行为，员工报告的机会也就越大。

最后，企业员工伦理水平对员工报告行为具有积极的正向影响与促进作用。如果企业鼓励员工行为自我道德意识并按照自身标准行事时，员工更愿意去认知与识别组织的伦理价值观，从本质上更有动力去遵循组织的一系列规章制度（Tyler & Blader，2005）。个体行为发生的初衷与本质一般倾向做出道德行为（Bandura，1999）。一旦员工目睹到企业他人做出的道德行为，可能与其自身道德标准相违背，他们不会容许这种行为而出于正义感想办法制止不道德行为延续，而在自身无力制止的条件下更可能借助机构的力量而做出报告行为。因此，研究结果认为，如果组织所允许的道德独立性程度高，个体之间道德标准会存在一定差异，但是高道德标准的员工不会容忍不道德行为的发生，会不计后果地按照他们自身的道德义务，责任感知以及认为正确的准则行事，从而积极制止不道德行为发生，他们更有可能会寻求外部或内部途径进行报告，以期望不道德行为能够被有效地控制。

二 心理安全的中介效应

本书验证了模型提出的心理安全在企业伦理与员工报告行为之间的中介作用。根据态度理论中的一致性理论，个体的认知、情感与行为构成个体的态度从而影响其行为。本书提出的假设符合这一理论逻辑，首先员工个体会对企业外部伦理、内部伦理以及个体伦理获得认知，他们感知到企业是否对公众仁慈且具有社会责任的，是否具有清晰的法律与准则标准能够使员工有章可循，是否允许员工按照其自身标准行事而不限定员工道德标准，在这些对企业具有的伦理而形成的基本认知上，形成与此相应的情感，也就是说，如果个体感知到企业伦理水平高时也同样会形成较高的心理安全感，而心理安全感会引导其做出与企业伦理水平一致的道德行为，所以员工不会对不道德行为视而不见而是会积极做出相应的报告行为。

首先，企业外部伦理会使员工获得心理安全感，从而促使其面临不道德行为时做出积极的报告行为。在具有高外部伦理水平的企业中，员工能够感知到企业与社会及个体的互动，对员工的包容以及对社会及个体的重视（Whitener et al.，1998）。员工在感知到的这些因素有利于员工在进行道德决策时对企业产生更多的信任（Gao et al.，2005），倾向于选择做出道德的行为，在目睹他人的不道德行为时而更具有正义感。员工出于对企业信任，而在心理情感上获得安全感，而会勇于表达出自己的看法且不害怕其报告行为会受到威胁或处罚。因此，研究结果表明，当企业员工意识到自己所处的环境是企业愿意为社会及员工付出并充分考虑其他各方利益时，个体产生较强的心理安全感，也会为企业考虑而没有后顾之忧地积极做出报告行为，他们可能会首先选择做出内部报告行为，希望与内部领导沟通并使不道德行为得到处理，但是如果内部报告无效，他们也会选择外部报告的方式，总之不会放任不道德行为的滋生，而尽量想办法制止。

其次，企业内部伦理会使员工获得心理安全感，从而促使其面临不道德行为时做出积极的报告行为。当组织内部严格依照法律行事，对道德行为具有清晰的约束能力与标准时，企业组织政策与程序的这一环境特点很大可能会影响员工面临道德困境时的心理与行为（Victor & Cullen，1988）。一般情况下，一旦员工违反企业相关规定将会受到惩罚，但是与道德相关的程序所产生出来的结果可能与其他程序产生的结果不同，这就会造成员工的态度与行为发生改变。当企业内部控制较强时，对员工行为规范有更清晰的认定，员工在制止不道德行为时因具有政策与规范支持而会更具有心理安全感，不惧怕报告带来的后果而选择揭发不道德行为（Van Dyne et al.，1994）。因此，研究结果表明当员工感知到的企业规范标准是道德而正直的，个体在进行伦理决策时会依据规范具有道德倾向，根据一致性理论，由于自我倾向与环境的一致性会使员工更具有心理安全感，从而为与其道德意识保持一致，也更易做出道德的行为，因此在目睹不道德行为发生时会倾向于做出报告行为以制止不道德行为发生。

最后，企业员工伦理也会使员工获得心理安全感，从而促使其面临不道德行为时做出积极的报告行为。当企业员工伦理水平高时，组织更支持员工按照自身的道德标准行事，允许个体差异的存在并支持个体的道德决策过程。从本质上讲，组织个体将遵循个人道德与信仰来识别道德问题并做出伦理决策，并不会强制要求个体按照组织或上级的标准原则行事。由于企业对员工个体自我伦理决策的充分支持，员工减少了对行为结果产生的不必要担心，工作时会更具有心理安全感。根据道德认知发展理论与一致性理论，个体可以按照自身发展水平做出相应的道德决策，而在处理问题考虑道德因素时也倾向于做出道德的选择。因此，研究结果表明当企业员工个体伦理水平越高，员工感知到企业对其道德独立性支持程度也就越高,员工在道德决策时由于不担心其他因素影响而拥有的心理安全感越强,所以更倾向于做出道德行为,制止不道德行为,从而更愿意进行报告行为。

三 道德推托的调节效应

根据"破窗效应"理论,当某一个体做出不道德行为时,很容易引起他人效仿而使更多人也同样做出不道德行为。在中国企业中,大多数员工看到不道德行为而不报告的原因也可以由此理论解释,个体会认为看到不道德行为的不止我自己,别人都不举报,自己又何必多此一举报告,这种行为实际上直接容忍了不道德行为,使个体在道德层面上为自己的这种不报告行为进行开脱。由于员工具有了道德推托的意识,即使企业为其创造了有利于报告的心理环境与组织环境,员工可能也会因为自身部分道德推托意识的作用而影响其最终的报告行为。本书研究结果证明了部分道德推托的作用将影响员工心理安全与报告行为之间的关系。

根据 Barsky(2011)对道德推托的维度进行划分,本书分别从道德辩解与责任转移两个维度验证不同心理的道德推托对心理安全与报告行为的调节效应。有趣的是,研究结果并没有证明道德辩解对心理安全与报告行为之间的调节作用。也就是说在实际的企业发展中,如果企业员工具有一定程度的道德性,而感知到的企业伦理使其心理安全感增高,根据道德认知发展理论,他们对于道德行为的界定与判断标准并不会轻易发生改变,而道德辩解则是逐渐转化个体的道德认知而使其认为不道德行为即为合理化。所以在员工心理安全感知与报告行为的关系中,道德辩解并没有起到调节效应,因为研究模型关注的逻辑发展过程中,一般情况下,员工不会通过改变自己道德价值观的思想方法来推托自己认定的道德责任。因此,研究结果表明,道德辩解不具有对心理安全与报告行为关系的调节作用具有一定合理性。

但是,有关道德推托的另一维度道德责任转移对心理安全与员工报告行为的调节效应在研究结果中得到验证。当员工对组织信任而具有心理安全感知时,会积极表达自己的看法而不会担心后果,因而会更积极对不道德行为做出报告行为。但是,在心理向行为转化这一过程中,如果其所处的环境部分员工选择沉默的方式,而不报告不道德行为时,可能会影响其他员工也不做出报告行为。目睹到不道德行为的员工本意上愿意且认为自己有责任举报,但是其他员工的沉默行为会使潜在报告者思想与决定发生改变,他们会将报告的道德责任转移到组织与他人身上,即自己不做出报告行为过错在于组织环境与他人行为而与自己无关,这时,即使员工在具有报告的完善心理与组织条件的情况下,他们也更有可能选择沉默而不积极地做出任何形式的报告行为。所以,本书研究结果表明了道德责任转移对心理安全与员工报告行为之间的调节效应具有合理性。

第二节 研究创新

本书通过探讨与构建企业伦理、员工心理因素与员工报告行为之间的关系模型,综合以往研究成果,本书的理论创新之处主要体现在以下几个方面:

首先,国外有关商业伦理中企业伦理的研究一直处于发展探索过程中,大部分关于企业伦理环境的研究蓝本来源于 Victor 和 Cullen (1987,1988),虽然在企业伦理概念上取得一致的认同,但是对于名称的确定以及类型的划分并没有取得一致的结论。许多学者均沿用 Victor 和 Cullen (1987,1988) 的研究将企业的伦理环境划分为九种或五种或六种,当然也有学者出发角度不同,将企业伦理环境分为四种或两种。本书在 Victor 和 Cullen (1987,1988) 理论发展的基础上,借鉴与结合 Kaptein 和 Van Dalen (2000) 以及 Chun 等学者 (2013) 对企业伦理的研究与定义,将以往偏向理论化的企业伦理概念与偏向实证化的伦理环境的概念相结合,进行实证研究,用量化的伦理环境正好可以解释研究存在的企业伦理概念,分别从社会、组织与个人考虑伦理概念的划分,更加清晰地认识到影响员工心理及行为的伦理类型。

其次,本书通过回顾大量的研究文献发现,有关员工报告的研究一直以来都存在研究方法上的"瓶颈",即如果让上级领导评判员工的报告行为,像匿名举报,外部举报以及是否目睹了不道德行为但是却选择无作为的行为上级领导可能并不知晓,员工有时也会因为各种员工不会亲自而实名地向领导举报;但是如果让员工自我评价自身报告行为,可能个体会倾向于好的方向,而实际上有可能不会做出这种报告行为,但是也有研究指出员工的报告意图通常能够真实地反映其报告行为。所以本书在研究方法上采用质化与量化相结合的研究方法,在员工自我评价的同时,对其主管及高级管理层进行访谈以核实员工报告水平与企业所获悉的报告数量是否相一致,提高员工自评的准确性,对报告评测结果起到了部分支持作用。

再次,虽然已有很多研究开始关注企业伦理环境与组织员工道德/不道德行为（e.g. Aquino,1998；Martin & Cullen,2006；Peterson,2002a；Peterson,2002b；Vardi,2001；Wimbush et al.,1997b）以及员工心理与态度（Ambrose et al.,2008；Martin & Cullen,2006；Ruppel & Harrington,2000）之间的关系,也有很多研究开始关注影响员工报告行为的个体心理因素（e.g. Miceli & Near,2005；Stansbury & Victor,2009）以及组织环境因素（e.g. Greenberger et al.,1987；Rothwell & Baldwin,2006）。但是,在这些直接关系中并没有形成一个促使行为发生的有效的作用机制,而本书重点关注企业伦理环境促使报告行为发生的心理作用机制,在以往理论研究基础上选取暂时缺少学者的关注心理安全变量,不仅构建了与个体伦理道德决策过程与态度理论相一致的模型,而且从中介角度考虑到企业伦理对员工心理及行为产生的影响,因此,本书模型的构想在理论与实践上均具有一定的研究价值。

最后,结合中国社会现存广泛的道德推托现象,本书构建整体模型的同时还考虑个体的道德推托对可能形成的心理安全与行为之间的积极关系所产生的影响。可能员工所具有的道德意识与道德倾向都是积极方向的,但是由于企业或社会大环境的影响,导致其道德推托心理的出现而影响其对道德的判断。因此,本书提出的将道德推托作为员工心理因素与报告行为之间的调节变量在目前相关研究领域暂时还存在空白。

除上述几点理论创新外,在实践角度上,基于中国经济发展的现实背景,由于近些年国家与企业为了实现经济的迅速增长,大部分企业缺乏对商业伦理的关注而过多地关注其本身的经济利益,本书基于这一现状对企业伦理及其对员工的影响作分析可以引起企业对商业伦理的重视,同时突破企业单纯关注规章制度对员工报告行为或不道德行为的约束,而充分考虑企业伦理与员工心理因素的影响,使企业明确员工伦理行为发生的实质,为企业进一步控制内部不道德行为与进行伦理建设提供方向。因此,本书提出的机制模型在理论上弥补了现存研究存在的空白,在实践上为企业未来长远伦理发展指明方向,因而在理论与实践上均具有一定程度的研究价值与创新。

第三节 研究贡献

本书的目的是评估企业伦理对员工报告行为的影响,通过心理安全的中介变量,探求企业在有关伦理问题方面员工认知、情感与行为的一致性,引入道德推托的调节变量,探讨对心理至行为道德演变关系的调节效应。基于研究发现总结,首先,企业伦理所包含的三个不同维度都对员工报告行为具有正向影响,也就是说如果企业积极对公众有益的行为,加强内部伦理的建设,同时给予员工更广阔的道德空间,容许他们按照自身道德标准行事,当员工目睹到对企业不利的不道德行为时,员工更倾向于进行报告并期望制止不道德行为的发生;其次,当企业做好外部伦理、内部伦理以及员工理论三方面建设时,员工感知到其所处的伦理环境是道德的,有益于公众、企业以及员工个人的,他们在不同程度上会获得一定的心理安全感;再次,由企业伦理建设带来的员工心理安全感会更有效地引导员工致力于维护这种伦理氛围,而致力于制止与防止不道德行为的产生,这种安全感使其不会惧怕行为所带来的后果,因而使员工更倾向于做出报告行为;最后,员工的道德推托感可能对其最终报告行为的产生具有调节作用。由此可见,企业积极营造良好的伦理环境是非常重要的,有利于员工产生积极的心理情绪并做出积极的行为,同时,企业更有效地监控组织中存在的不道德行为,需要鼓励员工面对不道德行为时积极地与其主管与上级沟通与回报,就更需要为员工的心理安全与报告行为提供有力的环境保障。

一 理论贡献

与以往相关研究理论相比,本书的重点在于企业伦理对员工报告行为的作用机制研究,在理论研究上取得的进展主要体现在以下几个方面:

第九章 企业伦理影响机制研究之研究结论

第一,商业伦理的概念起源较早,但是一直以来很少成为主流期刊讨论的议题,而是大量存在于有关伦理研究的期刊中,一方面,由于伦理议题的敏感性使研究工作进展相对困难,在目前研究中无论是理论和方法上都存在一些不足;另一方面,学术界对伦理问题没有足够的重视,特别是在中国,中国作为发展中国家重点关注经济建设与发展而在一定程度上忽视了道德伦理的建设,但是当经济发展到一定水平时,企业的伦理道德对企业未来发展会起到至关重要的作用。因此,本书关注企业伦理问题的研究,重点为有关中国背景下伦理问题的研究提供支持。

第二,本书在以往理论文献的基础上发掘研究的空白,大部分文献只单纯地关注企业伦理对员工心理或员工行为的直接影响而往往忽略了直接关系中存在的中介效应。本书利用个体道德认知发展理论以及态度的一致性理论,试图在员工的认知、心理情感以及行为之间构建相关的理论模型,并用员工心理安全的概念作为中介变量解释其由对伦理环境的认知最终到行为产生的心理变化过程,最终结果也表明企业伦理是通过员工心理安全感而促使员工行为产生。因此,为后续相关研究指明方向,即可以以个体态度过程研究企业层面的因素对员工行为的影响。

第三,与之前伦理研究不同之处在于本书重点关注的是员工的报告行为并构建了员工报告行为的前因变量模型,从组织环境与员工心理角度对行为产生的根本动机与影响行为的因素展开探讨。由组织因素角度出发,研究其对个体心理及行为的影响,建立影响员工报告行为的机制,形成清晰的作用机制,弥补现存研究单方面关注不同因素对员工报告行为的片面性。同时,研究还通过深度访谈与量化研究相结合,更清晰地验证了员工报告行为形成的原因。

第四,根据道德认知发展理论,引入道德推托的概念作为调节变量,证实了在形成报告行为时个体道德责任的转移会影响行为的结果。由于将道德推托变量研究融入实证研究的文献目前存在得并不是很多,本书在相关理论基础上将道德推托概念引入理论模型中,通过道德认知发展理论与"破窗效应"理论合理解释其在假设关系中的调节效应,扩充伦理相关研究关注的领域并弥补了一些现存的空白,为后续研究提供了新的研究角度。

二 管理启示

本书在提供一定理论研究价值的基础上引发对企业伦理问题的关注，因此，研究同样对企业的现实发展具有一定的实践意义，随着中国经济的快速增长，企业伦理对于企业未来的长远发展更具有现实意义。

就目前中国企业发展的现状而言，许多企业开始期望做出伦理建设的改变，却不知从何处入手，实际上很多企业已经意识到企业伦理对社会以及员工身心发展的重要性，如果说企业追求经济利益实现的是短期目标，是企业可持续发展的基础，一旦经济利益基础奠定好之后，企业势必会考虑企业未来长远发展的方向与目标。很多企业开始制定各种类型的规章制度以约束员工的不道德行为，即使企业规章再事无巨细，有些员工依然能够利用规范与管理上的漏洞做出不道德行为。由于企业管理等资源的限制，特别是比较大型的企业，员工个体的不道德行为很难被组织管理层察觉，但是却能够被大部分基层员工所察觉，这就需要企业建立整体的伦理环境与意识，采取必要的措施鼓励员工进行报告行为以便组织能够及时处理不道德行为。本书建立的模型使企业更加清楚地了解与解决企业伦理问题的实质与重点，顺应理论发展过程适宜地开展伦理建设。

事实上，社会以及很多企业提倡员工进行报告行为，但是获得的成效较低，这可能与中国的民族文化的影响有关（Park et al.，2005；Schultz et al.，1993）。企业员工是组织减少不道德行为最有效的力量（Miceli & Near，2005），如果他们能够及时地报告并有效制止这种不道德行为的发生，不道德行为所带来的伤害不会持续扩大最终导致严重的后果，企业需要从根本上探索影响员工行为的组织以及个体心理的本质因素以鼓励报告行为的产生。

对员工而言，本书提供的基本思路可以使员工认识到自身行为的认知与心理来源，从而提高自身道德价值观，积极调整认知与情绪以更平和的心态争取与组织进行有效沟通。此外，明确对企业伦理的认识可以引发其未来工作中有关伦理道德的深刻思考，提高自我的道德认知并考虑做出相应的道德行为。

第四节 研究限制与展望

一 研究限制

尽管本书整体上对有关伦理方面的研究具有一定的理论贡献,同时对企业实际发展带来实践意义,但是在研究过程中仍存在一定的限制与一些不足,值得未来研究进一步探索,总结起来主要集中在以下几个方面:

第一,由于伦理议题的敏感性,使相关研究的开展具有一定的难度。特别是对员工报告行为的衡量,为了提高量表的准确程度,避免同源偏差的产生,本书从研究方法上采用分阶段发放问卷的方法,对此误差进行一定的控制,但是,仍不排除员工答题时的自我倾向。研究也考虑是否采用员工评判的方法来评估员工的报告行为,但是发现很多员工由于惧怕后果而选择匿名的方式进行举报,就加大了主管衡量员工报告行为的难度,虽然研究通过主管访谈获取员工报告行为状况,同时与员工自评的数据相对比,在一定程度上对员工评判其报告行为的准确性起到部分支持作用,但是目前有关这一方面的研究方法还存在一些不足,有待进一步研究。

第二,本书利用结构方程建模,只能处理同一层面数据而不适用于多层数据的处理。因此,在企业伦理概念中衡量的主要是员工对于组织层面伦理行为与水平的感知,但是毕竟员工感知层面与组织层面具有一定区别,组织背景因素会对报告行为的关系模式产生影响,研究由于收集样本数据的局限性,暂时无法将组织层面的影响因素以实证方式展现出来。本书运用结构方程模型的方法虽然也具有一定的代表性,也可以说明问题,但是在以后的研究中考虑运用分层次分析研究方法比较与再次验证理论模型。

第三,本书样本数据源于零售业,虽然有理论证明企业的伦理环境并没有因所属行业不同也具有一定的差异(Forte,2004b),并且研究提出的理论模型也得到基本身份验证,但是研究的企业在整个中国中必定具有一定的局限性,因而在未来的研究中扩大样本比例以及延伸研究的行业领域对研究发展是有必要的。

最后，本书研究样本初步说明研究框架中的理论关系，为相关理论发展提供方向，但在企业伦理问题研究中还不够全面。例如，在未来研究中可以进一步探索企业伦理的前因变量，探索企业伦理对其他心理因素及个体情感的影响，更进一步探索影响员工报告行为的其他影响因素等。

二 研究展望与企业未来发展的建议

基于在研究过程中出现的一些限制与不足，本书提出的研究理论与假设可以在后续研究中继续探索、深化与完善，未来研究发展方向如下：

第一，研究理论模型的进一步拓展。本书主要研究了企业伦理对员工报告行为的影响作用，其中包括心理安全在企业伦理与报告行为之间的中介作用以及道德推托对心理安全与报告行为的调节作用，以揭示员工对企业伦理各方面的感知对报告行为的作用影响机制。在此层研究意义基础上，后续研究可以考虑对本书的理论模型进行进一步的细化与拓展研究。在模型的基础上可以从新的角度出发延伸整体模型的前因变量与结果变量，例如，企业伦理对员工报告行为具有正向影响，接下来可以进一步探讨模型中企业伦理的前因变数；而模型中报告的结果变量研究也可以更加说明报告的重要性。因此，在现有模型的整体逻辑与构建上可以做出相应的延展。

第二，进一步探索研究企业伦理的维度及影响机制。从现存的大量的企业伦理研究的文献可以看出，虽然在企业伦理定义上众学者取得了较为一致的认同，但是在维度的划分上存在很大的差异，各学者关注重点的不同对企业伦理的分类也不同。在未来研究中，可以根据中国企业的特点对企业伦理变量进行探索性研究分析，寻找适合中国国情的企业伦理角度与维度划分。

第三，进一步探索研究员工报告行为的提升机制。除本书提出的企业伦理、心理安全以及道德推托变量外，还存在其他因素对员工的报告行为产生影响。在中国国情下，促进员工积极地进行不道德行为的报告行为是一项长期且复杂的工作，受到各方面因素的影响，在本书第二章中报告行为的前因变量的章节有具体论述,因此充分利用这些组织内部资源提升员工报告行为是非常重要的。因此,在未来研究中可以寻找有利于员工报告行为提升的其他作用机制,究竟有没有与报告行为产生具有更密切影响的变量与过程,目前尚不清楚,还需在后续研究中进一步展开。

第四,从研究方法上进一步控制与改进。在之前研究限制中提到的将企业伦理作为组织层面因素进行研究可以在后续研究开展与验证,从而与现有研究做比较,综合评判两者分析的差异与利弊,使理论模型获得进一步验证。此外,涉及员工报告行为的评判,根据前文的相关分析,员工自评报告行为可能存在一定的偏向性,而采用主管评价员工报告行为的方式又无法清晰地衡量员工外部报告行为以及匿名等无法具体与员工匹配的内部报告行为,虽然本书利用深度访谈与分阶段发放问卷的方式对研究调查进行控制,但是对于研究结果只能起到部分支持的作用,因此在后续研究中有待进一步探索与发现能够清晰评判员工报告行为的研究方法。

总而言之,企业伦理问题的研究不同于其他议题而具有一定的隐蔽性与难以衡量性,但是如果企业每一位员工都对组织中不道德行为视而不见,势必会阻碍企业未来的发展并造成难以估量的损失。因此,企业必须关注其存在的伦理问题,采取有效的措施进行相关的伦理环境建设:

第一,做出积极的伦理行为,促使员工对企业伦理产生积极的认知。企业不仅要做出对公众有益的行为,承担一定的企业社会责任,还需要在内部营造伦理规范氛围,同时认同员工个体的伦理道德标准,而不强求个体道德观必须与企业一致。企业在完善自身的同时,必须能够使员工感受到其所处的伦理氛围,加强对企业伦理的认知,从而影响员工做出积极的行为。作为企业管理人员一方面应该积极关怀下属,基于互惠责任,员工更愿意为企业着想,因而面临不道德行为时会尽力制止与报告;另一方面,应该提高个人的道德质量,以身作则,领导为员工树立道德行为的典范与榜样,积极做出关心组织发展的道德行为。

第二,积极为员工创造心理安全氛围。当员工感受到其所处的企业环境是具有伦理道德时,一旦目睹不道德行为他们会采取报告行为,因为他们更相信组织，组织的伦理环境给员工带来心理安全感，他们在做道德行为时由于与企业环境一致都不会惧怕报告所产生的负面后果。企业管理人员应该积极营造鼓励员工报告，人人都可以畅所欲言的组织文化氛围来促进报告行为的发生。同时，从员工角度而言，需依照实际具体情况选择合理的报告方式与途径，以保障自身安全性。

第三，企业应拓展员工报告的有效渠道。员工伦理问题报告需要通过合理的渠道，才能实现与组织的有效沟通。当员工目睹不道德行为时，可能由于惧怕举报的实名性等原因而选择沉默，致使企业损失不断扩大，因此，合理向上反映问题的通道，可以有效避免此种情况发生。企业应具体问题具体分析，积极为员工的想法与意见提供内部展示平台，如匿名举报箱、座谈会、道德问卷以及充分利用互联网的多种形式，从不同渠道运用不同方式深入了解员工思想并鼓励员工打破沉默，分享所见所闻，营造公平与道德的企业氛围，使员工获得充分心理安全感，对组织及管理者完全信任，促使其为维护企业利益而揭发不道德行为。

第四，企业应重视员工伦理问题报告反馈机制建立。不管员工报告的伦理问题严重与否，首先要以认真的态度对待员工报告，对其行为进行肯定，不至于使报告者心灰意冷，导致隔阂或矛盾加深而诱发恶果。同时，在充分了解实际情况后，一方面及时明确向报告者回馈处理情况并做出相应处理行为，并对报告者给予相应的表扬和奖励；另一方面，充分保护报告者隐私，保障报告者安全，避免其利益受到侵害，重点是要持续跟踪报告者反映的道德问题，制止与防治相关问题的产生。

第五，鼓励员工进行内部报告，避免不道德行为的发生。员工目睹到不道德行为必须与组织进行有效的沟通，才能有效地制止与防止其再次发生。当员工向组织进行相关报告时，企业必须针对不道德行为做出积极有效的措施，并对报告员工给予认可，这样才能促使报告行为的有效发生，预防不道德行为发生，同时增强企业员工的道德正义感。

因此，企业需要积极地营造伦理氛围并更加关注员工心理层面上的需求，同时对不道德行为采取有效的制止措施并对员工报告行为采取有效的鼓励措施，才能最大限度地避免企业员工不道德行为的发生以及所带来的严重后果，为企业未来的长远发展提供有力保障。

下篇　建设篇

第十章 伦理领导力建设

第一节 合格的管理者

企业中的伦理道德主要由个体习惯构成，经由引导、教育并付诸实践的过程（Miller，2013）。在现实社会中，每个人都具有自身的道德意识，并在遇到道德问题或陷入道德困境时做出判断，同时对他人的行为做出道德指导与评判。但是，在企业伦理建设中，虽然个体的道德行为能够影响到企业，但就整体而言，企业的管理者对伦理的构建以及员工道德行为的影响极其重要，如果能够树立道德榜样，员工便会纷纷效仿，不至于有违企业管理制度而走上不道德之路。因此，企业不仅是个营利性的组织，还需要对其各方利益相关者负责，除具备基本的管理技能、管理概念外，更应该在道德建设上具有伦理意识，树立相应的道德形象，对组织道德伦理进行构建。

一 伦理领导理论

一直以来，企业均以追求股东利益最大化作为最高使命，随着企业社会责任的发展，企业与利益相关者的关系及其道德使命越发受到重视，不同企业在伦理构建上差距颇大。Brown等学者（2005）在研究中指出，企业如果要真正实现追求经济利益与承担社会责任之间的平衡，首先要具有伦理意识，树立正确的伦理道德观念，让组织中个体成员感受到企业的伦理发展方向，使企业整体伦理建设与各方利益相关者之间形成匹配关系，最终实现协同发展。在伦理建设的过程中，企业的管理与领导被赋予新的使命,因而伦理领导的相关理论在大时代发展的背景下产生,其意义在于促进企业的长远发展。最初的伦理领导的概念实质是企业管理者的一种思维方式,即企业管理者或领导者在进行决策时需要从伦理层面考虑处理方法,并给予一定的道德规范与指导。随着伦理领导相关概念的进一步发展,可以将伦理领导的思路具体分为两个方面,一方面从个体层面出发审视伦理领导;另一方面则是从组织层面的角度进行伦理方面的建设。接下来,我们分别从这两个方面进行阐述。

(一)个体层面的伦理领导

在个体层面上,企业管理者与领导者的伦理领导概念更注重于管理者自身,主要考虑管理者或领导者个人是否具备基本的伦理道德。例如,从性格而言,是否正直、诚信,同时在决策过程中,是否能够奉行公平且道德的规范。在指导下级员工工作中,其管理工作是否涉及道德的引导与激励,也就是说管理者或领导者个体不仅要首先做出伦理道德行为,树立道德榜样,还要起到引导员工做出道德行为的作用。

(二)组织层面的伦理领导

如果说个体层面的伦理领导属于微观层面,那么组织层面的伦理领导可以归属于宏观层面,管理者或领导者要从组织层面进行相应的管理领导工作。例如,企业领导不能只停留在个体行为是否道德的层面,而要树立企业正确的道德价值观以及制定伦理相关的规章制度,不仅要关心企业自身的利益,还要关心社会、员工、政府、供应商等利益相关者的利益。就组织角度而言,企业更多地要为个体员工做出道德行为创造环境及制度保障,当员工在遇到道德选择困难时,伦理领导建设的组织道德观将支持与引导员工个体做出道德决策,特别是帮助员工处理与他人产生的道德价值冲突。

从上述两个层面伦理领导概念可以看出,伦理领导的核心在于通过领导或管理方式的选择向员工传递企业鼓励并发扬的决策与行为,利用规范将行为加强,使每个员工能够积极做出道德伦理的行为。

二 道德榜样

道德榜样也可以从两个方面理解,一方面是高层管理者或领导者在企业中树立的个体道德榜样,另一方面企业在社会发展中承担相应的社会责任，也可以树立其在社会中的道德榜样。在本书的最后两章，企业伦理风险控制和企业伦理文化建设，我们也将从组织层面对领导道德建设进行详细探讨。

亚当·斯密早在《道德情操论》一书中写道："人类更愿意感受快乐而不是痛苦，因此，我们总是隐藏贫穷而炫耀财富。"财富的富足可能是获得他人或社会认可的一种途径，很多时候财富并非满足自己的需要而是用来取得他人认可。我们会不由自主地认为拥有财富的人即是成功的，或具有成就的，这种不够全面的认识会使追求成功的人走向追求财富的捷径。正是由于这种意识的主导使其行为可能违反道德，产生严重的后果，因而企业中的高层管理者或领导者不应只表现出财富拥有者的形象，而应该承担更多的道德责任以此树立道德榜样，让人们不仅仅只关注财富，而更加关注成功者背后的责任。

伦理领导理论认为以下四项责任是企业高层管理者或领导者成为道德榜样必须具备的基本责任（Windsor，2013）：

（1）企业管理人员应为其他员工树立伦理道德榜样；
（2）判断组织及个体行为的是否道德；
（3）树立正确的价值观与构建企业伦理文化；
（4）授予他人按道德规范行事的权利。

追溯道德榜样形成的原因，可以与自由的市场竞争联系起来。社会经济市场的发展满足人们各种基本需求，不仅给我们带来了物质财富，还让我们可以追求高质量的美好生活。企业存在追求利益最大化与承担社会责任之间的矛盾，实际上在个体上也体现出这样的矛盾，员工在追求自身利益与承担相应责任之间存在一定的矛盾。组织作为个体的集合，将各种资源、各种人才整合起来，通过管理与运营创造价值，并使个体在组织中获得发展。因此，个人利益、组织效益、市场效益不应该与企业伦理行为完全对立起来，而应该平衡协同发展，促进个人伦理、组织伦理以及社会伦理行为的共同发展。

目前，大多数企业已经意识到追求效益最大化只能获得短期发展，若企业追求长远价值与长期发展，势必承担社会责任，进行企业伦理的建设。在社会中树立企业的道德榜样，在企业中树立管理者的道德榜样，正确伦理价值观的引导可以维护企业的社会形象，建立道德空间，形成良好的伦理文化，获得利益相关者各方的认同才能够获得可持续的发展。

第二节　构建伦理领导力的价值

在阐述伦理领导力价值之前，必须明确两个概念，即领导与领导力，在了解领导与领导力概念之后，结合上一节描述的伦理领导理论，进一步分析与探讨伦理领导力的商业价值。

一　领导

"领"即是"率领"的意思，"导"则具有"引导"之意，故"领导"从字面意思上了解即具有率领与引导之意。不同学者也对领导给出了不同的定义，其中较具代表性的定义是管理学家孔茨等学者在1990年提出的。他们将领导定义为"一种影响力，是对人们施加影响的艺术或过程，从而使人们自愿、热心地为实现组织或群体的目标而努力"。领导是管理的基本职能之一，在名词意义上指管理者，而在动词意义上有特指领导行为。

有关领导的理论探讨，集中表现在三种主流观点上，即领导服务论、领导关系论以及领导过程论（Katzenback，2003）：

（1）领导服务论较注重领导的服务力，这种观点认为领导的本质即为服务，除做好本职的沟通、指挥、协调等基本职能外，更重要的是领导者必须意识到自己拥有的权力势必要为企业及其领导的下属服务，从而实现个体与组织的目标。

（2）领导关系论将关系视为核心内容，这一关系具体指领导者与被领导者之间的关系。领导者需要明确组织目标并引领其追随者实现这一目标，在这一领导过程中，领导者更加注重关系的维护。

（3）领导过程论关注的重点在于领导过程，领导者是否能够合理运用权力，是否具有声望，是否具有影响力，也就是说，领导者在领导其下属实现组织目标的过程中，运用的方法与手段更为重要。

总而言之，领导者在进行"领导"时一般具备如下特点（孔茨等，1990）：

（1）领导是具有社会属性的过程。领导者利用其主导与支配的地位使组织内部资源有效运营，同时实现组织与社会的利益交换。

（2）领导的威权性。领导的权力主要来源于职权以及自身影响力，领导者对下级具有带领与引导的作用，因而具有一定的权力，但是领导者并不能通过权力去强迫员工做出某种行为，而是应该通过激励、沟通、说服等方式影响其追随者。

（3）领导的决定性。领导者对于事件发展以及工作的结果具有决定性作用，领导者自身的特质以及战略决策会直接影响组织绩效与组织发展，因而领导者对于组织战略发展与有效运营至关重要。

（4）领导的群体性。领导行为的过程中除了具有领导者之外，更重要的是追随者或者说是被领导者的存在。在领导过程中，领导者与被领导者遵循基本的规章制度，合理利用资源，最终实现个体或组织目标。因此，领导本身并不是某个人的个体行为，而是需要领导者与被领导者共同协作完成的群体行为。

（5）领导的艺术性。组织处在变化多端的环境中，领导者需要带领的员工各种各样，面对复杂的外部环境以及内部环境，领导者在按照规范行事的同时，还需具备灵活变通的技能，即具有艺术性，具体问题具体分析，才能够真正实现领导的本质。

二 领导力

除领导的概念被众多学者广泛关注以外，有关领导力理论与概念的发展也获得了一定的进展。领导力的概念较之领导概念具有整合层面上的意义，并且有丰厚的理论研究基础。领导力的研究始于19世纪末20世纪初，最早可以追溯到领导特质理论，单纯地从领导者的个性特质分析人格对于领导影响力的影响，之后，领导行为理论与领导权变理论的发展，打破了只从性格特征定义领导者的思维，为后天培养领导者提供思路。除了领导者具备的基本特质外，领导者的行为、领导所处的环境以及领导员工的成熟度都可能会影响影响力，从多个角度研究领导力的影响因素。这些研究主要集中在两个层面，一个是个体层面上的领导力研究，另一个则是组织层面上的领导力研究。

（一）领导力的个体层面

领导力的个体层面主要体现在领导者个人对企业成败兴衰的决定性作用。一个优秀的领导者除具有正确的战略决策外，还能够率领、引导、激励其下属精工合作，万众一心，共同为实现组织目标而努力。虽然领导是管理工作的重要职能之一，但是领导者与管理者略有差别，管理者的主要作用在于有效率地整合组织中的各种资源，利用有限的资源创造尽可能多的价值；领导者的重要意义在于为组织发展指明方向，并激励员工努力实现目标。因此，领导者本身的影响力对于组织及员工发展尤为重要，而领导者影响力通常由权力支持，权力则来源于两类因素，一类是源于领导者职位的权力，其中包括强制权、奖惩权、合法权；另一类来源于领导者个人权力，主要包括专家权与感召权。对于领导者而言，这两类权力同等重要，共同构成了领导的影响力。

从领导者职位权力来说，即法律、企业制度赋予领导者的法定权，领导者对员工个体的行为具有奖赏与惩罚的权力而使领导者本身具有影响力，但在时间或范围上职位权力并不能够有效解决所有问题，还需要其他因素对影响力进行弥补。

从领导者个人权力来说，领导者在不具有职位权力的情况下，可能会由于个人的技术技能、人格魅力、个人品质等因素而对其他员工形成影响力，使他人愿意成为被领导者或追随者。这种来源于个人的影响力比职位权力带来的影响力更持久。

（二）领导力的组织层面

有效领导的实现不能单纯依靠领导者个体方面的因素，同时还受到被领导者与环境因素的影响。领导所处的环境决定了领导方式的选择，而领导方式的选择是否适应环境决定了领导影响力的强弱。领导者做出的行为决策受到相关环境因素的影响，会造成一定的社会影响。在这些社会影响中，反映出企业整体的价值观，个人利益与组织利益的整合，组织利益与社会利益的整合，明确显示出企业在社会中的责任定位。

三　伦理领导的商业价值

上面已经讨论过领导与领导力的相关概念，领导者在伦理道德的领导力上也可以从个体和组织两个方面理解。首先，从伦理个体影响力出发，领导的职位权力使其对下属员工伦理行为进行相应的奖惩，可以按照法律、规章制度，对员工行为与决策进行约束。同时，领导者自身的做法也会对下属员工产生深远影响，这也就是我们之前所阐述的道德榜样，领导者自身的道德价值观与行为也会为员工形成导向。其次，从伦理组织层面上理解，企业规章制度决定了员工行为的方向，企业与社会的关系也反映出企业伦理价值观导向，究竟是个体利益为主导、组织利益为主导还是社会利益为主导，如何在各方利益中形成平衡将决定组织层面领导方向。

伦理道德方向的领导为企业及其员工树立了道德参照标准，看似舍弃了一些个体或组织利益，而无形中获取了巨大的社会价值与回报，是企业长远发展的有效途径。许多研究表明，伦理领导行为或伦理领导环境的塑造可以通过影响个体心理从而最终影响个体行为，是制止不道德行为的有效方式（Resick et al., 2013）。同时，伦理领导还可能会影响员工对企业的信任度、满意度及忠诚度，从而导致其对顾客、合作伙伴及竞争对手的道德态度与伦理行为方式，获得相应的道德评价，而道德评价的高低决定企业在社会中的形象与地位。如果在社会中获得伦理道德评价高的企业势必会吸引更多的顾客与合作伙伴，从而带来更大的商业价值，获得未来价值的最大化。

第三节 构建企业伦理战略

企业在构建组织伦理道德体系的过程中，首先应该明确实施企业伦理的目标，在实现经济目标的前提下，企业伦理目标的要求是什么，如何使伦理道德与经济利益相匹配。在不同的情境下会应运而生不同的伦理目标要求，没有一成不变的道德要求，同样也没有最好的道德目标。因此，在组织实施伦理战略构建的众多方式中，有两种与伦理建设相关的战略最具代表性，一种是利用道德进行治理与行为约束，另一种是利用法律法规进行治理与行为约束。接下来，我们就具体分析这两种方式的特点与内容。

一 以德而治战略

与法治不同,德治的根本来源与内在因素,而关键点即是领导者的"德行"。领导者道德榜样力量在这里起到重要作用,领导者在自身具有伦理道德标准以后,重要的是要使员工形成与其相同的认知、动机、目标以及行为,充分发挥道德引领的作用。与此相对,被领导者或者追随者的道德行为与道德决策,同样也反映其领导者的道德价值观与道德标准。

以德而治的核心在于群体之中形成和谐共处良好的人际关系,合作性程度越高伦理道德标准取得一致性的可能性也就越高,道德价值观的差异性会越小,由于道德产生的冲突关键是由领导者控制与调节,因此,领导者自身的道德标准与行为对于德治非常重要。

二 依法而治战略

德治的根本在于人治,领导者个体道德影响力对于群体与组织发展至关重要。依法而治更强调法治,需要通过一系列有关经济与管理的企业规章制度,对个体、群体与组织行为进行强制性约束,明确规定个体与组织行为的正确性与否,从而实现整体成员的行为均与道德法规一致,最终共同达成所需的道德标准。

与德治不同,法治更强调公平、公正,并给出确切的参照标准,杜绝了德治过程中可能带来的不确定性与人为自主性,为伦理建设提供强有力的制度保障。在法治过程中,明确成员与组织的权利与责任,使个体对自身的行为方向具有清晰的认识,在争取自身权利的同时,努力尽到应尽的责任与义务。

三 德治与法治协同发展战略

企业在进行依法而治和依德而治的时候,倾向的重点略有差别。德治的关键在于从组织内部以及个体内心出发产生积极的驱动力,促使员工做出伦理行为;法治的关键在于从外部强制约束个体的行为与规范,无论个体的意志是什么必须按照组织规定行事。德治与法治两者互相促进,各有利弊,如果缺少了德治,法治限制了个体的伦理行为但并没有从本质出发解决根本问题;如果缺少了法治,在德治的驱动力不够强时,在强制执行力上就有所欠缺。因此,德治是法治的有效补充,法治是德治的有力保障。

组织在进行伦理建设时,必须同时注重德治与法治并处理好两者之间的关系。由于每个组织面临的具体情景不尽相同,所以说并没有办法给出德治或法治最优的方法,在具体环境中,德治与法治如何有效结合制定战略存在一定差异。但是毋庸置疑的是,组织在选择法治为主战略时,依然不能忽略德治而需将德治作为辅助引导;在选择德治为主战略时,还需利用德治作为内在教育的根本。组织的领导者应该具有伦理领导力,在进行伦理建设时能够选择适当的伦理战略,既从内部有效地引导个体道德行为,又能够从制度层面给出清晰的规范参考,从而树立正确的道德价值观体系。

第十一章 伦理风险控制

何为伦理风险,即由于伦理事件产生的负面影响的风险,与经营中的其他风险类似,伦理风险同样也会导致企业效益、声誉、信用等各方面业务受损,甚至产生更严重的后果。因此,了解企业的伦理风险、制定风险预防机制对企业的长远发展至关重要。在这一章中,我们主要从伦理风险的外部控制与伦理风险的内部控制两个角度,讨论企业对于伦理风险的预防可以从哪些方面入手进行控制。

第一节 伦理风险的外部控制

有关企业可能遇到的外部伦理问题,集中体现在以下几个问题上:首先,企业员工个体的基本权利是否得到保护,企业在劳工问题上是否保障了员工的基本权益。例如,雇用童工、年龄性别歧视、不正当裁员等做法均侵犯了员工的基本权益;其次,商业贿赂也是企业外部伦理问题表现,近些年中国法律开展反腐败行动,严重商业贿赂等行为;最后,组织与环境的关系也存在一系列的伦理问题,例如组织污染的排放、公共资源的占用等行为导致人类赖以生存的环境急剧恶化。在这一节中,我们重点讨论控制企业外部伦理行为的具体措施。

一 法律控制

伦理风险外部控制的重要手段之一是健全相关的法律体系,只有在整体社会处于一种公正严明、公平透明的制度约束下,才能够更好地控制与预测个体行为,因而法律的控制是预防伦理风险的首要措施。

众多国家在发展经济的同时越来越重视伦理建设，虽然各国对于伦理建设采取的措施各有千秋，但是法律体系的建立是各国伦理建设的第一步。中国对于伦理行为的法律治理也在逐年加强，对于企业经营的法律主要体现在以下几个方面：

第一，企业成立的相关法律规定，主要对企业创立之际的注册、出资、设计、登记、核准等内容进行法律约束，例如公司法、合伙企业法等。

第二，企业经营的相关法律规定，主要规定与限制企业经营过程中的行为，为存在的共性问题提供法律指导，例如民法、商法、合同法、物权法、知识产权法等。

第三，企业管理的相关法律规定，主要对企业的管理活动进行约束与限制，法律约束的行为如下：财务、税收、交易、生产、质量监控等众多管理相关环节。

第四，其他利益相关者的相关法律规定，主要是为与企业交易的利益共同体提供保障，同时约束他们的行为保护企业自身的合法权益，例如劳动法、消费者保护法等。

二 利益相关者控制

企业外部存在的社会公众力量对于组织伦理的发展具有至关重要的作用，国外知名的安然公司的伦理问题曝光后发现其外部审计机构安达信公司与其同流合污，最终导致了严重的后果。下面将从利益相关者角度探讨企业外部的社会公众对于企业发展的影响。

1. 消费者控制

营利性企业关注于消费者的需求与发展，消费者的购买行为与购买意图将会对企业的决策与行为产生巨大的影响，而消费者更愿意选择具有良好伦理行为的企业。消费者更容易对具有伦理行为的企业产生信任，对那些承担社会责任的企业更具好感与信赖，从而影响其购买行为。与此同时，员工的购买行为对企业的伦理行为形成激励，促使企业在未来的发展中更加注重伦理建设。

2. 媒体

很多企业中的伦理问题最终是由媒体曝光出来的，如今信息时代的到来，互联网的飞速发展，使媒体在信息传播方面能力巨大。媒体除了宣扬社会的善举之外，对社会中存在的不良之风进行监督与检举，例如，中国的奶粉、苏丹红、瘦肉精等问题都是由媒体最先报道出来的。因此，媒体对企业是否做出伦理行为起到了正向监督的作用，但是由于商业贿赂的存在，媒体的监督职责可能会有失公正性，从而产生新的伦理问题。

3. 外部审计控制

财务问题是很多企业存在的伦理风险，特别是上市公司，为了取得公众的信任与支持，不惜做假账，更改企业的年终报表，从而获取更多的股份与经济来源。因此，引入外部审计机构可以很好地控制企业的伦理行为以及对个体的道德行为进行约束与监督。第三方审计机构可以为企业的可靠性提供保障，杜绝其财务上的造假问题，为社会公众提供公开公正的信息。同样，与上述的媒体类似，如果审计机构的独立性不强，对其进行审计的企业依赖度较高，很有可能发现互相勾结的情况，从而产生新的伦理问题。

4. 股东的控制

股东作为企业的投资者对企业负有监督控制的职能，一般而言，股东分为机构投资者与个体投资者，而在控制上机构投资者往往占主导地位，个体投资者在这里的控制力量相对薄弱。机构投资者往往对企业的外部治理、行为决策影响力巨大，有关决策是否涉及外部风险的预防以及制定企业伦理价值体系具有决定性作用。同样，股东的伦理道德问题可能会使企业整体的伦理问题加剧，产生新的伦理问题。

5. 社会组织的控制

政府在制定有关伦理的法律制度上起到重要的作用，但除了政府之外，非政府的社会组织也对企业与社会的伦理发展起到一定的作用。例如，一些社会组织的存在（劳动权益保护组织、公平贸易组织、环保组织等）对社会伦理发展起到了推动作用，对组织的行为起到监督作用。同样，社会组织中可能会存在相应的伦理问题，从而产生新的伦理问题。

第二节 伦理风险的内部控制

一 监督体系控制

在本章第一节中，我们探讨了很多控制方式，主要涉及外部公众对于企业的监督行为，这里所讨论的监督体系主要从企业内部出发，分析如何建立企业有关伦理道德的内部监督体系，主要从以下三个方面提出参考：

首先，完善董事会制度。在上市公司中，很多企业的所有权与控制权相分离，公司治理主要依靠委托—代理机制来实施管理，而管理模式的不同对组织的伦理行为产生的作用不同，董事会制度的建立对于企业的伦理建设至关重要。很多企业的董事会将执行权交与高层管理者之后就不管不问，只关心自己所能获得的收益，这将直接导致一系列伦理问题的产生。董事会只有真正地行使其监督控制职能，明确规定与高层管理者之间的权责与未来长期发展的目标，减少企业内部不道德行为的发生，为其伦理文化建立提供支持。

其次，建立道德监管部门。虽然企业的董事会对伦理建设具有监督与决定作用，但在管理层面上要采取积极的措施配合伦理建设。很多企业开始或考虑建立专门的管控企业伦理道德建设的部门或机构，设立首席道德官或道德管理者等管理角色，这些部门与人员的基本职责在于制定有关道德的相关政策并将其转换为企业实现可持续长期发展的有力保障，首席道德官要对企业的伦理发展负责，如果企业在社会中出现违规现象，产生不良影响，道德管理部门将负有直接责任。

最后，强化企业内部控制。企业有关伦理道德的内部控制需要由董事会、企业管理者以及个体员工为了同一目标共同努力协作完成，这里的目标不仅包括经营目标同样包括伦理道德的相关目标。从流程上而言，企业要做出伦理道德的内部控制，必须完成事前预防、事中控制以及事后监督三个阶段，第一，需要建立完善的道德监管体制，制定一系列政策为伦理建设提供制度保障，并对未来可能产生的风险进行评估制定预防相关风险的措施与方法；第二，在制度实施过程中进行相关的伦理道德控制，各利益相关者积极沟通，准确地传达各种信息，力争把道德风险产生的损失降到最低；第三，对企业伦理的内部控制体系实施监管，对其有效性进行测评，更改其失灵的措施或环节，进一步弥补可能存在的内部控制缺陷，保障内部控制体系的有效性。

二 组织规范控制

首先，管理团队建设。管理团队与上一部分所提到的董事会不同，这里的管理团队主要指董事会委托任命的管理者个体或团队，对企业的主要经营活动负责。因而，高层管理团队作为企业政策的制定者，在有关伦理文化的建设、道德行为的约束方面均具有决定性作用，高层管理者的决策与行为具有伦理道德的引领作用，对建立企业的伦理道德环境至关重要，高层管理团队对于伦理建设的主张与价值观均对企业内部伦理的风险控制起到内部引导的作用，同时用相关伦理政策规范辅助伦理环境的建设。

其次，组织结构设计。伦理制度的实施、企业伦理文化的建设都离不开组织资源的运用，若要实现组织资源运作效率最大化，需要建立合理的组织架构。随着管理理论与实践的日益发展，各种类型的企业由于其所处环境的不同能够积极建立适合自身条件与发展的组织架构，各类职能部门的设置也具有其独特的特点，但与伦理结合甚少。因此，企业内部应该分化出专门的管理伦理道德的部门，例如，合规管理部或是道德管理部门，负责对企业内部整体运营的伦理问题进行监督，制定与核查相应的伦理政策，对员工的伦理道德行为进行考核并在日常对员工进行伦理道德的教育与培训，旨在建立有关伦理的内部监控体制，避免或减少企业不道德行为的发生。

最后，伦理制度设置。企业的高层管理者或联合其内部的伦理道德管理部门制定清晰与明确的伦理相关制度与政策，对组织结构中各部门的职责与伦理要求形成文件加以详细说明，并对员工进行伦理培训与教育，让员工个体与部门了解企业的伦理价值导向以及何种行为是企业鼓励的，何种行为是企业严令制止的。在企业内部伦理制度的设置上应注意以下三个问题：第一，将企业制定的伦理制度公布于众并组织各部门员工参与讨论，避免理解与价值取向的差异，尽量在伦理道德认知上达成一致；第二，当企业员工遇到伦理困境时，管理者或伦理部门应积极鼓励员工说出困惑，并对具有道德困惑的员工提供必要的支持与保障；第三，设置统一的奖罚制度，积极鼓励内部举报不道德的员工，同时对不道德行为进行严厉制裁，绝不姑息。伦理制度的建立与实施，是最终形成企业伦理文化的前提与基础。

三 举报机制控制

企业在伦理制度建设上需要特别注意内部举报机制的设置，本书的中篇利用企业的质化与量化的数据，说明企业伦理环境的建设与员工报告不道德行为之间具有显著的相关性，如果员工感知到的企业伦理环境是道德的，员工更愿意举报不道德行为，如果企业内部举报机制完善，管理者善于倾听，同时保护与鼓励举报者，那么员工更愿意向企业内部进行举报；如果企业内部机制不够完善，员工目睹不道德行为，其道德发展水平决定其若不能获得组织内部的支持，必然向外部有关机构检举组织的不道德行为，例如向媒体、政府部门进行举报。对于企业来说，他们更愿意员工对内进行检举揭发，而不愿将不道德行为公布于众，对企业声誉造成影响；对于员工来说，当他们遇到道德问题时，也首先倾向于内部举报，只有在内部举报不能够引起足够重视时，他们才会转向外部，而外部举报的成本往往是巨大的，员工只有在迫不得已的时候才会进行外部举报。

许多企业已经开始着手内部举报机制的建设，主要的做法总结为以下几种：

（1）越级举报制度设置。按照一般的工作流程，员工相关工作事宜应向其直接的上级管理者报告，但针对伦理道德问题，可以向企业专属的首席道德官或首席合规官报告。

（2）隐私保护制度设置。由于员工举报的是企业内部的不道德员工，如果被举报者获悉举报者的信息，可能会采取报复行为，很多员工也是担心自己的社会关系受到影响或是个体的利益受到侵害而选择沉默，或是视而不见。企业如果采取匿名的举报形式，员工更具安全感，也会积极地进行内部举报。互联网技术的发展也可以与举报机制紧密结合，国外很多企业开始建立内部报告系统，员工可以选择匿名在系统里与企业的伦理道德管理人员直接沟通，企业可以更清晰地了解不道德行为，而不会获悉举报人的任何信息，这种保密系统的运用极大地控制了企业不道德行为发生的概率。

（3）经济奖励制度设置。如果员工没有选择匿名举报，而是直接向上级领导或道德管理人员揭发不道德行为，作为管理者首先要保障举报者的隐私，不能将举报者信息公布于众，同时对于举报者揭发的不道德行为一经核实，应给予丰厚的奖励。例如，我国税务总局对于检举偷税漏税的民众，提供相应的奖励。许多企业经过实践检验，加大对举报的奖励可以使举报的数量大大提高。

（4）有效反馈机制设置。重视员工伦理问题报告反馈机制的建立。不管员工报告的不道德行为严重与否，首先要以认真的态度对待员工的报告，对其行为进行肯定，不至于使报告者心灰意冷，导致隔阂或矛盾加深而诱发恶果。同时，在充分了解实际情况后，一方面及时明确向报告者回馈处理情况并作出相应的处理行为，并对报告者给予相应的表扬和奖励；另一方面，充分保护报告者的隐私，避免报告者安全与利益受到侵害，同时持续跟踪报告者反映的道德问题，制止与防治相关问题的产生。

综上所述，企业伦理内部风险控制可以首先从上述四个方面进行机制建设，对于上市公司来说董事会相关制度的建设至关重要，公司治理的首要任务即为董事会结构的设置；对于大部分企业而言，高层管理者或是高层管理者团队建设是引领企业构建伦理文化的前提，高管的行为与决策会影响下属员工的行为；制度的构建可以对员工行为产生制约，明文规定员工不可从事的行为；同时，鼓励员工积极举报，尽量将员工的举报渠道控制在企业内部，进而从内部制止不道德行为，避免产生严重的社会影响。

第三节　伦理风险控制手段

如果组织管理者采取一种严肃的态度来鼓励有道德的行为，例如，甄选有道德的员工、以身作则、树立道德榜样等。实际上这些行为本身对于企业整体道德水平的影响是微乎其微的。如果组织进一步通过政策层面去制订道德准则以及相应的道德计划，这些措施可能会影响到组织伦理氛围的构建。但是，这里仅仅是可能。也就是说，组织制订有关道德的计划并不能保证管理者和员工能够真正按照企业的意图行事，很大程度上，组织展现出来的伦理道德只是拘泥于表面，并没有真正贯彻落实。因此，企业伦理以及道德环境建设是由多种因素共同影响的，企业管理者可以重点通过以下几个方面鼓励有道德的行为，完善组织整体道德体系的构建。

一　员工甄选

组织在进行员工甄选程序时，包括面试、测验、背景审查等，可以重点了解员工道德发展水平、道德价值观、自我强度以及控制点等道德相关因素。但是，由于甄选过程受很多因素影响，组织在短时间内对个体的判断也有可能出现偏差，是非对错标准有问题的员工也可能获得录用。针对这种情况，就需要用组织建立的其他道德措施对此类员工的行为进行约束，这样可以克服与限制其伦理道德问题的出现。

二　道德准则

组织始终应该具有一套明确、详尽的道德准则，使员工了解组织对他们的行为期望，尤其应该明确涉及道德事项方面的要求。但是，大部分中国企业并没有明确的道德指南，大多是等东窗事发，道德问题被披露于公众面前时，才尽力考虑怎么样去"亡羊补牢"。

对是非对错的不确定同样也是组织中员工面临的一个棘手问题，而道德准则的制定是减少这种不确定性的一种普遍选择。所谓道德准则，是组织层面关于道德行为规范的规章制度，要求每一名员工遵守，即是一个组织对要求其员工遵循的价值观和道德规定的正式声明。道德准则的内容通常可以归纳为以下三个范畴，如表 11-1 所示。

在大部分情况中，组织建立的道德准则发挥的效果并没有预期的那么完美，反道德准则，甚至违反法律法规的行为在组织中屡禁不止。这就要求在道德准则完备的状态下，管理者要充分发挥其榜样作用及其监督管理的职责。

表 11-1　　　　　　　　　　　道德准则

类型 1　个体准则	类型 2　行为准则	类型 3　社会准则
1. 遵守安全、健康和保障法规 2. 表现出礼貌、尊重、诚实和公正 3. 妥善管理个人的财务状况 4. 表现出良好的出勤率和准时性 5. 遵循上级指示 6. 不滥用言语 7. 遵守公司规章制度	1. 合法经营 2. 禁止为非法目的提供款项 3. 禁止行贿 4. 避免有损工作职责的外界活动 5. 保守商业秘密 6. 遵守所有贸易和反垄断法规 7. 遵守所有的会计规定和控制 8. 不使用公司财产谋取私利 9. 员工对公司财产负有个人责任 10. 不发布虚假或误导性信息 11. 决策时不谋取私利	1. 在产品广告中传递真实信息 2. 尽最大能力来履行分配的任务 3. 提供最优质的产品和服务

三　道德领导

在组织建立道德准则的同时，同样要求组织的管理者以身作则，因为组织道德准则的实施，由各层管理者树立共享价值观和确定文化基调，管理者的言行举止方面是员工的榜样和表率，同时管理者的行为要比言语重要得多。例如，如果管理者把企业的资源用于私人用途，虚夸他们的费用支出，或者向其亲朋好友提供优待，这就等于向员工暗示这样的行为是可以接受的。

管理者，特别是高层管理者还通过奖惩行为来为企业确定道德基调。选择什么样的员工和什么事件给予奖励（如加薪、升职、表彰等）会向员工传递一种强烈的信号，也就是说，当某个员工以一种在道德方面有问题的方式实现突出成绩并因此获得奖励时，这就等于向其他人表示这样的方式是可以接受的。当某个员工做某件不道德的事情时，管理者必须处罚这种不当行为，并且让组织中的每个成员都了解处罚结果，以公布事实真相。这种行为会传达这样的信息：做错事要付出代价，以不道德的方式行事并不符合员工的最佳利益。下面对管理者如何提供有道德的领导提出了一些建议。

（1）通过成为诚实的、有道德的人来充当良好的榜样或表率；
（2）始终告知真相；
（3）不隐瞒或操纵信息；
（4）愿意承认自己的错误；
（5）通过与员工定期交流来分享你的个人价值观；
（6）强调组织或团队重要的共享价值观；
（7）使用奖励制度来使每个人对这些价值观负责。

四 工作目标与绩效评估

组织中管理者对于员工不切实际的工作要求以及只求结果的绩效评估过程，往往会给员工造成巨大的压力，原本有道德的员工可能会觉得他们别无选择，只能采取任何必要的措施，甚至做出不道德行为来实现这些工作目标。例如，税务局的一些员工会把纳税申报单和其他相关文件冲到厕所里。当被质问时，他们很坦率地承认了这种行为，但是为这种行为提供了看似"合理"的解释。这些员工的上级领导一直向他们施加压力，要求其短时间内完成更多的工作。他们被告知，如果成堆的纳税申报单没有迅速处理完毕并从他们的办公桌上搬走，那么他们的绩效评估和加薪将会受到严重影响。由于缺乏资源，而计算机系统又负荷过重，于是这些员工才决定让这些文件从他们的办公桌上消失。虽然这些员工知道这样的做法是错误的，但是他们仍然选择铤而走险，这说明了不切实际的工作目标和绩效评估甚至能够产生道德影响。

组织在进行相应的伦理道德建设时，要关注其制定的工作目标与绩效评估是否匹配，在匹配过程中应该更加重视道德方面存在的因素。目标的实现程度通常是绩效评估的核心内容，如果绩效评估体系仅仅关注经济目标，就会导致结果证明手段的正当性。为了鼓励有道德的行为，结果和手段都应该接受评估。例如，管理者对员工的年度评估可能包括逐项评估该员工的决策符合企业道德准则的程度，以及工作目标的实现程度。

五 道德培训

许多组织通过设立研讨小组、专题讨论以及类似的道德培训方案以鼓励领导及其员工的有道德的行为。但是，这样的道德培训计划或方案仍存在一些争议，主要争议在于道德是否能够被教导。反对者认为这种管理道德培训的努力毫无意义，因为人类的个人价值体系在青少年时期已经树立，而支持者认为有许多价值观在成年后仍然可以通过学习来获得。此外，的确有很多研究表明：通过对员工进行道德培训提高了员工个体的道德认知与道德意识，促使其做出道德行为，同时在员工个体遇到伦理困境时能更加坚定信念，做出道德选择。

六 独立的社会审计

员工在做不道德行为的时候大多是具有害怕被发现心理的。独立的社会审计站在第三方的角度，会严格按照相关制度与规范公平公正的态度评估企业的财务状况与管理决策，能够及时发现企业存在的实际伦理问题。这种审计可以是定期的常规评估，也可以是没有预先通知的随机评估。组织有效的道德规范与计划需要这两者兼具。为了保证审计机构的公正性，审计人员应该对被审计公司的董事会负责，并且把他们的审计结果直接呈交给董事会。这种安排向审计人员赋予了一种权限，并能够减少被审计者对审计人员施加报复的机会。因为政府法律与企业规范要求组织对财务信息披露和公司治理实施更为严格的标准，所以越来越多的组织发现独立社会审计的重要性。事实上，社会中的企业已经不再争论组织是否应该具有道德而转变为如何使组织变得有道德。

七 保护机制

如果组织中的员工发现身边的其他员工正在做某件非法的、不体面的或者不道德事的时候，究竟会做出怎样的选择？会保持沉默还是挺身而出？这很大程度上取决于组织对于揭发者的态度以及保护机制。在组织中大部分员工遇到这种情况时并不会挺身而出去揭发不道德行为，因为存在所谓的风险。因此，对于组织及其管理者来说，很重要的一件事情就是向提出道德问题或事项的员工保证他们不会遭受个人或职业的风险。勇于揭发的员工常常成为举报者,是任何企业构建伦理道德体系的关键部分。

目睹不道德行为并具有报告意愿的员工需要安全的举报环境,如果他们相信企业会保护其个人的利益与安全,才会积极主动和勇敢地做出道德选择而不用害怕遭受惩罚或报复。一个组织可以为面临某个道德困境的员工指派道德顾问。这些顾问可能会倡导在道德上"正确"的替代方案。例如,企业可以开设免费的道德热线电话,员工可以匿名拨打检举违法违规行为,而企业则将对检举内容予以调查。此外,企业需要具有超前伦理意识,在鼓励员工积极报告不道德行为的同时采取建立有效规范以减少或消除不道德行为。

第十二章　企业伦理文化建设

第一节　企业伦理价值观建设

埃德加·沙因在其经典著作《组织文化和领导》中曾经指出：企业文化主要分为三个层次，也就是经典的"洋葱理论"。他认为企业文化就像洋葱一样具有一定的层次关系，处于最外围层次的即是物质层，也就是企业中显而易见的、最明显、最表象的东西，例如组织结构等；处于中间层次的即是制度层，又称为支持性价值观，企业需要通过制定组织目标、企业战略、规章制度等约束员工的行为从而使组织成员形成习惯，自觉地从事与企业文化相符的行为；处于最中心层次的即是核心层，又称为基本潜意识假定，也就是说在这一层次的个体已经融入企业文化之中，不再需要制度约束做出行为，而是通过自己价值观支持组织的价值观与行为，只有达到这一层次才标志着文化构建起到真正的影响作用。

与此相同，企业伦理文化的构建也可遵循组织文化的"洋葱理论"，员工展现出来的行为实际上处于最外围层次——表象层，个体可能会做出道德行为，也同样可能做出不道德行为，处于这一阶段的员工没有受到约束，只从自身出发做出决策与行为，这时就需要制度去约束，相关伦理制度的政策与规范明确告诉员工道德的评判标准，以及在工作流程各环节需要避免的相关伦理问题，在制度的约束下，员工会有意识地约束自身行为以遵守道德规范。只有当员工个体在没有制度规范的控制下，能够习惯性地做出道德行为并积极主动地制止与揭发不道德行为，才能说明伦理文化真正建立。

伦理文化的建设需要各方面的支持才能最终形成，这需要一个相当长的过程。在上一章中，我们具体阐述了企业伦理外部及内部风险的控制问题，包括关注利益相关者或是举报机制的构建等，均代表了文化理论中的中间层次——制度层。而要真正实现企业伦理文化的构建，需要从核心层角度出发进行文化构建，在这一节中，我们就重点探讨企业伦理价值观的形成、传播与强化。

一 企业伦理价值观的形成

企业伦理价值观主要体现在企业在伦理道德与经济利益之间的取舍。在企业获取利益的过程中，究竟是通过道德的方式获取，还是通过不道德的方式获取？企业是否更加关注获得利益的多少而不是决策或行为本身是否道德？对于这些问题，不同个体的看法不同，有人认为企业的首要目标是其经济性，如果企业一味地讲究道德而不获取经济利益就没有存在的价值。这种观点具有一定的片面性，经济利益与道德行为在某些时候是具有一定的冲突性，但是更多情况下，企业需在两者中寻求协同发展的平衡点。由于个体伦理价值观的冲突以及看法的不同，企业应该给出明确的价值导向，即企业中所有成员必须通过道德方式获取经济利益。

在企业伦理价值观形成的过程中需要注意两点：一是企业需要做出道德行为的对象有哪些，这一点在企业社会责任一章中做出了阐述。企业需要对其利益相关者负责，并对他们做出道德行为，但是问题是在企业经营活动中，可能会对部分利益的相关者负责而损害了其他利益相关者的利益。在这样的情况下，企业应该秉持哪种观念？是对部分利益相关者做出道德行为，还是需要对整体利益相关者做出道德行为？如果企业只对部分利益相关者负责而损害其他利益相关者，那么这种道德冲突将阻碍真正的企业伦理文化的形成，因此，企业应该树立统一的道德观念，即对所有利益相关者一视同仁。二是企业做出道德行为的条件。很多企业做出不道德行为时，将原因归结于外部环境的影响，他们认为同类的企业都这样做，我们这样做也不构成过错，当企业有这种意识时，就很难形成正确的伦理价值观。事实上，企业是否做出伦理行为或是承担社会责任,其决定权在企业手中而不是受其他企业行为的影响,因此,企业应从自身角度出发强调伦理道德的重要性,实现伦理文化带来的长期价值。

总之,企业在构建企业伦理文化时,需形成统一的伦理价值观:经济利益带来的是短期价值,而伦理道德建设将带来长期价值,企业在实施伦理行为时要对所有利益相关者一视同仁,并坚定信念从自身树立伦理价值观而不受外部环境的干扰和影响。

二 企业伦理价值观的传播

当企业形成统一伦理价值观理念,高层管理者面临的首要问题是如何将这种伦理价值观传输给企业中的每个成员,如何通过制定规章制度与设置组织结构体现企业伦理价值观。如果企业伦理价值观只代表管理层的观念而不能贯彻实施成为共享观念,就不能建立其企业伦理文化与营造企业伦理环境。

在传播企业伦理价值观的时候需要注意几个问题:

首先,选择适当的传播时间。一般而言,时间对于传播的效果影响很大,把握好时间点至关重要。第一,在招聘员工时,向应聘者讲述企业伦理价值观,与应聘者在伦理问题上充分沟通看是否能够在伦理理念上达成一致,经过沟通录用的员工更容易融入企业的伦理文化;第二,在新员工入职培训时,向新员工讲述企业伦理文化,明确告诉员工企业的伦理态度与底线以及所期望员工做出的伦理行为;第三,在日常经营活动中,要定期对员工进行伦理教育,对企业需要传递的伦理观念进行巩固和加强。

其次,确定传播的内容。一般而言,企业管理者需要从以下几个方面考虑传播内容:第一,清楚阐述企业的伦理观念以及秉持这种理念的缘由,使员工更容易信服与接受企业的伦理价值观;第二,公布企业的道德制度,给出具体的政策与规范,明确规定员工可以从事的伦理行为及绝不能做出的伦理行为;第三,使员工了解遇到道德困境时可以选择的处理方式以及奖惩制度。

再次,明确传播的主体与客体。在明确传播内容与传播时间之后,接下来的问题是谁来传播以及向谁传播。在上面章节中,我们谈到企业可以建立合规部门集中对伦理问题进行管理，那么由合规部门的首席道德官出面显然是合适的，除了道德部门外，涉及伦理观念的传播最好由企业高层管理者或者部门负责人出面传递。另外，企业除了应该向企业内部每一名员工传递伦理价值观念外，还需要对其利益相关者传递伦理价值观以获取理解与支持，实现有效的合作与共赢。

最后，选择适当的传播方式。企业关于伦理道德观念传播最常用的方式是形成正式的文件，组织员工学习企业的道德准则，编写伦理手册，发放至每一位员工并要求其按照手册行事。同时，利用互联网成立企业道德论坛，鼓励员工在论坛中发表伦理观点，积极探讨伦理困境，最终达到伦理观念共享。

三　企业伦理价值观的强化

企业管理者在形成伦理价值观以后，并选择适当的方式进行观念传播，最常用的方式是培训讲述以及准则学习，传播的观念理论性较强，员工缺乏对政策执行力的信心，因此，必须通过企业伦理相关行为以及行为约束机制强化企业构建的伦理价值观，只有这样才能最终形成企业伦理文化。企业伦理价值观的进一步强化需要注意几个方面：

第一，管理者的伦理行为。管理者在向员工传递伦理价值观时，其自身行为有没有遵照伦理相关政策，如果管理者只负责传递伦理价值观，而并没有真正做出伦理行为，那么传递的价值观以及形成的伦理文件只能成为表面文章，不能实现真正的作用。

第二，人员选用。企业或部门在选择员工上可以看出其价值观倾向，不同员工具有不同的特长，例如，擅长管理决策的员工能够为企业带来经济利益并创造价值，但如果其行为违反企业伦理观，企业是否任用这类触犯道德底线的员工表明了企业的伦理立场以及是否在行为与观念上保持一致。此外，企业在招聘人才时也可加入伦理道德测试，选用与企业伦理价值观一致的员工，有利于强化企业伦理文化建设。

第三，奖惩机制的设立。道德观念是内部形成的道德意识，虽然意识可以驱动行为的产生，但是观念建设大都只停留于说教层面，因而需要外部明确的制度为辅助，强制约束员工个体做出与企业伦理价值观一致的行为，其中，奖励与惩罚的政策是强化企业伦理价值观的重要手段。一方面，在企业中，道德的、正直的、勇于揭发不道德行为的员工必须给予肯定以及奖励，向员工传递企业支持的行为是哪些；另一方面，对于不道德的、违背企业价值观的行为，哪怕这些行为给企业带来直接经济效益，也应给予严惩，惩罚也是给其他员工以警示，表明企业的道德底线在哪里。

总而言之，企业伦理价值观代表了企业的最终价值取向，也就是企业对待伦理道德问题的真正意愿。企业管理者在管理过程中采取任何管理手段必须与其道德价值观保持一致，否则如果员工发现企业宣扬的价值观与行为并不一致，也不会心甘情愿地遵循企业的伦理价值观。因此，企业必须坚定自己的道德价值观信念，辅助传播、强化的手段，将这种信念深入民心，员工必将以企业真正信奉的道德价值理念为基准，调整自己的行为，使个体与企业保持一致，只有这样才能最终建立企业的伦理文化。

第二节　企业伦理文化建设

本章第一节着重讨论企业伦理价值观的形成、传播与强化，这在沙因的文化理论中处于核心层，核心层文化的建立会向外扩散影响企业的制度层与表象层，而同样表象层、制度层也会反过来支持文化的核心层。我们在企业伦理战略构建部分了解到企业的德治与法治互相补充，应协同发展，这可以引申到企业伦理文化的构建，制度层很大程度上支持了企业文化核心层的发展，对帮助企业伦理文化建设至关重要。在这里探讨总结一些帮助企业伦理文化构建的想法与做法。

一　创建企业卓越的道德优势

企业若要获得效益长效机制并建立可持续竞争优势，需要从四个方面衡量：第一，企业的资源和能力是否具有价值性；第二，企业的资源和能力是否具有稀缺性；第三，企业的资源和能力是否难以模仿；第四，企业的资源和能力是否不可替代。这些方面共同构成了企业的资源与能力的竞争优势。

事实上，企业伦理与道德建设是否能够成为企业的核心竞争优势？

我们从以下几个方面阐述：

1. 企业伦理的价值性

对于企业来说，如果要真正实现企业的伦理价值，在企业经营管理过程中，要平衡企业利益与社会责任之间的关系，保持较高的道德标准并保证企业每个成员能够遵守道德规范，杜绝企业的不道德行为，才能达到卓越程度，实现其价值性。一方面，企业内部积极采取伦理措施，实施伦理领导与伦理制度化建设；另一方面，需要对利益相关者负责，平衡主要利益相关者与次要利益相关者之间的利益分配，承担应有的义务与责任。

2. 企业伦理的稀缺性

稀缺性是成就企业伦理竞争优势的重要特征之一。如果企业伦理资源已是众多企业普遍存在的资源，那么对于企业来说企业伦理建设是企业必备的资源而不是能够带来竞争优势的卓越资源。从现实企业的发展看，真正地将企业伦理融入经营管理的企业是少数的，很多企业把企业伦理与企业经济割裂开来，甚至不惜以损害道德的代价换取短暂的经济利益，由此可见，企业真正的实现伦理道德从高层管理者到基层员工的一致性并形成强烈的企业伦理环境，这些伦理资源对于企业来说是稀缺的，越不容易做到越容易带来更大的价值。

3. 企业伦理的难以模仿性

当企业拥有有价值的、稀缺的资源时，企业只是获得短期的竞争优势，只有当企业的资源难以模仿时，才能够真正地获得长期竞争优势。企业在进行伦理建设时，最困难的并不是投入资本的多少，而是是否能够形成统一理念的问题。因此，企业要拥有卓越的伦理资源，除投入必要的时间、人力、物力、财力外，更重要的是持有现金的思想，形成统一的理念，最终构建企业伦理文化，这需要企业从管理模式、组织设计、制度规范等方方面面根据企业实际情况均做出实践与努力，这样才能够形成独特的企业文化，创造伦理价值，实现企业伦理建设的难以模仿性。

4. 企业伦理的不可替代性

要实现企业伦理文化的长期价值，资源的不可替代性与难以模仿性同等重要。很多企业生产的产品，很容易找到同等条件的替代品，这样就很快失去了资源的价值性与稀缺性的特点,因此,只有保证企业资源的不可替代,才能将资源的价值性与稀缺性发展成为长期竞争优势。而企业伦理资源本身就具有不可替代性,很多经济资源与其构成一定的对立面,因此,若要真正构建企业伦理文化,企业要脚踏实地地做出伦理行为,在伦理建设的道路上没有捷径可走。

二 秉持企业伦理与社会责任战略

构建企业伦理战略意味着企业要把企业的社会责任上升到企业战略性层面,在追求经济利益的同时兼顾社会、利益相关者的利益,在经济利益与伦理道德方面寻求平衡,获得企业与社会的和谐共同发展。

(一)实施企业伦理战略的 SWOT 分析

根据企业战略的有关理论,形成企业社会责任观,培养企业成员的伦理意识,关键在于分析了解企业在伦理建设方面的四个因素,即优势(Strength)、劣势(Weakness)、机会(Opportunity)以及威胁(Threat),即 SWOT 分析。下面运用 SWOT 理论分析企业构建伦理战略时可能涉及的具体环境,为企业未来发展扫清障碍,利用可能的优势与机会充分发挥伦理带给企业的价值。

首先,实施企业伦理战略的优势。在上一部分我们已经从资源的角度分析了企业伦理的价值性,在大部分企业伦理战略没有充分实施的前提下,如果企业能够建立卓越的道德理念,利用伦理资源可以获取社会或是利益相关者的信任与高度评价,树立企业的道德形象与信誉,获得社会各方资源的共享,从而创造企业未来长期发展的价值。

其次,实施企业伦理战略的劣势。伦理建设的优势可以为企业带来声誉与赞赏,最大的劣势在于如果企业只重视社会责任,为伦理建设投入巨大的资源,但在经济利益上获取可以会有所缺失,若获取的经济利益不能支持企业的发展,那么企业最终也只能走向灭亡。因此,平衡伦理建设与经济利益是伦理战略实施需要关注的重点之一。

再次,企业伦理建设面临的机会。企业通过企业的伦理战略,承担起相应的社会责任,在获得应有的经济利益外,还为社会各方服务,增加社会福利,取得社会大众的认可,为企业进一步扩大发展奠定基础。

最后，企业伦理建设面临的威胁。企业在伦理建设方面获得机会的同时也面临着威胁，防范与消除威胁对企业来说至关重要。一般来说，企业积极承担社会责任并不一定会得到社会大众的认可，如果企业行为与社会大众预期不符，哪怕企业投入再多资源也不能获得伦理建设带来的实际价值。当发生如下情况时，企业要积极采取措施，防范威胁的进一步扩大：第一，违反法律行为；第二，法律无明确规定，行为本身不具伦理性；第三，与其他相关企业比较，承担的社会责任明显较低；第四，企业伦理行为达不到公众预期，公众对企业抱有失望感。因此，企业一方面要时刻关注社会与各利益相关者的发展需要，承担的社会责任可能会因环境的改变而发生变动；另一方面，若要满足社会期望，企业应密切关注环境变化，从管理层面与伦理理念上不断更新，以符合社会的期望。

（二）实施企业伦理战略的有效途径

企业构建及实施企业伦理战略时可以从企业价值链的角度分析增加伦理价值可能采取的途径。价值链分析的方法是由迈克尔·波特教授提出。他认为企业的生产是一个创造价值的过程，企业的价值链就是企业所从事的各种活动，如设计、生产、销售、发运以及支持性活动的集合体。价值链中的价值活动分为两大类，即基本活动和支持性活动。基本活动涉及生产实体的产品、销售产品给购买者以及提供售后服务等活动，主要包括：①内部后勤。它包括这样一些活动，如收货、储藏、原材料整理、发放材料给产品生产单位、库存控制、运输车辆的调度以及原料退货等。②生产经营。即将生产要素投入转变成最终产品的活动，如机械加工、装配、包装、组装、机器维修、产品检验、打印和厂房设施管理等。③外部后勤。有关集中、存储和将产品实际分销给客户的活动，它包括收集成品、入库储存、订单处理、发货车辆的调度等活动。④市场营销。为顾客提供购买本企业产品的途径或方式并促使其购买的各种活动。如广告、促销、销售人员安排、分配定额、分销渠道的选择、与销售渠道的公共关系、定价策略等。⑤售后服务。提供各种服务以提高或保持产品价值的活动。如安装、修理、人员培训、零配件供应以及产品的调试等。而支持性活动是以提供生产要素投入、技术、人力资源以及公司范围内的各种职能等，来支持企业的基本活动，主要包括：①采购。在这里采购指购买用于价值链中的生产要素投入的这种职能活动，而非指所购买的要素投入。像所有的价值活动一样，采购活动也运用一定的"技术"，如与客户打交道的手续、标准规则以及信息系统等。②技术开发。包括旨在改进产品和生产过程的一系列活动，而这些活动通常由企业的工程技术部门和研究与开发部门来完成。③人力资源管理。它涉及这样一些活动：人员的遴选、录用、培训、技能发展以及制定各类人员的报酬制度等。④企业基础设施。所谓企业基础设施包括总体管理、企业计划、企业财务、会计核算、法律事务、与政府间的事务以及质量控制等。

1. 由内至外的伦理战略实施途径

一个企业的价值链通常是由上述各种活动所组成的，对企业伦理以及社会责任的建设，一方面重点分析价值活动中的优势与劣势，建立伦理价值，例如制度的透明化、人员培训、环境保护等都可以存进企业的伦理发展；另一方面，利用价值链中各项活动的内部联系，建立整体的伦理战略体制，以整体活动最优化和协同这两种方式给企业带来优势。

2. 由外至内的伦理战略实施途径

在由内至外伦理建设途径实施的同时，同样可以关注由外至内的方式。企业对价值链中各环节进行道德建设将有益于社会的发展，但是，另一种做法是企业可以直接向社会进行投资，例如，企业加强所处社区的基础设施建设，为社区增加交通设施、教育设施、医疗设施等资源，使社区中居民生活稳定，素质提高，生活幸福感增高，这样将为企业提供稳定的客户源，同时为企业提供优秀的人力资源，提高企业员工素质，降低人员流动率。

事实上，单一地看待这两种途径均具有一定的片面性，因为价值链上的各项活动均具有自己特征与价值，但值得注意的是只有将活动看作整体链条，才能发挥价值链的整合作用。独立的价值活动为企业创造单个价值，而整合起来的价值链为企业创造联合价值。有关价值链上价值活动的伦理建设对社会发展具有促进作用，同时，企业对社会环境的投资将为企业内部价值链创造更有利的资源。这两种途径相互结合，可以更大程度地发挥企业的伦理战略价值。

总而言之，企业在构建道德伦理与社会责任战略方面，应从企业价值链角度出发，寻找企业独有的价值特征，与社会责任紧密联系，而价值链上任何一个环节都可能成为企业获取核心竞争力的关键，继而帮助企业建立可持续伦理竞争优势。

三　创造共享价值

迈克尔·波特教授在企业战略的基础上于 2011 年进一步提出创造共享价值的观念。共享价值的理念即在增强企业核心竞争力的同时，不仅关注经济利益，更要关注其所创造的社会价值，制定各种政策以促进企业与社会环境和谐共生。企业创造的价值是与社会共享的，主要实现方式可以从以下三个途径进行考量。

第一，企业产品的重新定义。企业若要承担社会责任需要关注社会及环境的需求，社会需求涉及方方面面，例如交通设施建设、医疗卫生建设、教育资源建设、减少污染排放、治理环境污染等，因此，在设计产品时不能单纯只看获取的经济利益，而要重新思考产品是否有益于社会，是否具有社会价值。

第二，企业价值链的重新定义。在企业伦理战略的探讨中我们已经分析企业价值链由内至外与由外至内的战略，整合这两种战略意味着社会资源与企业价值链上环节密切相关，互惠互利。这里所说的企业价值链重构主要从改革生产率方面，例如，通过技术改革提高能源利用率，保护不可再生资源；通过技术研发防止对环境的污染，回收利用废弃资源等。

第三，企业集群的共同发展。企业并不是独立存在的，而是处于广大的社会网络中，企业获取的资源和利益与周边的环境及利益相关者息息相关。企业创新、改革以及生产效率的提高均会受到企业集群的影响，其中企业集群中涉及供应商、经销商等各类机构的利益相关者。建立企业集群，获取共同发展，需要企业与利益相关者共同努力营造公平公正透明的市场，在企业获得发展的同时，还能够带动供应商、经销商、合作机构等利益相关者的协同发展，提高所处社会人民大众的生活质量，形成良好的社会效益。

总而言之，新时代的发展赋予企业新的使命，注重经济利益获取的只是短期价值，企业若要获得长久发展就要充分利用伦理道德资源，形成卓越的企业伦理观念，构建企业伦理与社会责任战略，对可能存在的道德风险进行有效控制，最终建立其独特的企业伦理文化，使企业与社会进步与发展和谐共生。

附　　录

问　卷（第一部分）

亲爱的先生/女士：

您好！

我们来自×××大学，现在正进行一项专业课题的研究和调查，请您花一些时间帮助我们完成以下题目，答案没有对错之分，请按您的真实情况填写。所有数据严格保密且仅供本人博士学位论文使用，请放心填写，非常感谢您的合作！

A. 以下是关于您所处企业环境的描述，请指出您对每一种描述的认同程度，在认同的选项下打"√"。在公司里……	非常不同意	不同意	中立	同意	非常同意
1. 我们的企业积极地参与社会公益活动或公益项目					
2. 我们的企业积极地帮助社会及其公众解决其存在的困难					
3. 公司员工行事时总是优先考虑国家法律与行业准则					
4. 公司所有员工都非常重视国家法律与行业准则					
5. 公司期望每位员工能够严格遵守国家法律与行业准则					
6. 我们企业的价值观理念是伦理准则要比经济效益更重要					
7. 公司每位员工都能遵循自己个人的伦理道德与信念					
8. 公司每位员工实际上都是依照自己个人的道德标准行事					
9. 公司每位员工都可以自己决定何者为对、何者为错					

问卷（第一部分）完，感谢您的参与！

问 卷（第二部分）

亲爱的先生/女士：

　　您好！

　　我们来自×××大学，现在正进行一项专业课题的研究和调查，请您花一些时间帮助我们完成以下题目，答案没有对错之分，请按您的真实情况填写。所有数据仅供本人博士学位论文使用，请放心填写，非常感谢您的合作！

B. 以下是关于您心理状态的描述，请指出您对每一种描述的认同程度，在认同的选项下打"√"，在公司里……	非常不同意	不同意	中立	同意	非常同意
1. 我一般敢于表达关于工作的真实感受					
2. 我一般会自由地谈论自己的想法和见解					
3. 公司鼓励大家表达自己的真实想法和感受					
4. 如果我的意见与领导及其他同事不同，不会有人批评与指责我					
5. 我其实有点担心表达自己的真实想法会对自己不利					

C. 以下是关于您的特定认知的描述，请指出您对每一种描述的认同程度，在认同的选项下打"√"	非常不同意	不同意	中立	同意	非常同意
1. 为了让公司走出困境，适当地夸大事实是正常的					
2. 如果对公司工作有帮助，欺骗客户或顾客是可以接受的					
3. 为了保护公司而夸大事实的行为是没有问题的					
4. 如果员工是为了工作而夸大事实，则不应该指责他们说谎					
5. 如果领导对员工的工作施加很大压力，那么员工无论做什么都不能说是他的错					

续表

C. 以下是关于您的特定认知的描述，请指出您对每一种描述的认同程度，在认同的选项下打"√"	非常不同意	不同意	中立	同意	非常同意
6. 如果员工是在领导压迫下完成任务的，那么员工无论做什么都不能说是他的错					
7. 如果员工感知是公司/领导希望他做不道德行为的，那么指责他的不道德行为是不公平的					
8. 如果整个公司都在夸大事实，那么每个员工的夸大行为都不应被指责					
9. 如果过错是由整个公司导致的，员工只是过错中微小部分，指责他是不公平的					

问卷（第二部分）完，感谢您的参与！

问　卷（第三部分）

亲爱的先生/女士：

　　您好！

　　我们来自×××大学，现在正进行一项专业课题的研究和调查，请您花一些时间帮助我们完成以下题目，答案没有对错之分，请按您的真实情况填写。所有数据仅供本人博士学位论文使用，请放心填写，非常感谢您的合作！

D. 如果您发现组织中涉及道德敏感行为，请指出您对每一种描述的认同程度，在认同的选项下打"√"	非常不同意	不同意	中立	同意	非常同意
1. 我会通过组织外部渠道进行报告					
2. 我会向组织外部的适当权威机构进行报告					
3. 我会向公众揭发它					

续表

D. 如果您发现组织中涉及道德敏感行为，请指出您对每一种描述的认同程度，在认同的选项下打"√"	非常不同意	不同意	中立	同意	非常同意
4. 我会向我的直接领导报告					
5. 我会向组织的高层管理人员报告					
6. 我会使用企业官方报告渠道在组织内部进行揭发					
7. 我会通过内部规章制度进行揭发					

1. 性别：□男　□女

2. 年龄：_____

3. 教育程度：_____（如初中 9 年、高中 12 年、大专 15 年、大学 16 年、研究生 19 年或以上）

4. 在目前公司的工作年限：_____年

5. 所处职位：□普通职员　□初级管理者　□中层管理者　□高层领导

6. 公司性质：□国企　□事业　□私企　□其他

全卷完，感谢您的参与！

主管访谈问卷指南

亲爱的先生/女士：

您好！

在正式访谈开始之前，对研究内容进行简要介绍。

研究有关企业伦理这一课题，我们关注企业伦理是否对员工心理及相关行为具有影响。换句话说，我们希望了解企业对于不道德行为的控制程度以及员工对于不道德行为的报告程度，并试图了解究竟什么原因能够影响员工的报告行为。在整个访谈中，我们期望了解您对相关问题的看法与见解，所有讨论的问题没有对错之分，您的不同见解将对我们的研究更加有益。我们保证所有访谈内容严格保密，您可以自由谈论您的思想与看法，非常感谢您的支持与配合。

1. 在日常工作中，您企业的员工会做出不道德行为吗？可以举例说明。
2. 您每年大概能够收到多少有关道德偏差行为的报告？频繁程度多少？
3. 外界机构或媒体是否具有关于企业道德问题的报告？
4. 您认为在您的组织中，哪些组织环境是与伦理道德相关的？
5. 您认为员工会出于什么原因而不选择报告不道德行为？
6. 您或您的企业对员工这种报告行为会采取什么样的态度与处理方式？
7. 如果您的同事或下属遇到道德敏感问题而沉默，您认为是什么原因导致的？

员工访谈问卷指南

亲爱的先生/女士：

您好！

在正式访谈开始之前，对研究内容进行简要介绍。

研究有关企业伦理这一课题，我们关注企业伦理是否对员工心理及相关行为具有影响。换句话说，我们希望了解企业对于不道德行为的控制程度以及员工对于不道德行为的报告程度，并试图了解究竟什么原因能够影响员工的报告行为。在整个访谈中，我们期望了解您对相关问题的看法与见解，所有讨论的问题没有对错之分，您的不同见解将对我们的研究更加有益。我们保证所有访谈内容严格保密，您可以自由谈论您的思想与看法，非常感谢您的支持与配合。

1. 在日常工作中，您身边的同事会做出道德偏差行为吗？可以举例说明。
2. 您是否会向上级报告或通过其他途径报告您看到的道德偏差行为？为什么？
3. 您认为在您的组织中，哪些组织环境是与伦理道德相关的？
4. 当您遇到他人涉及道德偏差的行为时，您将持什么态度？为什么？
5. 您认为自己或其他员工会出于什么原因而选择不报告道德偏差行为？
6. 您的领导或企业对待您或他人的报告会采取什么样的态度与处理方式？
7. 如果您或您的同事遇到道德敏感问题而沉默，您认为是什么原因导致的？

参考文献

Aiken, L. S. & West, S. G. *Multiple regression: Testing and interpreting interactions*. Newbury Park, CA: Sage, 1991.

Ambrose, M., Arnaud, A. & Schminke, M. Individual moral development and ethical climate: The influence of person – organization fit on job attitudes. *Journal of Business Ethics*, 2008, 77 (3): 323 – 333.

Anderson, J. C. & Gerbing, D. W. Structural equation modeling in practice: A review and recommended two – step approach. *Psychological Bulletin*, 1988, 103 (3): 411 – 423.

Aquino, K. The effects of ethical climate and the availability of alternatives on the use of deception during negotiation. *International Journal of Conflict Management*, 1998, 9 (3): 195 – 217.

Aquino, K. & Reed, A. The self – importance of moral identity. *Journal of Personality and Social Psychology*, 2002, 83 (6): 1423 – 1440.

Arnaud, A. & Schminke, M. The ethical and context of organizations: A comprehensive model. *Organization Science*, 2012, 23 (6): 1767 – 1780.

Ashforth, B. E. & Anand, V. The normalization of corruption in organizations. *Research in Organizations*, 2003, 25: 1 – 52.

Ashforth, B. E. & Mael, F. Social identity theory and the organization. *Academy of Management Review*, 1989, 14 (1): 20 – 39.

Babin, B. J., Boles, J. S. & Robin, D. P. Representing perceived ethical work climate among marketing employees. *Journal of the Academy of Marketing Science*, 2000, 28 (3): 345 – 358.

Baer, M. & Frese, M. Innovation is not enough: Climates for initiative and psychological safety, process innovations, and firm performance. *Journal of Organizational Behavior*, 2003, 24 (1): 45 - 68.

Bain, W. Ethical problems in ethics research. *Business Ethics: A European Review*, 1995, 4 (1): 13 - 16.

Baker, M. Employer Response to Professional Complaints and Alarms: Can Corporate Scientists and Engineers Speak Out? *Working Paper*. New York: Educational Fund for Individual Rights, 1983.

Bandura, A. Fearful expectations and avoidant actions as coeffects of perceived self - inefficacy. *American Psychologist*, 1986, 41 (12): 1389 - 1391.

Bandura, A. Moral disengagement in the perpetration of inhumanities. *Personality and Social Psychology Review*, 1999, 3 (3): 193 - 209.

Bandura, A., Barbaranaelli, C., Caprara, G. V. & Pastorelli, C. Mechanisms of moral disengagement in the exercise of moral agency. *Journal of Personality and Social Psychology*, 1996, 71 (2): 364 - 374.

Barnett, T., Bass, K. & Brown, G. Religiosity, ethical ideology, and intentions to report a peer's wrongdoing. *Journal of Business Ethics*, 1996, 15 (11): 1161 - 1174.

Barnett, T. & Vaicys, C. The moderating effect of individuals' perceptions of ethical work climate on ethical judgments and behavioral intentions. *Journal of Business Ethics*, 2000, 27 (4): 351 - 362.

Barsky, A. Investigating the effects of moral disengagement and participation on unethical work behavior. *Journal of Business Ethics*, 2011, 104 (1): 59 - 75.

Bartels, L. K., Harrick E., Martell, K. & Strickland, D. The relationship between ethical climate and ethical problems with human resource management. *Journal of Business Ethics*, 1998, 17 (7): 799 - 804.

Beal, D. J., Cohen, R. R., Burke, M. J. & Mclendon, C. L. Cohesion and performance in groups: A meta - analytic clarification of construct relations. *Journal of Applied Psychology*, 2003, 88 (6): 989 - 1004.

Berry, B. Organizational culture: A framework and strategies for facilitating employee whistleblowing. *Employee Responsibilities and Rights Journal*, 2004, 16 (1): 1 – 11.

Bjorkelo, B., Einarsen, S. & Mathiesen, S. B. Predicting proactive behavior at work: Exploring the role of personality as an antecedent of whistleblowing behavior. *Journal of Occupational and Organizational Psychology*, 2010, 83 (2): 371 – 394.

Bourne, S. & Snead, J. D. Environmental determinants of organizational ethical climate: A community perspective. *Journal of Business Ethics*, 1999, 21 (4): 283 – 290.

Bowie, N. E. & Duska, R. F. *Business ethics* (2nd ed.). Englewood Cliffs New Jersey: Prentice Hall, 1990.

Brand, V. & Slater, A. Using qualitative approach to gain insights into the business ethics experiences of Australian managers in China. *Journal of Business Ethics*, 2003, 45 (3): 167 – 182.

Brandt, R. B. *Morality, utilitarianism, and rights*. Cambridge: Cambridge University Press, 1995.

Breckler, S. J. Empirical validation of affective, behavior, and cognition as distinct components of attitude. *Journal of Personality and Social Psychology*, 1984, 47 (6): 1191 – 1205.

Brewer, G. A. & Selden, S. C. Whistle blowers in the federal public service: New evidence of the public service ethic. *Journal of Public Administration Research and Theory*, 1998, 8 (3): 413 – 439.

Brislin, R. W. The wording and translation of research instrument. In W. Lonner, & J. Berry (Eds.), *Field methods in cross – cultural research* (pp. 137 – 164). Beverly Hills, CA: Sage, 1986.

Brower, H. H. & Shrader, C. B. Moral reasoning and ethical climate: Not – for – profit vs. for – profit boards of directors. *Journal of Business Ethics*, 2000, 26 (2): 147 – 167.

Brown, S. P. & Leigh, T. W. A new look at psychological climate and its relationship to job involvement, effort, and performance. *Journal of Applied*

Psychology, 1996, 81 (4): 358 – 368.

Brown, M. E., Treviño, L. K. & Harrison, D. A. Ethical leadership: A social learning perspective for construct development and testing. *Organizational Behavior and Human Decision Processes*, 2005, 97 (1): 117 – 134.

Buchan, H. F. Ethical decision making in the public accounting profession: An extension of Ajzen's theory of planned behavior. *Journal of Business Ethics*, 2005, 61 (2): 165 – 181.

Burke, C. S., Stagl, K., Salas, E., Pierce, L. & Kendall, D. Understanding team adaptation: A conceptual analysis and model. *Journal of Applied Psychology*, 2006, 91 (6): 1189 – 1207.

Byrne, B. M. *Structural equation modeling with Amos: Basic concepts, applications and programming.* New Jersey: Lawrence Erlbaum Associates, 2001.

Caldwell, D. F. & Moberg, D. An exploratory investigation of the effect of ethical culture in activating moral imagination. *Journal of Business Ethics*, 2007, 73 (2): 193 – 204.

Callahan, E. S., Dworkin, T. M., Fort, T. L. & Schipani, C. A. Integrating trends in whistleblowing and corporate governance: Promoting organizational effectiveness, societal responsibility, and employee empowerment. *American Business Law Journal*, 2002, 40 (1): 177 – 215.

Cannon, M. D. & Edmondson, A. C. Confronting failure: Antecedents and consequences of shared beliefs about failure in organizational work groups. *Journal of Organizational Behavior*, 2001, 22 (2): 161 – 177.

Carmeli, A. & Gittell, J. H. High – quality relationships, psychological safety, and learning fromfailures in work organizations. *Journal of Organization Behavior*, 2009, 30 (6): 709 – 729.

Casal, J. C. & Bogui, F. B. Predictors of responses to organizational wrongdoing: A study of intentions of management accountant. *Psychological Reports*, 2008, 103 (1): 121 – 133.

Cavico, F. J. & Mujtaba, B. G. *Business ethics: The moral foundation of lead-*

ership, management and entrepreneurship (2nd ed.). Boston: Pearson Custom Publications, 2009.

Chambers, A. Whistleblowing and the internal auditor. *Business Ethics: A European Review*, 1995, 4 (4): 192 – 198.

Chen, G. & Tjosvold, D. Shared rewards and goal interdependence for psychological safety among departments in China. *Asia Pacific Journal of Management*, 2012, 29 (2): 433 – 452.

Chen, J. C., Patten, D. M. & Roberts, R. W. Corporate charitable contributions: A corporate social performance or legitimacy strategy? *Journal of Business Ethics*, 2008, 82 (1): 131 – 144.

Chiasson, M., Johnson, H. G. & Byington, J. R. Blowing the whistle: Accountants in industry. *CPA Fournal*, February, 1995: 24 – 27.

Chiu, R. Ethical judgment and whistleblowing intention: Examining the moderating role of locus of control. *Journal of Business Ethics*, 2003, 43 (1 – 2): 65 – 74.

Chowdhury, S. K. & Endres, M. L. The impact of client variability on nurses' occupational strain and injury: Cross – level moderation by safety climate. *Academy of Management Journal*, 2010, 53 (1): 182 – 198.

Chun, J. S., Shin, Y., Choi, J. N. & Kim, M. S. How does corporate ethic scontribute to firm financial performance? The mediating role of collective organizational commitment and organizational citizenship behavior *Journal of Management*, 2013, 39 (4): 853 – 877.

Cohen, D. V. Moral climate in business firms: A frame work for empirical research. *Academy of Managment Best Papers Proceedings*, Fifty – fifth Annual Meeting of the Academy of Management, Vancouver, 1995, pp. 386 – 390.

Cohen, J. & Cohen, P. *Applied multiple regression/correlation analysis for the behavioral sciences* (2nd ed.). Hillsdale, NJ: Erlbaum, 1983.

Courtemanche, G. The Ethics of Whistle Blowing. *Internal Auditor*, 2, 1988: 36 – 41.

Crane, A. Are you ethical? Please tick yesor no: On researching ethics in business organizations. *Journal of Business Ethics*, 1999, 20 (3): 237 – 248.

Crites, S. L. , Fabrigar, L. R. & Petty, R. E. Measuring the affective and cognitive properties of attitude: Conceptual and methodological issues. *Personality and Social Psychology Bulletin*, 1994, 20 (6): 619 – 634.

Cullen, J. B. , Parboteeah, K. & Victor, B. The effects of ethical climates on organizational commitment: A two – study analysis. *Journal of Business Ethics*, 2003, 46 (2): 127 – 141.

Cullen, J. B. , Victor, B. & Bronson, J. W. The ethical climate questionnaire: An assessment of its development and validity. *Psychological Reports*, 1993, 73 (2): 667 – 674.

Dadhich, A. & Bhal, K. T. Ethical leader behaviour and leader – member exchange as predictors of subordinate behaviours. *Vikalpa: The Journal for Decision Makers*, 2008, 33 (4): 15 – 25.

Dasborough, M. T. & Ashkanasy, N. M. Emotion and attribution of intentionality in leader – member relationships. *Leadership Quarterly*, 2002, 13 (5): 615 – 634.

Dawson, L. M. Will feminization change the ethics of the sales profession? *Journal of Personal Selling & Sales Management*, 1992, 12 (1): 21 – 32.

De Maria, W. *Unshielding the shadow culture*. Department of Social Work and Social Policy: University of Queensland, 1994.

DeConinck, J. B. The impact of a corporate code of ethics and organizational justice on sales managers' ethical judgments and reaction to unethical behavior. *Marketing Management Journal*, 2003, 13 (1): 23 – 31.

Deshpande, S. P. Ethical climate and the link between success and ethical behavior: An empirical investigation of a non – profit organization. *Journal of Business Ethics*, 1996a, 15 (3): 315 – 320.

Deshpande, S. P. The impact of ethical climate types on facets of job satisfaction: An empirical investigation. *Journal of Business Ethics*, 1996b, 15

(6): 655-660.

Deshpande, S. P., George, E. & Joseph, J. Ethical climates and managerial success in Russian Organizations. *Journal of Business Ethics*, 2000, 23 (2): 211-217.

Deshpande, S. P. & Joseph, J. Impact of emotional intelligence, ethical climate, and behavior of peers on ethical behavior of nurses. *Journal of Business Ethics*, 2009, 85 (3): 403-410.

Deshpande, S. P., Joseph, J. & Shu, X. Ethical climate and managerial success in China. *Journal of Business Ethics*, 2011, 99 (4): 527-534.

Detert, J. R., Treviño, L. K. & Sweitzer, V. L. Moral disengagement in ethical decision making: A study of antecedents and outcomes. *Journal of Applied Psychology*, 2008, 93 (2): 374-391.

Dickson, M. W., Smith. D. B., Grojean, M. W. & Ehrhart, M. An organizational climate regarding ethics: The outcome of leader values and the practices that reflect them. *Leadership Quarterly*, 2001, 12 (2): 197-217.

Dirks, K. T. & Ferrin, D. L. Trust in leadership: Meta-analytic findings and implications for research and practice. *Journal of Applied Psychology*, 2002, 87 (4): 611-628.

Drumm, H. M. The ethical and moral development difference of municipal department heads based on the Defining Issues Test. Retrieved from ProQuest Digital Dissertations. (AAT 3069473), 2002.

Duffy, M. K., Aquino, K., Tepper, B. J., Reed, A. & O'Leary-Kelly, A. M. (August). *Moral disengagement and social identification: When does being similar result in harm doing*? Paper presented at the annual meeting of the Academy of Management, Honolulu, HI, 2005.

Dutton, J. E., Ashford, S. J., O'NeUl, R. M., Hayes, E. & Wierba, E. E. Reading the wind: How middle managers assess the context for selling issues to top managers. *Strategic Management Journal*, 1997, 18 (5): 407-423.

Dworkin, T. M. & Callahan, E. S. Internal whistleblowing: Protecting the interests of the employee, the organization and society. *American Business Law Journal*, 1991, 29 (2): 267 – 308.

Edmondson, A. Psychological safety and learning behavior in work teams. *Administrative Science Quarterly*, 1999, 44 (2): 350 – 383.

Edmondson, A. Managing the risk of learning: Psychological safety in work teams. *Organization Science*, 2002, 11 (3): 43 – 64.

Edmondson, A. Psychological safety, trust and learning in organizations: A Group – level Lens. *Organization Science*, 2003, 13 (2): 89 – 102.

Eisenhardt, K. M. Building theory from case study research. *Academy of Management Review*, 1989, 14 (4): 532 – 550.

Elkington, J. *Cannibals with forks: The triple bottom line of 21st century business*. Oxford, UK: Capstone Publishing, 1997.

Elliston, F. A. Anonymity and whistleblowing. *Journal of Business Ethics*, 1982, 1 (3): 167 – 177.

Elm, D. R. & Nichols, M. P. An investigation of the moral reasoning of managers. *Journal of Business Ethics*, 1993, 12 (11): 817 – 833.

Engelbrecht, A. S., Van Aswegan, A. S. & Theron, C. C. The effect of ethical values on transformational leadership and ethical climate in organizations. *South African Journal of Business Management*, 2005, 36 (2): 19 – 26.

Erondu, E. A., Sharland, A. & Okpara, J. O. Corporate ethics in Nigeria: A test of the concept of an ethical climate. *Journal of Business Ethics*, 2004, 51 (4): 349 – 357.

Escartín, J., Rodríguez – Carballeira, A., Zapf, D., Porruí a, C. & Martín – Peña, J. Perceived severity of various bullying behaviors at work and the relevance of exposure to bullying. *Work and Stress*, 2009, 23 (3): 191 – 205.

Festinger, L. *A theory of cognitive dissonance*. Stanford, CA: Stanford University Press, 1957.

Flannery, B. L. & May, D. R. Environmental ethical decision making in the U. S. metal – finishing industry. *Academy of Management Journal*, 2000,

43（4）：642-662.

Forte, A. Business Ethics: A study of the moral reasoning of selected business managers and the influence of organizational ethical climate. *Journal of Business Ethics*, 2004a, 51（2）：167-173.

Forte, A. Antecedents of manager's moral reasoning. *Journal of Business Ethics*, 2004b, 51（4）：315-347.

French, P. Corporate moral agency. W. Michael Hoffman and Jennifer Mills Moore（ed）. *Bussiness ethics: readings and cases in corporate morality*. New York: McGraw-Hill, 1984: 163.

Friedman, M. The social responsibility of business is to increase its profits. *New York Times Magazine*, 1970, 13（9）：122-126.

Fritzsche, D. J. Ethical climates and the ethical dimension of decision making. *Journal of Business Ethics*, 2000, 24（2）：125-140.

Fritzsche, D. J. & Becker, H. Linking management behavior to ethical philosophy. *Academy of Management Journal*, 1984, 27（1）：166-175.

Fritzsche, D. J. & Oz, E. Personal values' influence on the ethical dimension of decision making. *Journal of Business Ethics*, 2007, 75（4）：335-343.

Fukuyama, F. *Trust*. New York: Free Press, 1995.

Gao, T., Sirgy, J. & Bird, M. M. Reducing buyer decision-making uncertainty in organizational purchasing: Can supplier trust, commitment, and dependence help? *Journal of Business Research*, 2005, 58（4）：397-405.

Gefen, D. It is not enough to be responsive: The role of cooperative intentions in MRP II adoption. *DATA BASE for advances in Information System*, 2000, 31（2）：65-79.

Gibson, C. B. & Gibbs, J. Unpacking the concept of virtuality: The effects of geographic dispersion, electronic dependence, dynamic structure and national diversity on team innovation. *Administrative Science Quarterly*, 2006, 51（3）：451-495.

Gilligan, C. *In a Different Voice*. Cambridge, MA: Harvard University

Press, 1982.

Gino, F. & Bazerman, M. H. When misconduct goes unnoticed: The acceptability of gradual erosion in others' unethical behavior. *Journal of Experimental Social Psychology*, 2009, 45 (4): 708 –719.

Gong, T. Whistleblowing: What does it mean in China? *International Journal of Public Administration*, 2000, 23 (11): 1899 –1923.

Gong, Y. , Chang, S. & Cheung, S. High performance work system and collective OCB: A collective social exchange perspective. *Human Resource Management Journal*, 2010, 20 (2): 119 –137.

Gonzalez – Padron, T. , Hult, T. M. & Calantone, R. Exploiting innovative opportunities in global purchasing: An assessment of ethical climate and relationship performance. *Industrial Marketing Management*, 2008, 37 (1): 69 –82.

Gorta, A. & Forell, S. Layers of decision: Linking social definitions of corruption and willingness to take action. *Crime, Law & Social Change*, 1995, 23 (4): 315 –343.

Greenberger, D. B. , Miceli, M. P. & Cohen, D. Oppositionists and group norms: The reciprocal influence of whistle – blowers and co – workers. *Journal of Business Ethics*, 1987, 6 (7): 527 –542.

Greenberg, J. The cognitive geometry of employee theft: Negotiating "the line" between taking and stealing. In R. W. Griffin, A. O' Leary – Kelly, & J. M. Collins (Eds.), *Dysfunctional behavior in organizations* (Vol. 2, pp. 147 –193) . Stamford, CT: JAI Press, 1998.

Greene, A. D. & Latting, J. K. Whistle – blowing as a form of advocacy: Guidelines for the practitioner and organization. *Social Work*, 2004, 49 (2): 219 –231.

Grojean, M. W. , Resick, C. J. , Dickson, M. W. & Smith, D. B. Leaders, values and organizational climate: Examining leadership strategies for establishing an organizational climate regarding ethics. *Journal of Business Ethics*, 2004, 55 (3): 223 –241.

Gundlach, M. J. , Douglas, S. C. & Martinko, M. J. The decision to blow the whistle: A social information processing framework. *Academy of Management Review*, 2003, 28 (1): 107 – 123.

Haan, N., Aerts, E. & Cooper, B. A. B. *On Moral Grounds*. New York: New Yorit University Press, 1985.

Hassink, H., De Vries, M. & Bollen, L. A Content analysis of whistleblowing policies of leading European companies. *Journal of Business Ethics*, 2007, 75 (1): 25 – 44.

Henik, E. Mad as hell or scared stiff? The effects of value conflict and emotions on potential whistle – blowers. *Journal of Business Ethics*, 2008, 80 (1): 111 – 119.

Herndon, N. C., Ferrell, O. C., LeClair, D. Y. & Ferrell, L. K. Relationship of individual moral values and perceived ethical climate to satisfaction, commitment, and turnover in a sales organization. *Research in Marketing*, 1999, 15: 25 – 48.

Hudson Employment Index. *One in three workers witness ethical misconduct despite clearly communicated guidelines*. Washington, D. C. : Hudson, 2005.

Ilgen, D. R., Hollenbeck, J. R., Johnson, M. & Jundt, D. Teams in organizations: From I-P-O models to IMOI models. *Annual Review of Psychology*, 2005, 56: 517 – 543.

Jacinto, A. & Carvalho, I. Corporate social responsibility: The influence of organizational practices perceptions in employee's performance and organizational identification. In E. Morin, N. Ramalho, J. Neves, & A. Savoie (Eds.), *New research trends in effectiveness, health, and work: A Criteos scientific and professional account*: (pp. 175 – 204). Montreal, Canada: Criteos/HEC – Montreal, 2009.

Jin, K. G. & Drozdenko, R. G. Relationships among perceived organizational core values, corporate social responsibility, ethics, and organizational performance outcomes: An empirical study of information technology professionals. *Journal of Business Ethics*, 2010, 92 (3): 341 – 359.

Joseph, J. & Deshpande, S. P. The impact of ethical climate on job satisfaction of nurses. *Health Care Management Review*, 1997, 22: 76 – 83.

Jubb, P. B. Whistleblowing: A restrictive definition and interpretation. *Journal of Business Ethics*, 1999, 21 (1): 77 – 94.

Kahn, W. A. Psychological conditions of personal engagement and disengagement at work. *Academy of Management Journal*, 1990, 33 (4): 692 – 724.

Kant, I. *Foundations of the Metaphysics of Morals*. New York: Liberal Arts Press, 1785/1959.

Kanter, D. L. & Mirvis, P. H. *The Cynical Americans*. SanFrancisco: Jossey – Bass, 1989.

Kaplan, S. , Pany, K. , Samuels, J. & Zhang, J. An examination of the association between gender and reporting intentions for fraudulent financial reporting. *Journal of Business Ethics*, 2009, 87 (1): 15 – 30.

Kaptein, M. From inaction to external whistleblowing: The influence of the ethical culture of organizations on employee responses to observed wrongdoing. *Journal of Business Ethics*, 2011, 98 (3): 513 – 530.

Kaptein, M. & Van Dalen, J. The empirical assessment of corporate ethics: A case study. *Journal of Business Ethics*, 2000, 24 (2): 95 – 114.

Kark, R. & Carmeli, A. Alive and creating: The mediating role of vitality and aliveness in the relationship between psychological safety and creative work involvement. *Journal of Organizational Behavior*, 2009, 30 (6): 785 – 804.

Keenan, J. P. Blowing the whistle on less serious forms of fraud: A study of executives and managers. *Employee Responsibilities and Rights Journal*, 2000, 12 (1): 199 – 217.

Keenan, J. P. Whistleblowing: A study of managerial differences. *Employee Responsibilities and Rights Journal*, 2002, 14 (1): 17 – 32.

Keenan, J. P. Comparing Chinese and American mangers on whistleblowing. *Employee Responsibilities and Rights Journal*, 2007, 19 (2): 85 – 94.

Keil, M. , Tiwana, A. , Sainsbury, R. & Sneha, S. Toward a theory of whistleblowing intentions: A benefit – to – cost differential perspective. *Decision Sciences*, 2010, 41 (4): 787 – 812.

Kelley, S. W. & Dorsch, M. J. Ethical climate, organization commitment, and indebtedness among purchasing executives. *Journal of Personal Selling & Sales Management*, 1991, 11 (4): 55 – 66.

King, G. III. Theimplications of differences in cultural attitudes and styles of communication on peer reporting behavior. *Cross Cultural Management: An International Journal*, 2000, 7 (2): 11 – 17.

King, G. III. Perceptions of intentional wrongdoing and peer reporting behavior among registered nurses. *Journal of Business Ethics*, 2001, 34 (1): 1 – 13.

Koh, H. C. & Boo, E. H. Y. The link between organizational ethics and job satisfaction: A study of managers in Singapore. *Journal of Business Ethics*, 2001, 29 (4): 309 – 324.

Kohlberg, L. Stage and sequence: The cognitive – developmental approach to socialization. In D. A. Goslin (ed.), *Handbook of socialization: Theory and research* (pp. 347 – 480). Chicago: Rand – McNally, 1969.

Kohlberg, L. The claim to moral adequacy of a highest stage of moral judgment. *The Journal of Philosophy*, 1973, 70 (18): 630 – 646.

Kohlberg, L. Moral stages an moralization: The cognitive – developmental approach. In T. Lickona (ed.), *Moral development anbehavior: Theory, research, and social issues*. New York: Holt, Rinehart and Winston, 1976.

Kohlberg, L. *The philosophy of moral development*. New York: Harper &Row, 1984.

Korsgaard, C. M. *Creating the kingdom of ends*. Cambridge: Cambridge University Press, 1996.

Lee, J. Y., Gibson, S. & Near, J. P. Blowing the whistle on sexual harassment: Test of a model of predictors and outcomes. *Human Relations*, 2004, 57 (3): 297 – 322.

Levenson, H. Differentiating among internality, powerful others, and chance.

In H. M. Lefcourt (Ed.), *Research with the locus of control construct: Vol. 1. Assessment methods* (pp. 15 – 63). New York: Academic Press, 1981.

Lewis, D. Whistleblowing in a changing legal climate: Is it time to revisit our approach to trust and loyalty at the workplace. *Business Ethics: A European Review*, 2011, 20 (1): 71 – 87.

Liang, J., Farh, C. I. C. & Farh, J. L. Psychological antecedents of promotive and prohibitive voice: A two – wave examination. *Academy of Management Journal*, 2012, 55 (1): 71 – 92.

Liedtka, J. Exploring ethical issues using personal interviews. *Business Ethics Quarterly*, 1992, 2 (2): 161 – 181.

Liyanarachchi, G. A. & Adler, R. Accountants' Whistleblowing intentions: The impact of retaliation, age, and gender. *Australian Accounting Review*, 2011, 57 (2): 167 – 182.

Logsdon, J. M. & Yuthas, K. Corporate social performance, stakeholder orientation, and organizational moral development. *Journal of Business Ethics*, 1997, 16 (12 – 13): 1213 – 1226.

Luthar, H. K. & Karri, R. Exposure to ethics education and the perception of linkage between organizational ethical behavior and business outcomes. *Journal of Business Ethics*, 2005, 61 (4): 353 – 368.

MacNab, B. R., Brislin, R., Worthley, R., Galperin, S. J., Lituchy, T. R., MacLean, J., et al. Culture and ethics management: Whistleblowing and internal reporting within a NAFTA country context. *International Journal of Cross Cultural Management*, 2007, 7 (1): 5 – 28.

MacNab, B. R. & Worthley, R. Self – efficacy as an intrapersonal predictor for internal whistleblowing: A US and Canada examination. *Journal of Business Ethics*, 2008, 79 (4): 407 – 421.

Maertz, C. P., Hassan, A. & Magnusson, P. When learning is not enough: A process model of expatriate adjustment as cultural cognitive dissonance reduction. *Organizational Behavior and Human Decision Processes*, 2009, 108 (1): 66 – 78.

Manuel, G. Velasquez. *Business ethics: Concepts and cases*, 4th ed. Upper Saddle, NJ: Prentice – Hall, 1998: 9 – 11.

Marks, M. A., Mathieu, J. E. & Zaccaro, S. J. A temporally based framework and taxonomy of team processes. *Academy of Management Review*, 2001, 26 (3): 356 – 376.

Martin, K. & Cullen, J. Continuities and extensions of ethical climate theory: A meta – analytic review. *Journal of Business Ethics*, 2006, 69 (2): 175 – 194.

Mathieu, B. Whistle – blowing and morality. *Journal of Business Ethics*, 2008, 81 (3): 579 – 589.

Matthew, J. P. & Aleksander, P. J. E. Thick as thieves: The effects of ethical orientation and psychological safety on unethical team behavior. *Journal of Applied Psychology*, 2011, 96 (2): 401 – 411.

May, D. R., Gilson, R. L. & Harter, L. M. The psychological conditions of meaningfulness, safety and availability and the engagement of the human spirit at work. *Journal of Occupational and Organizational Psychology*, 2004, 77 (1): 11 – 37.

Mayer, D. M., Ehrhart, M. G. & Schneider, B. Service attribute boundary conditions of the service climate – customer satisfaction link. *Academy of Management Journal*, 2009, 52 (5): 1034 – 1050.

Mayer, D. M., Kuenzi, M. & Greenbaum, R. *Laying an ethical foundation: Ethical practices, ethical climate, and unethical behavior*. Paper Presented at the Annual Meeting of the Academy of Management, Montreal, Canada, 2010.

Mayer, R. C., Davis, J. H. & Schoorman, F. D. An integrative model of organizational trust. *Academy of Management Review*, 1995, 20 (3): 709 – 734.

McAllister, D. J. Affect – and cognition – based trust as foundations for interpersonal cooperation in organizations. *Academy of Management Journal*, 1995, 38 (1): 24 – 59.

McDonald, R. P. & Ho, M. R. Principles and practice in reporting structural equation models in business research. *Psychological Methods*, 2002, 7: 64 – 82.

McKendall, M. A. & Wagner III, J. A. Motive, opportunity, choice, and corporate illegality. *Organization Science*, 1997, 8 (6): 624 – 647.

Medsker, G. J., Williams, L. J. & Holahan, P. J. A review of current practice for evaluating causal models in organizational behavior and human resources management research. *Journal of Management*, 1994, 20 (2): 439 – 464.

Merriam, S. B. *Qualitative research: A guide to design and implementation*. San Francisco: Jossey – Bass Press, 2009.

Merton, R. K. *Social theory and social structure*. New York: Free Press, 1957.

Mesmer – Magnus, J. R. & Viswesvaran, C. Whistleblowing in organizations: An examination of correlates of whistleblowing intentions, actions, and retaliation. *Journal of Business Ethics*, 2005, 62 (3): 277 – 297.

Miceli, M. P. & Near, J. P. The relationships among beliefs, organizational position, and whistleblowing status: A discriminate analysis. *Academy of Management Journal*, 1984, 27 (4): 687 – 705.

Miceli, M. P. & Near, J. P. Characteristics of organizational climate and perceived wrongdoing associated with whistleblowing decisions. *Personnel Psychology*, 1985, 38 (3): 525 – 544.

Miceli, M. P. & Near, J. P. Individual and situational correlates of whistleblowing. *Personnel Psychology*, 1988, 41 (2): 267 – 281.

Miceli, M. P. & Near, J. P. *Blowing the whistle – The organizational and legal implications for companies and employees*. New York: Lexington Books, 1992.

Miceli, M. P. & Near, J. P. What makes whistle – blowers effective? Three field studies. *Human Relations*, 2002, 55 (4): 455 – 479.

Miceli, M. P. & Near, J. P. Standing up or standing by: What predicts blowing the whistle on organizational wrongdoing? *Research in Personnel and Human Resources Management*, 2005, 24: 95 – 136.

Miceli, M. P., Near, J. P. & Dworkin, T. M. *Whistleblowing in organizations.* New York: Routledge, 2008.

Miceli, M. P., Rehg, M., Near, J. P. & Ryan, K. C. Can laws protect whistleblowers? Results of a naturally occurring field experiment. *Work and Occupations*, 1999, 26 (1): 129–151.

Miethe, T. D. *Whistleblowing at work – Tough choices in exposing fraud, waste, and abuse on the job.* Boulder, CO: Westview Press, 1999.

Miles, M. B. & Huberman, A. M. *Qualitative data analysis.* Thousand Oaks, CA: Sage, 1994.

Milliken, F. J., Morrison, E. W. & Hewlin, P. F. An exploratory study of employee silence: Issues that employees don't communicate upwards and why. *Journal of Management Studies*, 2003, 40 (6): 1453–1476.

Molinsky, A. L. & Margolis, J. D. Necessary evils and interpersonal sensitivity in organizations. *Academy of Management Review*, 2005, 30 (2): 245–268.

Moorman, R. H. & Blakely, G. L. Individualism – collectivism as an individual difference predictor of organizational citizenship behavior. *Journal of Organizational Behavior*, 1995, 16 (2): 127–142.

Mulki, J., Jaramillo, J. & Locander, W. Effect of ethical climate on turnoverintention: Linking attitudinal – and stress theory. *Journal of Business Ethics*, 2006, 78 (4): 559–574.

Near, J. P., Dworkin, T. M. & Miceli, M. P. Explaining the whistle – blowing process: Suggestions from power theory and justice theory. *Organization Science*, 1993, 4 (3): 393–411.

Near, J. P. & Miceli, M. P. Organizational dissidence: The case of whistleblowing. *Journal of Business Ethics*, 1985, 4 (1): 1–16.

Near, J. P. & Miceli, M. P. Whistleblowing: Myth and reality. *Journal of Management*, 1996, 22 (3): 507–526.

Near, J. P., Rehg, M. T., Van Scotter, J. R. & Miceli, M. P. Does type of wrongdoing affect the whistleblowing process. *Business Ethics Quarterly*,

2004, 14 (2): 219 – 242.

Neubaum, D. O., Mitchell, M. S. & Schminke, M. Firm newness, entrepreneurial orientation, and ethical climate. *Journal of Business Ethics*, 2004, 52 (4): 335 – 347.

Parboteeah, K. P., Cullen, J. B., Victor, B. & Sakano, T. National culture and ethical climates: A comparison of U. S. and Japanese accounting firms. *Management International Review*, 2005, 45 (4): 459 – 481.

Parboteeah, K. P. & Kapp, E. A. Ethical climate and workplace safety behaviors: An empirical investigation. *Journal of Business Ethics*, 2008, 80 (3): 515 – 529.

Park, H., Rehg, M. T. & Lee, D. The influence of confucian ethics and collectivism on whistleblowing intentions: A study of South Korean Public employees. *Journal of Business Ethics*, 2005, 58 (4): 387 – 403.

Patel, C. Some cross – cultural evidence on whistle – blowing as an internal control mechanism. *Journal of International Accounting Research*, 2003, 2 (1): 69 – 96.

Patterson, M. & Payne, R. Collective climates: A test of their socio – psychological significance. *Academy of Management Journal*, 1996, 39 (6): 1675 – 1691.

Pearsall, M. J. & Ellis, A. P. J. Thick as thieves: The effects of ethical orientation and psychological safety on unethical team behavior. *Journal of Applied Psychology*, 2011, 96 (2): 401 – 411.

Perlow, L. A. Boundary control: The social ordering of work and family time in a high – tech corporation. *Administrative Science Quarterly*, 1998, 43 (2): 328 – 357.

Peterson, D. K. Deviant workplace behavior and the organization's ethicalclimate. *Journal of Business and Psychology*, 2002a, 17 (1): 47 – 61.

Peterson, D. K. The relationship between unethical behavior and the dimensions of the ethical climate questionnaire. *Journal of Business Ethics*, 2002b, 41 (4): 313 – 326.

Rachels, J. *The right thing to do* (3nd ed.). Boston: McGraw – Hill,

2003a.

Rachels, J. *The elements of moral philosophy* (4nd ed.). Boston: McGraw-Hill, 2003b.

Randall, D. & Gibson, A. Methodology in business ethics research: A Review and critical assessment. *Journal of Business Ethics*, 1990, 9 (6): 457-471.

Redding, G. *The Spirit of Chinese Capitalism*. New York: Walter de Gruyter, 1990.

Rehg, M. T., Miceli, P. M., Near, J. P. & Van Scotter, J. R. Antecedents and outcomes of retaliation against whistleblowers: Gender differences and power relationships. *Organization Science*, 2008, 19 (2): 221-240.

Rest, J. R. *Manual for the defining issues test*. Center for the Study of Ethical Development, University of Minnesota, Minneapolis, 1979.

Rest, J. R. Background: Theory and research. In J. R. Rest and D. Narva'ez (ed.), *Moral Development in the Professions*, Hillsdale, NJ: Lawrence Erlbaum Associates, Publishers, 1994.

Rest, J., Narvaez, D., Bebeau, M. J. & Thoma, S. J. *Post conventional moral thinking*. Mahwah, NJ: Lawrence Erlbaum Associates, Publishers, 1999.

Reynolds, S. J. & Ceranic, T. L. The effects of moral judgment and moral identity on moral behavior: An empirical examination of the moral individual. *Journal of Applied Psychology*, 2007, 92 (6): 1610-1624.

Roberson, Q. M. & Williamson, I. O. Justice in self-managing teams: The role of social networks in the emergence of procedural justice climates. *Academy of Management Journal*, 2012, 55 (3): 685-701.

Roberts, P. W. & Dowling, G. R. Corporate reputation and sustained superior inancial performance. *Strategic Management Journal*, 2002, 23 (12): 1077-1093.

Ross, W. T. & Robertson, D. C. Lying: The impact of decision context. *Business Ethics Quarterly*, 2000, 10 (2): 409-440.

Rothschlid, J. & Miethe, T. D. Disclosing misconduct in work organizations – An empirical analysis of the situational factors that foster whistleblowing. *Research in the Sociology of Work*, 1999, 8: 211 –227.

Rothwell, G. R. & Baldwin, J. N. Ethical climates and contextual predictors of whistle – blowing. *Review of Public Personnel Administration*, 2006, 26 (3): 216 –244.

Rothwell, G. R. & Baldwin, J. N. Ethical climate theory, whistle blowing, and the code of silence in police agencies in the State of Georgia. *Journal of Business Ethics*, 2007, 70 (4): 341 –361.

Ruppel, C. P. & Harrington, S. J. The relationship of communication, ethical work climate, and trust to commitment and innovation. *Journal of Business Ethics*, 2000, 25 (4): 313 –328.

Schein, E. H. & Bennis, W. *Personal and organizational change through group methods: The experiential approach.* New York: Wiley, 1965.

Schminke, M., Ambrose, M. L. & Neubaum, D. O. The effects of leader moral development on ethical climate and employee attitudes. *Organizational Behavior and Human Decision Processes*, 2005, 97 (2): 135 – 151.

Schneider, B. Organizational climate: An essay. *Personnel Psychology*, 1975, 28 (4): 447 –479.

Schneider, B. & Reichers, A. E. On the etiology of climates. *Personnel Psychology*, 1983, 36 (1): 19 –41.

Schoorman, F. D., Mayer, R. C. & Davis, J. H. An integrative model of organizational trust: Past, present, and future. *Academy of Management Review*, 2007, 32 (2): 344 –354.

Schwepker, C. H. Ethical climate's relationship to job satisfaction, organizational commitment, and turnover intention in the sales force. *Journal of Business Research*, 2001, 54 (1): 39 –52.

Schwepker, C. H. & Good, D. J. Exploring sales manager quota failure froman ethical perspective. *Marketing Management Journal*, 2007, 17 (2): 156 –168.

Schwepker, C. H. & Hartline, M. D. Managing the ethical climate of customer – contact service employees. *Journal of Service Research*, 2005, 7 (4): 377 – 397.

Schultz, J. J., Johnson, D. A., Morris, D. & Dyrnes, S. An investigation of the reporting of questionable acts in an international setting. *Journal of Accounting Research*, 1993, 31: 75 – 103.

Sekerka, L. E. & Bagozzi, R. P. Moral courage in the workplace: Moving to and from the desire and decision to act. *Business Ethics: A European Review*, 2007, 16 (2): 132 – 149.

Shin, Y. CEO ethical leadership, ethical climate, climate strength and collective organizational citizenship behavior. *Journal of Business Ethics*, 2012, 108 (3): 299 – 312.

Silverman, D. *Qualitative research: Theory, method and practice*. London: Sage Publications Ltd., 2004.

Simha, A. & Cullen, J. B. Ethical climates and their effects on organizational outcomes: Implications from the past and prophecies for the future. *Academy of Management Journal*, 2012, 26 (4): 20 – 34.

Sims, R. L. & Keenan, J. P. Predictors of external whistleblowing: Organizational and intrapersonal variables. *Journal of Business Ethics*, 1998, 17 (4): 411 – 421.

Sims, R. L. & Keenan, J. P. A cross – cultural comparison of managers' whistleblowing tendencies. *International Journal of Value Based Management*, 1999, 12 (2): 137 – 151.

Sims, R. L. & Keon, T. L. Ethical work climate as a factor in the development of person – organization fit. *Journal of Business Ethics*, 1997, 16 (11): 1095 – 1105.

Sims. R. R. & Brinkmann, J. Enron ethics (Or: Culture matters more than codes). *Journal of Business Ethics*, 2003, 45 (3): 243 – 256.

Singer, M., Mitchell, S. & Turner, J. Consideration of moral intensity in ethicality judgments: Its relationship with Whistleblowing and need for cognition. *Journal of Business Ethics*, 1998, 17 (5): 527 – 541.

Skivenes, M. & Trygstad, S. C. When whistleblowing works: The Norwegian case. *Human Relations*, 2010, 63 (7): 1071 – 1097.

Stansbury, J. M. & Victor, B. Whistleblowing among young employees: A life course perspective. *Journal of Business Ethics*, 2009, 85 (3): 281 – 299.

Stead, W. E., Worrell, D. L. & Stead, J. G. An integrative model for understanding and managing ethical behavior in business organizations. *Journal of Business Ethics*, 1990, 9 (3): 233 – 242.

Sykes, G. & Matza, D. Techniques of neutralization: A theory of delinquency. *American Sociological Review*, 1957, 22: 664 – 670.

Tajfel, H. Social identity and intergroup behaviour. *Social Science Information*, 1974, 13 (2): 65 – 93.

Tavakoli, A. A., Keenan, J. P. & Crnjak – Karanovic, B. Culture and whistleblowing an empirical study of Croatian and United States Managers utilizing Hofstede's cultural dimensions. *Journal of Business Ethics*, 2003, 43 (1 – 2): 49 – 64.

Tenbrunsel, A. E. & Messick, D. M. Sanctioning systems, decision frames, and cooperation. *Administrative Science Quarterly*, 1999, 44 (4): 684 – 707.

Tenbrunsel, A. E. & Messick, D. M. Ethical fading: The role of self – deception in unethical behavior. *Social Justice Research*, 2004, 17 (2): 223 – 236.

Treviño, L. K. Ethical decision making in organizations: A person – situation interactionist model. *Academy of Management Review*, 1986, 11 (3): 601 – 617.

Treviño, L. K., Butterfield, K. D. & McCabe, D. L. The ethical context in organizations: Influences on employee attitudes and behaviors. *Business Ethics Quarterly*, 1998, 8 (3): 447 – 476.

Treviño, L. K. & Nelson, K. A. *Managing business ethics*. New York: John Wiley, 1999.

Treviño, L. K. & Victor, B. Peer reporting of unethical behavior: A social context perspective. *Academy of Management Journal*, 1992, 35 (1): 38–64.

Treviño, L. K. & Weaver, G. R. *Managing ethics in business organizations: Social scientific perspectives*. Stanford: Stanford University Press, 2003.

Treviño, L. K., Weaver, G. R. & Reynolds, S. J. Behavioral ethics in organizations: A review. *Journal of Management*, 2006, 32(6): 951–990.

Treviño, L. K. & Youngblood, S. A. A casual analysis of ethical decision–making behavior. *Journal of Applied Psychology*, 1990, 75 (4): 378–385.

Tyler, T. R. & Blader, S. L. Can business effectively regulate employee conduct? The antecedents of rule following in work settings. *Academy of Management Journal*, 2005, 48 (6): 1143–1158.

Ulrich, C., O'Donnell, P., Taylor, C., Farrar, A., Danis, M. & Grady, C. Ethical climate, ethics stress, and the job satisfaction of nurses and social workers in the United States. *Social Sciences & Medicine*, 2007, 65 (8): 1708–1719.

Upchurch, R. S. & Ruhland, S. K. The organizational bases of ethical work climates in lodging operations as perceived by general managers. *Journal of Business Ethics*, 1996, 15 (10): 1083–1093.

Vadera, A. K., Aguilera, R. V. & Caza, B. B. Making sense of whistle–blowing's antecedents: Learning from research on identity and ethics programs. *Business Ethics Quarterly*, 2009, 19 (4): 553–586.

Vakola, M. & Bouradas, D. Antecedents and consequences of organizational silence: An empirical investigation. *Employee Relations*, 2005, 27 (4–5): 441–458.

Van Dyne, L., Graham, J. W. & Richard, M. D. Organizational citizenship behavior: Construct redefinition, measurement, and validation. *Academy of Management Journal*, 1994, 37 (4): 765–802.

Van Tulder, R. & Van Der Zwart, A. *International business–society management*. London: Routledge, 2006.

Vardi, Y. The effects of organizational and ethical climates in misconduct at work. *Journal of Business Ethics*, 2001, 29 (4): 325 – 337.

Verbeke, W., Ouwerkerk, C. & Peelen, E. Exploring the contextual and individual factors on ethical decision making of salespeople. *Journal of Business Ethics*, 1996, 15 (11): 1175 – 1187.

Victor, B. & Cullen, J. B. A theory and measure of ethical climate in organizations. *Research in Corporate Social Performance and Policy*, 1987, 9: 51 – 71.

Victor, B. & Cullen, J. B. The organizational bases of ethical work climates. *Administrative Science Quarterly*, 1988, 33: 101 – 125.

Victor, B. & Cullen, J. B. A Theory and Measure of Ethical Climate in Organizations. In W. C. Frederick and L. E. Preston (Eds.). *Business ethics: Research issues and empirical studies* (pp. 77 – 97). Greenwich, CT: JAI Press Inc., 1990.

Vinten, G. Whistleblowing – Hong Kong style. *Public Administration and Policy*, 1999, 8 (1): 1 – 19.

Viswesvaran, C., Deshpande, S. P. & Joseph, J. Job satisfaction as a function of top management support for ethical behavior: A study of Indian managers. *Journal of Business Ethics*, 1998, 17 (4): 365 – 371.

Walumbwa, F. O. & Schaubroeck, J. Leader personality traits and employee voice behavior: Mediating roles of ethical leadership and workgroup psychological safety. *Journal of Applied Psychology*, 2009, 94 (5): 1275 – 1286.

Weaver, G. R. Does ethics code design matter? Effects of ethics code rationales and sanctions on recipients' justice perceptions and content recall. *Journal of Business Ethics*, 1995, 14 (5): 367 – 385.

Weaver, G. R. & Treviño, L. K. Compliance and values oriented ethics programs: Influences on employees' attitudes and behavior. *Business Ethics Quarterly*, 1999, 9 (2): 315 – 35.

Weaver, G. R., Treviño, L. K. & Cochran, P. L. Corporate ethics practices in the mid – 1990's: An empirical study of the Fortune 1000. *Journal of Business Ethics*, 1999, 18 (3): 283 – 294.

Weber, J. Influences upon organizational ethical subclimates: A multi-departmental analysis of a single firm. *Organizational Science*, 1995, 6 (5): 509-523.

Weber, J., Kurke, L. B. & Pentico, D. W. Why do employees steal? Assessing differences in ethical and unethical employee behavior using ethical work climates. *Business and Society*, 2003, 42 (3): 359-381.

Weber, J. & Seger, J. E. Influences upon organizational ethical subclimates: A replication study of a single firm at two points in time. *Journal of Business Ethics*, 2002, 41 (1-2): 69-84.

Weeks, W. A., Loe, T. W., Chonko, L. B., Martinez, C. R. & Wakefield, K. Cognitive moral development and the impact of perceived organizational ethical climate on the search for sales force excellence: A cross-cultural study. *Journal of Personal Selling & Sales Management*, 2006, 26 (2): 205-217.

Weeks, W. A., Loe, T. W., Chonko, L. B. & Wakefield, K. The effect of perceived ethical climate on the search for sales force excellence. *Journal of Personal Selling & Sales Management*, 2004, 24 (3): 199-214.

Weierter, S. J. M. Who wants to play "Follow the leader?" A theory of charismatic relationships based on routinized charisma and follower characteristics. *Leadership Quarterly*, 1997, 8 (2): 171-193.

Wheaton, B. Assessment of fit in overidentified models with latent variables. *Sociological Methods and Research*, 1987, 16 (1): 118-154.

Whitener, E. M., Brodt, S. E., Korsgaard, M. A. & Werner, J. M. Managers as initiators of trust: An exchange relationship framework for understanding managerial trustworthy behavior. *Academy of Management Review*, 1998, 23 (3): 513-531.

Williams, B. *Ethics and the limits of philosophy*. Cambridge, MA: Harvard University Press, 1985.

Wimbush, J. C. & Shepard, J. M. Toward an understanding of ethical climate: Its relationship to ethical behavior and supervisory influence. *Journal of Business Ethics*, 1994, 13 (8): 637-647.

Wimbush, J. C., Shepard, J. M. & Markham, S. E. An empirical examination of the multi-dimensionality of ethical climate in organizations. *Journal of Business Ethics*, 1997a, 16 (1): 67-77.

Wimbush, J. C., Shepard, J. M. & Markham, S. E. An empirical examination of the relationship between ethical climate and ethical behavior from multiple level of analysis. *Journal of Business Ethics*, 1997b, 16 (16): 1705-1716.

Wittmer, D. & Coursey, D. Ethical work climates: Comparing top managers in public and private organizations. *Journal of Public Administration Research & Theory*, 1996, 6 (4): 559-570.

Yin, R. *Case study research*. Beverly Hills, CA: Sage Publications, 1984.

Zadek, S., Pruzan, S. P. & Evans, R. *Building corporate accountability: Emerging practices in social and ethical accounting, auditing, and reporting*. London: Earthscan, 1997.

Zimbardo, P. G. The human choice: Individuation, reason, and order versus deindividuation, impulse, and chaos. *Nebraska Symposium on Motivation*, 1969, 17: 237-307.

Zhang, J., Chui, R. & Wei, L. On whistleblowing judgment and intention: The role of positive mood and organizational ethical culture. *Journal of Managerial Psychology*, 2009, 24 (7): 627-649.